Siegfried Wittwer

Glücklichsein kann man lernen

Saatkorn-Verlag Hamburg

2. Auflage

Saatkorn-Verlag GmbH, Grindelberg 13–17, 2000 Hamburg 13
Verlagsarchiv-Nr. 777 688
Umschlaggestaltung: Weidmüller-Design, Hamburg
Titel-Illustration: TIB/Don Weller
Gesamtherstellung: Grindeldruck GmbH, 2000 Hamburg 13
Printed in Germany 1988 · ISBN 3-8150-0660-0

Inhaltsverzeichnis

Vorwort

Viele Menschen leiden unter depressiven Verstimmungen, sind voller Aggressionen gegen sich und ihre Umwelt oder werden von Ängsten, Sorgen und Befürchtungen gequält. Die Gefühle, von denen sie beherrscht werden, sind vorwiegend negativ. Als Folge stellen sich psychosomatische Störungen ein, gesundheitliche Beeinträchtigungen, die in erster Linie auf psychische Belastungen zurückgehen. Dies drückt wiederum auf die Stimmung. Ein Teufelskreis entsteht.

Bis zu 80 Prozent all derer, die eine allgemeinärztliche Praxis aufsuchen, leiden unter psychosomatischen Störungen. Da die Ursachen häufig nicht erkannt werden, wird oft nur an den Symptomen herumkuriert. Zu einer dauerhaften Heilung kommt es nicht, da echte Hilfe nur möglich ist, wenn die psychischen Ursachen direkt angegangen werden.

Psychischen Stress, negative Gefühle am Mitmenschen „abzureagieren“ oder zu unterdrücken hat wenig Sinn. Wir müssen also lernen, unsere Gefühle zu steuern, negative Stimmungen bewußt wahrzunehmen – und abzubauen. Mit anderen Worten: Es gilt, unsere Gefühlswelt positiv zu beeinflussen.

Daß dies gar nicht so schwer ist, zeigt dieses Buch. Erwiesenermaßen haben unser Denken und unsere Einstellung großen Einfluß auf unsere Gefühle. Diese

Tatsache können wir zu unserem Vorteil nutzen. So wie negatives Denken regelrecht krank machen kann, so können positive Denkweisen gesunden lassen: Unsere Gefühle werden aufgehellt, unsere Stimmung bessert sich – und unsere körperliche Gesundheit auch.

Dieses Buch will helfen, krankmachende Denkweisen und Einstellungen zu erkennen, damit sie abgebaut und neue, positive Denkweisen eingeübt werden können. Es macht auf Fehlhaltungen aufmerksam und nennt die wichtigsten Grundvoraussetzungen psychischer Gesundheit. Darüber hinaus weist es auf den sichersten Weg überhaupt zu seelischer Ausgeglichenheit und Lebensfreude hin: Vertrauen auf den Gott, der unser Schöpfer ist und der uns über alles liebt.

Endstation Sackgasse

Frau M. hatte eine bemerkenswerte Eigenschaft: Es gelang ihr bei jedem Gespräch, nach wenigen Sätzen auf ein negatives Thema zu kommen. Nichts war ihr gut genug. Überall hatte sie etwas auszusetzen, und auch in der besten Suppe fand sie immer noch ein Haar. Wenn sie von ihrer Vergangenheit sprach, dann schilderte sie im Grunde nur die Schlechtigkeiten ihrer Mitmenschen, mit denen sie zusammengelebt und -gearbeitet hatte. Zu ihren Verwandten bestand schon lange kein Kontakt mehr. Sie würden sowieso allesamt nichts taugen. Die Welt sei schlecht und würde von Tag zu Tag nur noch schlechter. Mehr gebe es von der Zukunft nicht zu erwarten.

Natürlich war Frau M. einsam. Ihre Mitmenschen mieden sie. Wer sie besuchen wollte, der mußte erst tief Luft holen, bevor er an ihrer Tür klingelte. Wenn man zwei Stunden später ihre Wohnung endlich verlassen konnte, war man froh, diese düstere Welt des Negativen hinter sich lassen zu dürfen. Es war so, als wenn man von einem Alpdruck befreit würde.

Sicherlich hatte Frau M. wie die meisten Menschen den Wunsch, glücklich zu werden. Aber dieses Lebensziel torpedierte sie durch ihre negative Einstellung so gründlich, daß ihr Leben nur noch ein Scherbenhaufen war.

Vielen unserer Mitmenschen geht es ganz ähnlich

wie dieser Frau. Wenn wir ihnen in der Stadt oder beim Einkaufen begegnen, zeigen sie oft gleichmütige oder auch freundliche Gesichter. Dies ist jedoch häufig nur Fassade, hinter der sich Gefühle der Enttäuschung und Niedergeschlagenheit, der Sorge, der Bitterkeit oder Hoffnungslosigkeit verbergen. So mancher von ihnen hat bisher kein gutes und erfülltes Leben kennengelernt. Als sie jung waren, erwarteten sie noch eine glückliche Zukunft. Mit zunehmendem Alter aber wurde der Optimismus der Jugendjahre immer mehr unter zahlreichen negativen und enttäuschenden Erlebnissen begraben.

So quälen sich viele Menschen durch die Jahre und ärgern sich mehr über Kleinigkeiten, als daß sie sich von Herzen freuen. Selbst Befindensstörungen und leichtere Erkrankungen werden zu Wermutstropfen auch in den schönen Augenblicken des Lebens. So mancher beginnt deshalb zu resignieren. Er findet sich mit seinem Unglücklichsein ab, als sei dies zwar unangenehm, aber doch normal und eben nicht zu ändern. Sein Lebensziel, glücklich zu werden, hat er schon seit langem als Illusion aufgegeben. Träume seien nun mal Schäume, und das Leben biete mehr Krankheit und Leid als Stunden des Glücks.

Vielen dieser Menschen ist nicht klar, daß sie selbst und nicht allein die Lebensumstände für ihre Nöte und ihre Krankheiten verantwortlich sind! Sie sehen nur schwer und widerstrebend ein, daß nicht die Ärzte versagt haben, sondern daß sie selbst durch ihre negative Lebenshaltung ihre Beschwerden und Schmerzen verursachen.

Der Grund für diese Blindheit ist sicherlich die Unwissenheit darüber, wie sehr körperliche, seelische und geistige Vorgänge voneinander abhängen und sich gegenseitig beeinflussen.

Zweigeteilt? – Niemals!

Obwohl die moderne psychobiologische Forschung schon seit langem bewiesen hat, daß Körper, Seele und Geist nicht voneinander getrennt werden können, sind heute immer noch viele Menschen überzeugt, eine vom Körper unabhängige Geistseele zu besitzen. Diesen Irrtum vom zweigeteilten Menschen verdanken wir den Philosophen und Theologen der Vergangenheit. Sie meinten, daß die menschliche Geistseele göttlich sei und ewig lebe, während der Körper von sündigen Trieben, Krankheiten und dem Tod bestimmt werde.

Diese Anschauung hatte zahlreiche negative Folgen und führte unter anderem zur Verneinung vieler Lebensfreuden und zur Verherrlichung eines leidvollen Daseins. Zahlreiche Christen glaubten deshalb, sie könnten Gott einen Gefallen erweisen, wenn sie sich selbst Leiden auferlegten oder sich quälten.

Die Lehre von der unsterblichen Geistseele hat ihren Ursprung in den heidnischen Religionen des Altertums und wurde stark von der griechischen Philosophie geprägt. Erst im dritten Jahrhundert nach Christus drang sie in das junge Christentum ein und beeinflußte ganz entscheidend das theologische und wissenschaftliche Denken.

Die Bibel vertritt dagegen ein völlig anderes Menschenbild, auch wenn einige Theologen immer noch versuchen, die Seelenlehre in die Heilige Schrift hineinzulesen. In zahlreichen Aussagen dieses Buches wird deutlich gemacht, daß Körper, Seele und Geist untrennbar miteinander verbunden sind und sich deshalb auch gegenseitig beeinflussen.

In Sprüche 17, 22 können wir lesen: „Fröhlichkeit ist gut für die Gesundheit, Mutlosigkeit raubt einem die letzte Kraft." (Die Gute Nachricht.) In Sprüche 14, 30 sagt Salomo: „Ein ausgeglichener Sinn erhält den Körper gesund; aber Eifersucht ist wie eine Krebsgeschwulst." Und in Sprüche 18, 14 fügt er hinzu: „Der Wille zum Leben unterwirft sich die Krankheit. Doch wer kann mit einem zerbrochenen Willen leben?"

Schon allein in diesen wenigen Aussagen wird deutlich, daß gefühlsmäßige Störungen körperliche Krankheiten hervorrufen können, während körperliche Leiden natürlich auch seelische Störungen verursachen. Genauso wird negatives Denken zu einem gestörten Seelenleben führen und eine chaotische Gefühlswelt Blockaden im Denken verursachen. Körper, Seele und Geist können also nicht voneinander getrennt werden. Darin sind sich die Schreiber der Bibel, aber auch die psychosomatisch arbeitenden Mediziner und Therapeuten einig.

Flucht in die Krankheit

James Mackenzie, ein weltberühmter Herzspezialist, litt selbst an einer schmerzhaften Herzkrankheit, der Angina pectoris. Um der medizinischen Forschung zu helfen, begann er, ein detailliertes „Tagebuch der Schmerzen" zu führen, worin er ausführlich die Symptome seines Leidens beschrieb. Er vermachte dieses Dokument testamentarisch der ärztlichen Wissenschaft und gab die Anweisung, daß man sein Herz nach seinem Tod sezieren und die Befunde mit den Aufzeichnungen vergleichen solle. Zu ihrer Überraschung fanden die Ärzte jedoch bei der Obduktion, daß Mackenzies Herz keinerlei Anzeichen einer organischen Erkrankung aufwies. Dieser berühmte Mediziner hatte also jahrelang als Invalide gelebt, obwohl sein Herz kerngesund war.

Fälle wie Mackenzies „Angina pectoris" führten zu einem Umdenken in der Ärzteschaft und zu der Entwicklung eines neuen Zweiges in der Medizin, der Psychosomatik. Psychosomatische Krankheiten, das heißt Krankheiten, bei denen körperliche Beschwerden durch eine seelische Störung hervorgerufen werden, nehmen heute einen breiten Raum in der Medizin ein. Man hat durch langjährige Untersuchungen herausgefunden, daß etwa 25 Prozent bis über 80 Prozent aller Patienten, die einen Arzt aufsuchen, an einer körperlich-seelischen Krankheit leiden.

Es gibt für diese Beschwerden eine Reihe unterschiedlicher Ausdrücke wie funktionelle Krankheit, vegetative Dystonie, psycho-vegetatives Syndrom und andere Bezeichnungen. Die Fachwelt ist sich bei der Namensgebung noch nicht ganz einig.

Die psychosomatisch Kranken sind manchen Ärzten recht lästig. Dies liegt nicht nur daran, daß sie durchschnittlich die Hälfte aller Patienten ausmachen, sondern daß die von ihnen vorgebrachten Beschwerden trotz genauer klinischer Untersuchungen keinen echten Befund ergeben.

Diese Patienten laufen deshalb von einem Spezialisten zum anderen. Sie behaupten auch oft, die Ärzte würden nichts taugen, weil sie keine klare Diagnose stellen könnten. Manche dieser Kranken finden eine gewisse Erleichterung ihrer Beschwerden, wenn sie zu Wunderheilern gehen oder auch solche Heilpraktiker aufsuchen, die okkulte Methoden benutzen wie das Pendeln oder modernere Spielarten des Aberglaubens. Das Vertrauen in die angeblichen Fähigkeiten solcher Heiler vermag tatsächlich für eine gewisse Zeit eine seelisch bedingte Krankheit zu dämpfen. Dauerhafte Heilung kann jedoch nur durch die Beseitigung der seelischen Belastung gefunden werden, die die körperlichen Beschwerden verursacht.

Wenn genaue Untersuchungen keinen eindeutigen Krankheitsbefund ergeben, weckt dies bei manchen Ärzten den Verdacht, daß diese Patienten sich nur „anstellen". Sie verordnen ihnen ein Psychopharmakon und sind vielleicht froh, wenn sie nicht mehr in die Sprechstunde kommen, weil durch solche Leute ihre medizinischen Fähigkeiten in Frage gestellt werden. Aber diese Menschen kommen wieder. Die Psychopharmaka haben ihnen zwar ein wenig geholfen, aber nicht die Ursache ihrer Beschwerden geheilt.

So dauert es meistens nicht lange, bis die Patienten zu Kuren verschickt werden. Nach einigen Monaten sitzen sie jedoch wieder im Wartezimmer, weil die Alltagssituation sie natürlich an ihre alten Probleme erinnert, ihre negativen Gefühle wieder aufleben läßt und damit auch die körperlichen Symptome.

Betrachten wir einmal den Krankheitsweg eines Patienten, der an psychovegetativen Beschwerden leidet. Der Psychiater und Arzt *Michael Balint* beschreibt ihn folgendermaßen: Durch eine seelische Grundstörung kommt es zu einem Konflikt oder einer Krise. Diese wirkt sich auf den Körper aus und verursacht unklare Beschwerden (Kopfschmerzen, Stiche in der Brust, Magendruck, Benommenheitsgefühle oder ständige Müdigkeit). Mit diesen Beschwerden geht er zum Arzt. Dieser kann jedoch keine körperliche Störung feststellen und beruhigt den Patienten. Er weist also dessen Beschwerdeangebot zurück und verordnet ihm wahrscheinlich ein Psychopharmakon. Weil der seelische Konflikt damit nicht beseitigt ist, kommt der Patient bald mit einem neuen Beschwerdeangebot. Vielleicht schmerzt ihn jetzt nicht mehr der Kopf, sondern die Augen, oder aus den Stichen in der Herzgegend sind Magenschmerzen geworden.

Auch jetzt ist es dem Arzt unmöglich, eine echte Krankheit festzustellen. Dieser Ablauf kann sich über längere Zeit wiederholen, bis der Arzt endlich eine körperliche Störung bestätigt. Wenn er zum Beispiel sagt: „Also, wissen Sie, Ihre Leberwerte sind nicht ganz in Ordnung“, dann hat der Patient schließlich doch seine Krankheit, für die er dann von anderen bedauert und umsorgt wird.

Nach einer solchen Diagnose können sich Behandlungen bei Fachärzten, Kuren und Krankenhausaufenthalte anschließen. Diese Maßnahmen können zwar das Leiden lindern, aber allzuoft nicht endgültig beseitigen. Die Krankheit wird schließlich chronisch.

Der Vorteil für diesen Rückzug in eine erst unklare, dann aber echte Krankheit liegt auf der Hand: Wer krank ist, wird vor Belastungen geschützt. Er erfährt oft mehr Aufmerksamkeit und Zuneigung als ein gesunder Mensch. Ja, man kann seine Mitmenschen durch die eigene Krankheit sogar manipulieren und diktieren. Außerdem besteht häufig die Möglichkeit, frühzeitig in Rente zu gehen, so daß man von der Verantwortung der Arbeitswelt befreit wird. Oder man kann sich wenigstens krankheitsbedingte Vergünstigungen zusprechen lassen. Natürlich ist dies dem Betreffenden nicht immer bewußt. Vieles spielt sich so versteckt in seinem Inneren ab, daß er selbst keinen direkten Zugang dazu hat.

Diese durch Krankheiten erkauften Vorteile sind nicht nur für hysterisch oder hypochondrisch veranlagte Menschen attraktiv. Fast jeder hat schon einmal den Wunsch gehabt, krank zu sein, um sich schonen zu können oder um menschliche Zuwendung zu erhalten. Die meisten von uns gehen jedoch den aufgezeigten Leidensweg nicht bis zu seinem Ende. Schonung und Zuwendung scheinen im ersten Augenblick erstrebenswerte Vorteile dieser Flucht in die Krankheit zu sein. Aber es gibt auch entscheidende Nachteile. Der Rückzug in eine Atmosphäre des Leidens führt letztlich zu Gefühlen des Unglücklichseins und der Niedergeschlagenheit. Dazu hat Gott uns jedoch nicht in diese Welt gestellt. Er möchte unser Wohlergehen. Er will, daß unser Dasein von der Freude bestimmt wird. Deshalb hat er uns in der Bibel eine Reihe von Ratschlägen gegeben, die uns helfen, unser Leben glücklicher zu gestalten.

Wenn uns die Galle überläuft

Uns allen ist eine Reihe von Redewendungen in der deutschen Sprache bekannt, die deutlich machen, wie sehr Körper und Gefühle voneinander abhängig sind. Einige wenige Beispiele sollen das aufzeigen:

Wenn wir in eine „atemberaubende Situation" geraten, kann uns „die Luft wegbleiben". Wir „zittern vor Angst" oder sind „vor Schreck wie gelähmt". Haben wir ein gutes Essen vor Augen, dann „läuft uns das Wasser im Munde zusammen". Müssen wir „an einem schweren Brocken knabbern", kann uns etwas davon „im Halse stecken bleiben". Wir können uns auch so sehr ärgern, daß uns „die Galle überläuft". Wenn jemand uns verletzt, reagieren wir „sauer", wobei eigentlich der Magen gemeint ist, der den „Ärger nicht verdauen" kann.

Schon diese wenigen Redensarten zeigen den engen Zusammenhang zwischen unserer gefühlsmäßigen Verfassung und unserem Körper. Obwohl die Psychosomatik verglichen mit der Chirurgie ein recht junger Zweig der Medizin ist, war den Menschen schon seit biblischen Zeiten bewußt, daß unsere Gedanken und Gefühle körperliche Reaktionen hervorrufen.

Die Erklärung dieser Zusammenhänge ist im Grunde genommen recht einfach. Unsere Gefühle steuern und beeinflussen die körperlichen Vorgänge über die Hormone und das vegetative Nervensystem.

Die Stärke dieser Beeinflussung ist dabei von der Intensität und der Dauer der Gefühle abhängig. Ein starkes oder langanhaltendes Gefühl ruft also eine heftigere körperliche Reaktion hervor als ein oberflächliches und kurzlebiges.

Betrachten wir zunächst einmal die Folgen einer schweren seelischen Erschütterung oder Verletzung, eines sogenannten Traumas. Ein typisches Beispiel dafür ist das Schicksal einer Frau, die jahrelang als Stadtstreicherin von Abfällen aus Mülltonnen oder vom Diebstahl gelebt hatte. Eines Tages griff ein junger Polizist sie auf und fühlte sich gedrängt, über diese Frau Nachforschungen anzustellen. Es wunderte ihn nämlich, daß sie immer wieder vor sich hinmurmelte: „Ich bin aus gutem Hause. Ich komme aus der High-Society."

Nach langwierigen Untersuchungen und einer psychiatrischen Behandlung stellte sich heraus, daß diese Stadtstreicherin die Tochter eines britischen Botschafters war und früher in großem Luxus gelebt hatte. Eines Tages wurde sie brutal überfallen. Durch diese Gewalttätigkeit erlitt sie einen solch großen Schock, daß sie ihr Gedächtnis fast vollständig verlor. Zwanzig Jahre blieb sie verschollen. Alle Nachforschungen der Familie waren vergeblich, bis der junge Polizist ihre wahre Herkunft herausfand. Durch eine fachärztliche Behandlung konnte sie wieder vollständig geheilt werden.

Die schwere seelische Erschütterung hatte bei dieser Frau fast alle Erinnerungen gelöscht. Bildung, Intelligenz und soziale Stellung können also nicht vor einer solchen Traumatisierung bewahren. Bei anderen, vornehmlich hysterisch veranlagten Männern und Frauen können schockierende Erlebnisse zu Lähmungen, Erblindung, Hörverlust oder zu völliger

Teilnahmslosigkeit führen. Glücklicherweise erfährt die Mehrzahl der Menschen keine derart starken seelischen Erschütterungen.

Die durch ein Trauma gelähmten, erblindeten oder taubstumm gewordenen Menschen sind oft auch die Patienten, die durch „Geistheiler“ oder an bestimmten religiösen Wallfahrtsorten so „wunderbar geheilt“ werden. Der Glaube an den jeweiligen Heiler, den verehrten heiligen Gegenstand oder den „Heiligen“ kann also in manchen Fällen die Folgen der seelischen Erschütterung zurückdrängen. Natürlich sind die Heilerfolge der psychiatrischen Kliniken in dieser Beziehung wesentlich besser. Es wird nur nicht soviel darüber in der „Regenbogenpresse“ berichtet.

Die meisten seelisch bedingten Krankheiten sind nicht die Folge von großen, aufwühlenden Erlebnissen oder Schicksalsschlägen. Sie werden vielmehr von den negativen Gefühlen verursacht, die wir tagtäglich hegen. Schauen wir uns deshalb an, wie sich beispielsweise das Gefühl der Wut körperlich auswirkt:

Zunächst röten sich die Gesichtshaut und der Augapfel. Die Lippen werden schmal, während die Kiefermuskeln sich spannen. Die Fäuste werden geballt, und der Körper beginnt zu zittern, häufig auch die Stimme. Die Veränderungen im Innern des Körpers sind jedoch noch viel tiefgreifender. Wenn wir uns ärgern oder wütend sind, gerinnt unser Blut viel schneller, als es normalerweise der Fall ist. Das ist eine sinnvolle Einrichtung, die Gott unserem Körper mitgegeben hat, weil es bei wütenden Menschen leicht zu tätlichen Auseinandersetzungen und damit zu körperlichen Verletzungen kommen kann.

Vom Beginn des Ärgers an erhöht sich die Zahl der Blutplättchen um eine halbe Million pro Kubikmillimeter. Die Muskeln am Magenausgang ziehen sich so fest zusammen, daß die Speise nicht in den Darm weiterbefördert wird. Damit fließt auch die erhöht produzierte Salzsäure mit dem vermehrt ausgeschütteten Verdauungsenzym Pepsin nicht mehr ab und greift mit der Zeit Magenschleimhaut und Magenwand an. Dies führt wiederum zu Magenschleimhautentzündungen und Geschwüren.

Die Forscher *S. Wolf* und *H. G. Wolff* entdeckten, daß bei Ärger oder Wut die Kapillargefäße im Magen reißen können, so daß Blutungen entstehen. Man kann sich also regelrecht ein Loch in den Bauch ärgern! Der Herzschlag wird stark beschleunigt, manchmal bis zu 220 Schlägen und mehr. Auch der Blutdruck geht steil in die Höhe, so daß böse Folgen eintreten können. Immer wieder hört man von Menschen, die bei heftigem Ärger einen Schlaganfall oder einen Herzinfarkt erlitten. Wut und Ärger sind also ungesunde, manchmal sogar tödliche Gefühle, wenn man nicht lernt, sie abzubauen!

Atmen heißt Leben

Wir wollen nun an einem weiteren Beispiel sehen, wie sich seelische Belastungen auf unseren Körper auswirken können. Im Schöpfungsbericht der Bibel lesen wir, daß Gott dem Menschen seinen Atem einblies und dieser dadurch ein lebendiges Wesen wurde. Der Ausdruck „Er gibt seinen Geist auf" bedeutet deshalb auch in der hebräischen Sprache: „Er gibt seinen Atem auf", „er hört auf zu atmen". Wenn nach Aussagen der Bibel Atmen und Leben zusammengehören, dann wird sich eine Störung des Lebens auch immer in einer gestörten Atemfunktion ausdrücken.

Manche Sprichwörter in unserer Sprache verdeutlichen dies sehr anschaulich: „Es verschlägt mir den Atem" oder „Mein Atem stockt", sagen wir, wenn uns etwas ängstigt oder erschreckt. „Ich wage kaum zu atmen", wenn ich in einer „atemberaubenden Situation" bin. Will ich meiner Wut „Luft machen", dann werde ich den anderen „anpfeifen" oder „ihm etwas pusten", um „Dampf abzulassen"!

Wir sehen schon an diesen wenigen Ausdrücken, wie eng der Atem mit unseren Gefühlen verbunden ist. Wenn wir aufgeregt sind, werden wir schneller atmen als gewöhnlich. Dies erscheint uns nicht besonders wichtig, aber es kann doch unseren Körper stärker beeinflussen, als uns bewußt ist. Normalerweise atmen wir im Ruhezustand 16–18mal in der Minute. Steigern wir die Atemzüge auf über 22 in der Minute, dann gibt das Blut über die Lungen mehr Kohlensäure ab, als im Körper nachgebildet werden kann. Infolgedessen sinkt der Kohlensäuregehalt des Blutes allmählich ab, ohne daß der Sauerstoffgehalt wesentlich steigt. Ändert sich dieser Zustand nicht, entsteht manchmal ein Kribbeln unter der Haut. Nach einiger Zeit folgt ein deutlich wahrnehmbares Gefühl des „Absterbens" der Finger, der Hände oder Füße. Gleichzeitig erhöht sich der Herzschlag. Atmet man weiter tief und schnell, wie dies bei Aufregung oder in Stress-Situationen der Fall ist, dann fängt das Herz an zu galoppieren. Man beginnt innerlich zu zittern. Schon bald breitet sich dieses Zittern über den ganzen Körper aus. Der Kopf fühlt sich dumpf, hohl oder leer an. Schließlich kann eine Ohnmacht oder ein Starrkrampf eintreten.

Man nennt dieses zu schnelle oder zu tiefe Atmen „Hyperventilation". Natürlich durchläuft nicht jeder in seiner Erregung alle die aufgezeigten Phasen und Symptome, aber in der Regel fühlen sich Menschen, die hyperventilieren, schwer herzkrank, obwohl die Ärzte kein organisches Leiden feststellen können. Schon oft wurden solche Patienten mit dem Notarztwagen ins Krankenhaus gefahren, weil man vermutete, sie hätten einen Herzanfall. Auch nächtliche Beinkrämpfe werden häufig durch Hyperventilation hervorgerufen. Wenn wir nachts im Traum erregende Situationen nacherleben, wie wir sie zum Beispiel in einem Film gesehen haben, beginnen wir schneller als normal zu atmen. Vielleicht kann diese Erkenntnis für uns ein Anstoß sein, nicht jeden Film anzuschauen, um unsere Gefühle nicht unnötig zu belasten.

Was zuviel ist, ist zuviel

Stellen Sie sich einmal die folgende Situation vor: Sie putzen die Fenster im dritten Stock eines Hauses. Plötzlich gleiten Sie aus und können sich gerade noch am Fenstersims festhalten! Was meinen Sie, wie lange könnten Sie sich dort festklammern? Es gibt einen einfachen Test dafür, der dabei nicht gefährlich ist. Sie nehmen eine Stoppuhr und gehen in den Garten, um dort an der Teppichstange Ihre Kräfte in einem kleinen Versuch zu testen. So einleuchtend dieser Gedanke auch sein mag, die im Garten gestoppte Zeit ist kein realistisches Ergebnis für die gefährliche Situation am Fenstersims. Es ist ein Unterschied, ob wir acht Meter oder nur 80 Zentimeter über dem Erdboden hängen.

Der Schöpfer hat unseren Körper mit einem System versehen, das uns fast übermenschliche Kräfte zur Verfügung stellt, wenn es um Tod und Leben geht. So verdrosch eine achtzigjährige, gebrechliche Dame einen körperlich weit überlegenen jungen Mann, der sie überfallen hatte, so gehörig, daß er in panischer Angst davonlief.

Die wichtigsten Erkenntnisse über dieses Schutzsystem unseres Körpers haben wir erstmals von dem bekannten Stress-Forscher *Hans Selye* erhalten. Er befaßte sich intensiv mit der Hypophyse und den anderen endokrinen Drüsen, die Hormone für die

Aufrechterhaltung unseres Wohlbefindens und zum Schutz des Lebens herstellen.

Die Hypophyse befindet sich innerhalb der Schädelkapsel an der Hirnbasis, eingebettet in einer Knochenschale. Obwohl sie nur etwa die Größe einer Erbse hat, ist sie eine Hauptschaltstelle für den ganzen Körper. Sie produziert nämlich zahlreiche Hormone bzw. regt deren Produktion an, wodurch fast alle körperlichen Vorgänge beeinflußt oder gesteuert werden. Bei der gefährlichen Situation am Fenstersims bewegt sie beispielsweise das Nebennierenmark, das Hormon Adrenalin auszuschütten, um dadurch übermenschliche Kraft und Ausdauer zur Erhaltung des Lebens zu entwickeln.

Für uns ist nun interessant, daß nicht nur Gefahren für das Leben, Verletzungen, zu große Kälte oder Hitze, Bakterien oder Viren die Absonderungen von Hormonen hervorrufen. Prof. *Selye* fand auch heraus, daß seelische Probleme oder Unlust- und Unzufriedenheitsgefühle schwere Belastungen für den Körper sind und deshalb zu einer Ausschüttung von Hormonen führen.

So gibt es ein harntreibendes Hormon, das die Nieren zu vermehrter Ausscheidung reizt. Sie werden sicherlich selbst schon beobachtet haben, daß besonders Kinder häufig zur Toilette müssen, wenn sie unter seelischem Druck stehen oder sehr aufgeregt sind.

Ein letztes Beispiel für den Einfluß seelischer Belastungen auf den Körper soll das von der Hypophyse produzierte Hormon STH (somadotropes Hormon) sein. STH erzeugt erstens ein Krankheitsgefühl, wenn wir uns eine Infektion zugezogen haben. Zum anderen mobilisiert es auch die Abwehrkräfte des Körpers. Beides muß Hand in Hand laufen, damit wir wieder gesund werden können. Ohne Krankheitsgefühl werden wir nichts gegen die Infektion unternehmen, und ohne die Mobilisierung der Abwehrkräfte helfen uns die Medikamente nur wenig. Eigentlich sind es nicht die Giftwirkungen der Viren oder Bakterien, die uns das Gefühl geben, krank zu sein, sondern das STH.

Wenn wir uns eine Erkältung zugezogen haben, werden wir uns durch den Einfluß des STH ein wenig müde fühlen und keinen Appetit haben, während sich die Körpertemperatur etwas erhöht. Es können sich außerdem leichte Kopfschmerzen einstellen. Weitet sich die Infektion im Körper aus, wird mehr STH ausgeschüttet, wodurch wir uns noch elender fühlen. Es entstehen Rötungen und Schwellungen am Infektionsherd. Temperatur, Appetitlosigkeit und Kopfschmerzen steigern sich, Eiweiß findet sich im Urin und vieles andere mehr. Zu diesem Zeitpunkt sind wir uns endgültig sicher, daß uns eine Krankheit in den Knochen steckt, und wir gehen zum Arzt. Käme es bei einer Infektion nicht zur Ausschüttung des STH, würden wir wahrscheinlich unsere Krankheit auf die leichte Schulter nehmen und dadurch unsere Gesundheit endgültig ruinieren, wenn nicht sogar unser Leben aufs Spiel setzen. Körperliche Beschwerden veranlassen uns also, bestimmte Lebenssituationen und Gewohnheiten zu ändern, um wieder gesund zu werden.

Prof. *Hans Selye* hat nun herausgefunden, daß es auch dann zu einer vermehrten Produktion von STH kommt, wenn wir von unguten Gefühlen beherrscht werden oder wenn innere – vielleicht auch unbewußte – Konflikte uns belasten. Wenn jemand unzufrieden ist mit seinem Leben, seinem Ehepartner oder seiner Arbeit, dann erhöht sich der STH-Spiegel im Blut. Der Betreffende fühlt sich oft müde oder benommen. Ihm fehlt der innere Schwung. Dabei ist er innerlich unruhig und wird von Kopfschmerzen geplagt. Hält die STH-Belastung an, verstärken sich nicht nur diese körperlichen Symptome, es kann auch zu echten organischen Schäden kommen.

Prof. *Selye* konnte dies an Tieren beobachten, die er einem bestimmten organischen Reiz aussetzte, während er ihnen gleichzeitig STH einspritzte. Wenn er das Versuchstier mit stark salzhaltiger Kost fütterte und gleichzeitig STH spritzte, trat hoher Blutdruck auf. Setzte er die Gelenke der Tiere Feuchtigkeit und Kälte aus, kam es zu Arthritis. Gab er ihnen eine hochprozentige Eiweißdiät, bewirkte das STH Nierenschrumpfung. Durch ein harmloses Inhalationsmittel konnte Prof. *Selye* in Verbindung mit STH Asthma hervorrufen.

Wir sehen schon an diesen wenigen Beispielen, daß eine Überproduktion von STH in Verbindung mit einem an sich nicht so schlimmen körperlichen Reiz schwere organische Krankheiten hervorrufen kann. Weil nun aber auch negative Gefühle eine erhöhte Ausschüttung des STH bewirken, ist verständlich, daß Unzufriedenheit, Angst, Haß, Mutlosigkeit und andere ungute Stimmungen unsere Gesundheit schädigen. So kann eine heitere und ausgeglichene Natur trotz krankmachender Reize eine bessere Gesundheit besitzen als ein miesepetriger Zeitgenosse. Oder anders gesagt: Wer ständig von negativen Gefühlen beherrscht wird, handelt sich eine doppelte Belastung ein: Seine negative Stimmung verhindert erstens, daß er glücklich ist, und ruft zweitens körperliche Beschwerden hervor, die seine unguten Gefühle noch weiter verstärken. Wir sollten uns also im Falle einer Krankheit nicht nur zum Arzt begeben, sondern uns auch gleichzeitig fragen, ob nicht die Ursache unserer

Beschwerden in Wirklichkeit woanders liegt. Es ist sicherlich sinnvoll, nicht nur den krankmachenden körperlichen Reiz auszuschalten, sondern auch zu lernen, die negativen Gefühle abzubauen, die uns genauso schädigen wie ein Grippevirus.

„Schlucken" oder rausschreien?

Husten kann eine unangenehme Sache sein, besonders wenn er lange anhält und zu unpassenden Gelegenheiten auftritt. Frau H. wurde schon seit zwei Jahren davon gequält. Trotz Untersuchungen bei verschiedenen Spezialisten und Einnahme von wirksamen Medikamenten verschlimmerte sich der Husten von Woche zu Woche. Schließlich suchte Frau H. einen Arzt auf, der nicht nur Mediziner, sondern auch Seelsorger war. Als dieser gleich zu Anfang die Frage stellte, welcher Kummer sie belaste, antwortete sie ohne Zögern, daß es um ihren Enkel gehe. Er sei in die DDR gezogen und habe dort ohne kirchliche Trauung geheiratet. Sie selbst sei zu der Hochzeit nicht eingeladen worden, obwohl sie sich mit ihm immer gut verstanden habe. Sie habe nie darüber geklagt, aber es belaste sie doch ein wenig.

Als der Arzt das Gespräch auf ihre religiöse Einstellung lenkte, bekannte die Frau, sehr gläubig zu sein und jeden Tag zu beten. Der Arzt erklärte nun, was man unter dem Willen Gottes zu verstehen habe und daß man sich als Christ in diesen Willen fügen solle, weil Gott einen besseren Überblick habe als wir Menschen. So müsse auch sie das Verhalten ihres Enkels betend hinnehmen und glauben, daß Gott letztlich alles zum Besten führt.

In den folgenden Wochen sprach sich Frau H. im

Gebet mit Gott darüber aus, was sie bedrückte und ärgerte. Sie entschloß sich, den Willen Gottes anzunehmen, und dankte ihm für seine Führung. Ihr wurde bewußt, daß Christen trotz allen Geschehens fröhliche Menschen sein können. So versuchte sie, offene Augen für das Schöne des Lebens zu haben. Es dauerte nicht lange, bis sie ihren Husten vollständig verloren hatte.

Es gilt heute als gesichert, daß eine ungute Gefühlswelt uns körperlich krank macht. Wenn wir Ärger oder Enttäuschungen in uns hineinfressen, dürfen wir uns nicht wundern, wenn sie sich an anderer Stelle schmerzhaft bemerkbar machen. Diese körperlichen Beschwerden wiederum verstärken unsere negativen Gefühle, so daß wir in einen regelrechten Teufelskreis gelangen, in dem sich ungute Gefühle und körperliche Beschwerden wechselseitig verstärken. Die Frage ist nun, wie wir aus diesem Kreis negativer Wechselwirkungen ausbrechen können. Was müssen wir tun, um innerlich ausgeglichen und glücklich zu sein und uns körperlich wohl zu fühlen?

Die Frage wäre schnell beantwortet, wenn es ein Patentrezept zur Kontrolle negativer Gefühle gäbe. Manchmal bekommt man den Rat: „Du mußt dir deinen Frust so richtig von der Seele schreien. Wenn du alles in dich hineinfrißt oder verdrängst, wirst du dir nicht nur körperliche Störungen einhandeln, sondern auch neurotisch erkranken." Tatsächlich ist es eine beliebte Methode eines bestimmten Menschentyps, die unangenehmen, enttäuschten oder wütenden Gefühle lautstark oder sichtbar abzureagieren. Man schimpft, schreit den anderen an, knallt die Türe zu oder macht zumindest ein muffeliges Gesicht. Die Erfahrung zeigt, daß dieses Abreagieren eine gewisse Erleichterung verschafft – vorausgesetzt, man hat in seiner Wut nicht soviel Porzellan zerschlagen, daß man später voller Schuldgefühle ist. Hier wäre nur ein negatives Gefühl gegen ein anderes ausgetauscht worden, und das ist auch keine Lösung.

Die stillen, in sich gekehrten Menschen neigen dagegen mehr dazu, ihren Ärger oder ihre Enttäuschung hinunterzuschlucken oder zu verdrängen. Äußerlich erscheinen sie vielleicht ruhig und ausgeglichen, aber innerlich brodelt es. Weil sie den Dampf nirgendwo richtig ablassen, können sie wochenlang an einer negativen Erfahrung „knabbern". Was unverdaulich ist, liegt uns eben lange im Magen, wenn wir es, ohne nachzudenken, hinunterschlucken.

Werden schwere Probleme einfach verdrängt, kann es sogar zu einer seelischen Erkrankung, einer Neurose kommen. Die Verdrängung beseitigt nämlich nicht die unangenehmen Gefühle, sondern legt sie nur im Unterbewußten ab, wo sie der menschlichen Kontrolle entgleiten. So stellte sich bei einer Hausfrau ein krankhafter Waschzwang ein, nachdem ein Vertreter ihr sexuelle Angebote gemacht hatte, die von ihr nicht eindeutig zurückgewiesen wurden. Wie Pilatus versuchte sie nun unbewußt, ihre Hände in Unschuld zu waschen, bis ein Psychiater ihr riet, diesem Vertreter brieflich gehörig die Meinung zu sagen. Erst nachdem sie dies getan hatte, hörte der Waschzwang auf. Eine Verdrängung negativer Erlebnisse bringt also keine Hilfe, sondern macht seelisch krank.

Wenn wir das Abreagieren negativer Gefühle kritisch unter die Lupe nehmen, werden wir schnell merken, daß es neben der augenblicklichen Erleichterung auch erhebliche Nachteile bringt. Zum ersten stellt das Abreagieren oder Dampfablassen nichts anderes als eine Diktatur der negativen Gefühle dar. Der Mensch kann sich nicht mehr kontrollieren, sondern wird von seinen Gefühlen beherrscht. Immer wieder können wir in der Zeitung von Menschen lesen, die im Wutaffekt völlig „ausgerastet“ sind und Mitmenschen krankenhausreif- oder sogar totschlugen. Wer also seinen Gefühlen ständig blindlings folgt, der wird mit der Zeit unfähig, sich selbst zu bestimmen oder vernünftig zu handeln. Salomo kommentiert solches Verhalten mit den folgenden Worten: „Der Dummkopf gibt jedem Ärger freien Lauf; der Kluge kann sich beherrschen.“ (Sprüche 29, 11, Die Gute Nachricht.)

Die Bibel macht deutlich, daß wir Menschen keine reinen Gefühlswesen sind. Wir sollen uns deshalb durch Verstand und Willen kontrollieren und gegenüber Gott und Mitmenschen verantwortlich handeln. Wir dürfen also nicht in unserer Wut eine Vase nehmen und sie auf dem Schädel unseres Gegners zertrümmern, auch wenn wir dies gerne wollten. Die aggressiven Impulse müssen von uns vielmehr verantwortlich kontrolliert werden, und dies nicht nur dann, wenn wir es mit einem Stärkeren zu tun haben.

Betrachten wir einen zweiten kritischen Aspekt des Abreagierens. Wenn wir unseren negativen Gefühlen ständig freien Lauf lassen, stellen sich genauso körperliche Symptome ein wie bei der Verdrängung. Wer immer wieder „vor Wut platzt“, dem könnte eines Tages auch eine Ader im Gehirn platzen. Wir sagen zwar in einem solchen Fall: „Den hat der Schlag getroffen.“ In Wirklichkeit wurde er jedoch von seinen eigenen Gefühlen niedergestreckt. In der Bibel lesen wir deshalb: „Ein ausgeglichener Sinn erhält den Körper gesund; aber Eifersucht ist wie eine Krebsgeschwulst.“ (Sprüche 14, 30, Die Gute Nachricht.)

Ein dritter Ansatzpunkt zur Kritik ist die Entwicklung einer schädlichen Gewohnheit. Lassen wir unseren Stimmungen immer wieder freien Lauf, dann üben wir dieses Verhalten auf lange Zeit gesehen durch die ständige Wiederholung ein. Die negative Gefühlsreaktion verstärkt sich mehr und mehr und setzt sich schließlich als Gewohnheit fest. Je öfter wir in einer bestimmten Weise reagieren, desto häufiger werden wir uns weiter so verhalten und uns auch dementsprechend fühlen. Deshalb kann uns eine schlechte Gewohnheit regelrecht versklaven und unser Leben vergiften.

Weder das „Schlucken" noch das Herausschreien von Wut und Enttäuschung sind empfehlenswerte Wege, um inneren Frieden zu finden und Gefühle der Freude, der Liebe und des Glücks zu entwickeln. Wir müssen vielmehr Möglichkeiten finden, unsere Gefühle zu beeinflussen oder sie abzubauen. Wenn wir daran interessiert sind, unser seelisches Gleichgewicht zu stabilisieren, und dafür auch ein wenig Arbeit an uns selbst investieren, können wir tatsächlich lernen, glücklich zu sein.

Schicksal ist nicht Schicksal

Herr D. hatte sich hohe Ziele für sein Leben gesteckt. Aber wie sehr er sich auch abmühte, keiner seiner anspruchsvollen Träume wollte in Erfüllung gehen. Seine Eltern waren sehr erfolgreich in ihren Berufen. Seine ehemaligen Kameraden hatten sichere und gut bezahlte Positionen und waren glücklich verheiratet. Nur bei ihm ging alles schief. Ohne eigenes Verschulden verlor er seine Stellung und war lange Zeit arbeitslos. Schließlich mußte er einen Job annehmen, der weit unter dem Niveau seiner Ausbildung lag und außerdem schlecht bezahlt wurde. Zwar hatte er ein paar Kameraden, aber keine echten Freunde. Auch in seinen Beziehungen zum anderen Geschlecht war er mehrfach gescheitert. Während der Seelsorgegespräche saß er die ganze Zeit mit zum Boden gesenkten Blick auf dem Sessel, lamentierte über sein verpfuschtes Leben und klagte über Magenbeschwerden und Schlaflosigkeit. Nachdem eine monatelange fachärztliche Behandlung keinen Erfolg gezeigt hatte, hoffte er bei mir das richtige Rezept gegen seine Beschwerden und seine Erfolglosigkeit zu erhalten. Es dauerte lange, bis Herr D. einsah, daß nicht die bösen Lebensumstände, sondern er selbst die Ursache seines bisherigen Mißerfolgs war. Die Änderung seiner Einstellung fiel ihm sehr schwer.

Dieser Mann hatte sich im Laufe seines Lebens

angewöhnt, nur das Negative bei sich selbst zu sehen. Weil er seine Gedanken und seinen Blick ständig auf seine Niederlagen und schlechten Erlebnisse lenkte, konnte er bald nicht mehr anders, als gewohnheitsmäßig alles schwarz in schwarz zu malen und pessimistisch zu beurteilen. Er wollte, daß alles in seinem Leben absolut perfekt sein sollte. Im Beruf wollte er zu höchsten Positionen aufsteigen. Luxuswohnung, Nobelauto und dickgepolstertes Bankkonto waren seiner Meinung nach die Voraussetzungen für ein glückliches Dasein. Auch im Privatleben sollte alles hundertprozentig klappen, einschließlich der Heirat einer Traumfrau. Alles sollte perfekt und ideal sein, und er war enttäuscht, daß sich diese Wünsche nicht erfüllten.

Hinter solch starken, perfektionistischen Ansprüchen steckt ein handfester Egoismus. Wer immer nur fordernd das Beste vom Leben erwartet, versucht eigentlich nur ichsüchtig seinen Willen durchzusetzen. Läßt sich der eigene Wille jedoch nicht verwirklichen, ist der Betreffende sauer und deprimiert. So kommt er zu der Überzeugung: Ist etwas nicht ideal, dann ist es schlecht! Wir sehen an dem Beispiel dieses Mannes, daß Egoismus, Perfektionismus und Pessimismus drei entscheidende Störenfriede unseres seelischen Gleichgewichts sind. Haben wir uns eine derartige Denk- und Verhaltensweise angewöhnt, dürfen wir uns nicht wundern, wenn wir von Ärger oder Enttäuschung, vielleicht sogar von Lebensangst und schwerer Depression beherrscht werden.

Eine ähnliche Lebenshaltung wie Herr D. hatte sich auch Direktor G. angewöhnt. Obwohl er ständig die Leiter des Erfolgs und des Wohlstands hinaufgeklettert war, obwohl er eine nette Frau und gesunde Kinder hatte, war er nie zufrieden. Ständig beklagte er sich und wertete auch das Gute ab, weil es ihm nicht gut genug war! Er ist ein typisches Beispiel dafür, daß nicht schlechte Lebensbedingungen die Ursache für eine unzufriedene Grundstimmung sein müssen; denn bei ihm war fast alles ideal. Er führte genau das Leben, von dem Herr D. so sehnsüchtig träumte, und doch war er unzufrieden. Direktor G. dachte genauso egoistisch, perfektionistisch und pessimistisch wie der glücklose Versager. Deshalb können wir annehmen, daß Herr D. seine Unzufriedenheit nicht verloren hätte, wenn er so erfolgreich gewesen wäre wie Direktor G. Glücklichsein hängt nicht vom Erfolg ab, sondern von einer positiven und zufriedenen Grundeinstellung.

Es ist nicht verwunderlich, daß Direktor G. sehr oft im Wartezimmer seines Arztes saß und über typische psychosomatische Beschwerden klagte. Ich erfuhr später von seinen Angehörigen, daß er durch Selbstmord aus dem Leben geschieden war. Trotz aller guten Chancen hatte er am Leben vorbeigelebt.

Das ganze Gegenteil von diesen beiden Pessimisten ist Frau H. Von Kindheit an hatte sie es schwer gehabt. Die beiden Weltkriege zerstörten so manche Hoffnung und auch ihr persönliches Glück. Aber sie ließ sich dadurch nicht entmutigen. Durch eine Krankheit verlor sie einen großen Teil ihres Augenlichts und war deshalb oft auf die Hilfe anderer angewiesen. Ihr Einkommen war so gering, daß das niedrige Gehalt von Herrn D. dagegen schon fürstlich gewesen wäre. Trotz all dieser Schicksalsschläge und Nachteile hörte man Frau H. niemals jammern oder klagen. Im Gegenteil, sie schien Trübsinn und Niedergeschlagenheit überhaupt nicht zu kennen! Sie freute sich am Schönen des Lebens und trug mit Gelassenheit, was sich nicht zum Positiven ändern ließ. Es war kein Wunder, daß jeder sie gern mochte und sich von ihrem Optimismus anstecken ließ. Frau H. hatte sich eine positive Betrachtungsweise des Lebens angewöhnt. Ihr Denken kreiste nicht ständig um ihre Niederlagen und Verluste, sondern orientierte sich dankbar an den guten Tagen und Erlebnissen der Vergangenheit und richtete sich voller Hoffnung und Lebensmut auf die Zukunft. Es war ihr bewußt, daß Gott uns für dieses Leben kein Paradies verheißen hat, daß aber auch nicht alles auf dieser Erde schlecht ist. So versuchte sie stets das Beste aus ihren Lebenssituationen zu machen. Sie ist ein überzeugendes Beispiel dafür, daß Glücklichsein entscheidend von einer selbstlosen, zufriedenen und optimistischen Grundeinstellung abhängig ist.

Ich bin nun mal so, wie ich bin

Obwohl Zwillinge sich körperlich gleichen können wie ein Ei dem anderen, sind sie doch charakterlich sehr unterschiedlich. Oft ist einer der beiden ein quicklebendiger und redseliger Mensch, während der andere viel lieber still und zurückgezogen lebt. Auch ihre Einstellung zum Leben weist meistens markante Unterschiede auf. An ihnen wird also deutlich, daß nicht allein die Erbanlagen darüber entscheiden, von welcher Grundeinstellung ein Mensch in seinem Denken, Fühlen und Verhalten bestimmt wird. Zahlreiche andere Faktoren spielen bei der Entwicklung der Lebenseinstellung eine Rolle: der Einfluß von Elternhaus und Schule, Freunde und Kameraden, Erlebnisse, die Beeinflussung durch Medien, Religion oder Beruf – dies alles prägt den Menschen in seinem Wesen.

In den ersten Lebensjahren konnten wir uns gegen die Flut der Beeinflussungen nicht wehren, so daß wir uns für die eigene Mentalität teilweise nicht verantwortlich fühlen mögen. Mit wachsendem Verstand war es uns jedoch möglich, bestimmte Einflüsse abzuwehren, während wir uns anderen bewußt aussetzten. Eltern, Geschwister, Lehrer, Freunde, Filme, Bücher, Musik oder Unternehmungen haben ihre Spuren in unserem Leben hinterlassen. An der Schwelle zur Erwachsenenwelt entscheiden die meisten sich für eine bestimmte politische oder religiöse Weltanschauung. Auch sie prägt ganz entscheidend unsere Einstellung zum Leben. Nun könnte man behaupten, daß wir uns in unserer Jugendzeit aus Unerfahrenheit so manchen Einflüssen ausgesetzt haben, die für die Entwicklung einer positiven Grundstimmung nicht förderlich sind. Darf man uns dann für unsere Lebenshaltung verantwortlich machen? „Ich bin nun mal so, wie ich bin. Ich kann nichts dafür, daß ich seelisch nicht so stabil und ausgeglichen bin wie andere!" So reden oft Menschen, die im Leben immer wieder anecken. Aber haben sie damit auch recht? Sind wir durch unsere eigene Lebenshaltung so hoffnungslos versklavt, daß eine Änderung nicht möglich ist?

Lassen Sie mich die Parallele zum christlichen Glauben ziehen. Eine der grundlegenden Botschaften des Neuen Testamentes lautet: „Ändere deinen Sinn! Ändere deine Einstellung! Denke um!" In den meisten Bibeln wird dies mit „Tut Buße!" übersetzt, aber dies ist heute ein mißverständlicher Begriff. Unter „büßen" oder „Buße" verstehen wir meistens „eine Rache oder Strafe auf sich nehmen" und „eine Sühneleistung bringen". Dies ist jedoch nicht die Bedeutung des Wortes, das in der Bibel steht. Gott will sich nicht an uns rächen, sondern uns vergeben, weil er uns trotz allem liebt. Er will keine Ersatzleistungen für unser Fehlverhalten, sondern unsere Sinnesänderung. Buße meint also: „Ändere deine Einstellung gegenüber Gott, gegenüber deinen Nächsten und gegenüber dir selbst!"

Diese Änderung der Einstellung ist in jedem Abschnitt unseres Lebens möglich. Sie wird auch Bekehrung genannt, das heißt Umkehr in der Gesinnung und im Verhalten. Die Geschichte des christlichen Glaubens weist zahlreiche Beispiele von Menschen auf, die sich in ihrem Leben so gründlich geändert haben, daß man dies nicht mehr psychologisch erklären kann. Wenn aus Geizhälsen freigebige und selbstlose Menschen werden, aus Großmäulern demütige und liebenswerte Persönlichkeiten, aus Mördern mitfühlende und friedliche Menschen oder aus haltlosen Trinkern kontrollierte und verantwortliche Leute, dann zeigt dies, daß der Einfluß Gottes jeden Menschen total umkrempeln kann. Die Voraussetzung für eine solche Änderung ist allerdings die Erkenntnis des Menschen, daß sein Leben bisher in die falsche Richtung gelaufen ist, und sein Wille zur Umkehr.

Ich möchte diese Gedanken auf die Änderung unserer Lebenseinstellung übertragen. Die Erkenntnis, daß unser Leben bisher nicht so positiv verlaufen ist, wie wir es uns in unserer Jugendzeit noch erhofften, die Einsicht, daß die eigene Lebenshaltung uns nicht glücklich gemacht hat, und der Wille zur Umkehr sind wichtige Voraussetzungen für ein Umdenken. Fehlen diese Schritte, werden wir trotz aller guten Ratschläge nicht weiterkommen. Wenn wir uns jedoch selbst realistisch einschätzen und eine Änderung wollen, dann wird sie auch möglich.

Jeder, der sich ein wenig in der Bibel auskennt, weiß, daß der Begriff „Bekehrung“ nicht nur die Änderung der Einstellung des Menschen gegenüber Gott bedeutet. An diesem Punkt bleiben leider viele Christen stehen. Bekehrung umfaßt vielmehr auch die Änderung der Einstellung gegenüber dem Mitmenschen und sich selbst oder dem Leben mit allen seinen Bereichen. Die Bibel verkündet also die Wichtigkeit einer grundlegenden Einstellungsänderung. Dies zeigt wieder einmal, daß der christliche Glaube nicht blind auf ein Jenseits vertrösten will, sondern schon hier und heute das Leben mit Freude erfüllen möchte. Wer also mit der christlichen Botschaft wirklich Ernst macht, der begibt sich auf den Weg zum Glücklichsein.

Die größte Hürde für die Einstellungsänderung ist unser Egoismus. Er wehrt sich meistens heftig gegen die Erkenntnis, daß die eigenen Denk- und Gefühlsgewohnheiten oder die eigenen Verhaltensweisen falsch und schädlich sind. In jedem Menschen steckt ja ein kleiner Rechthaber, der seine Position auch dann noch verteidigt, wenn er mit dem Rücken zur Wand steht und sich selbst belügen muß. Solange wir also nicht wirklich überzeugt sind, daß bestimmte Lebensgewohnheiten falsch und zerstörerisch sind, kommen wir nicht weiter. Festeingefahrene Gepflogenheiten sind so schön bequem, auch wenn sie sich als destruktiv erweisen. Veränderungen erscheinen uns dagegen anstrengend und unbequem, weil sie konsequente Arbeit an uns selbst bedeuten. Viele Menschen fragen leider oft nicht danach, ob etwas wahr, richtig oder gut ist, sondern ob es bequem oder unbequem ist. Dies verhält sich bei religiösen und weltanschaulichen Fragen genauso wie bei Problemen mit der eigenen Gesundheit. Sicherlich gäbe es sonst nicht so viele unbiblische Ideen, politische Wirrköpfe oder Raucherbeine! Wir müssen also überzeugt sein, daß sich unser Leben ändern muß, auch wenn dies unbequem erscheint. Wir müssen bereit sein, unsere falschen Gewohnheiten im Denken, Fühlen und Verhalten zu ändern. Nach dem Erkennen der eigenen Situation und dem Willen zur Umkehr folgt also eine schrittweise Änderung negativer Gewohnheiten, wie zum Beispiel der Gewohnheit, egoistisch, perfektionistisch oder pessimistisch zu denken.

Sklave oder Herr?

Ist Ihnen dies auch schon einmal passiert? Sie wollten sich die Zähne putzen und haben gewohnheitsgemäß dorthin gegriffen, wo sonst immer die Zahnpasta liegt. Aber diesmal lag sie nicht da, sondern irgendeine Hautcreme. Unglücklicherweise wurde Ihnen dies jedoch erst dann bewußt, als sich ein merkwürdiger Geschmack in Ihrem Mund ausbreitete!

Wenn Sie von bösen Erinnerungen an eine derartige „Mundpflege" geplagt werden, dann trösten Sie sich. Viele Menschen können aus eigener Erfahrung ein Lied davon singen, wie sie Opfer ihrer Gewohnheiten wurden. Allerdings könnten wir ohne Gewohnheiten nicht auskommen, vielleicht sogar nicht einmal überleben. Sie erlauben uns nämlich, vieles zu tun, ohne daß wir bewußt und konzentriert mitdenken müssen. Wenn wir uns die Hände waschen, das Hemd zuknöpfen, Auto oder Fahrrad fahren, wenn wir essen, schreiben, gehen oder auch in Gefahren reagieren, können wir dies nur durch eine Reihe von Gewohnheiten, die wir uns im Laufe des Lebens erworben haben.

Eine Gewohnheit ist ein erlerntes Schema des Denkens, Handelns oder Fühlens. Wenn wir also in bestimmten Situationen immer wieder den gleichen Gedanken verfolgen, das gleiche Gefühl hegen oder die gleiche Handlung vollziehen, dann entwickelt sich eine Gewohnheit. Zuerst wird sie in das Kurzzeitgedächtnis aufgenommen. Wiederholen wir diese Gefühle, Gedanken und Verhaltensweisen weiter, dann gelangt die Gewohnheit in das Langzeitgedächtnis. Jedesmal, wenn dieses eingeübte Schema gebraucht wird, können wir nun automatisch reagieren. Das hat große Vorteile. Ich brauche mir zum Beispiel keinen Zettel an das Bett zu heften mit dem Merkvers: „Vor dem Schlafengehen – Zähneputzen nicht vergessen!" Beim Zähneputzen ist es dann auch nicht nötig, ständig darüber nachzudenken, wie man die Bürste am besten bewegt, damit die Zähne sauber werden.

Natürlich gibt es auch erhebliche Nachteile. Auf die gleiche Art und Weise können nämlich auch schlechte Gewohnheiten entstehen, von denen jeder eine ganze Reihe besitzt. Unglücklicherweise fällt es unserem Gehirn sehr schwer, diese schlechten Gewohnheiten zu vergessen oder zu verlernen. Wollen wir sie ändern oder abbauen, brauchen wir ein wenig Ausdauer.

Nach dem Erkennen der schädlichen Verhaltensmuster und der bewußten Entscheidung gegen sie ist das Einüben neuer und guter Gewohnheiten der erfolgreichste Weg. Dies fällt uns jedoch nicht so einfach in den Schoß, sondern benötigt Zeit und konsequente Arbeit an uns selbst. Wenn jemand bisher seine Zähne nicht nach dem Essen geputzt hat und er möchte sich jetzt diese Gewohnheit aneignen, muß er sich mehrere Tage und Wochen bewußt darauf konzentrieren. Geht er zu oberflächlich dabei vor, verzögert sich die Entwicklung der Gewohnheit, falls sie überhaupt entsteht. Auch wenn sich im Kurzzeitgedächtnis ein neues Verhaltensmuster gebildet hat, darf er nicht unaufmerksam werden. Falsche Sicherheit führt häufig zum Rückfall! Erst wenn sich die Gewohnheit im Langzeitgedächtnis festgesetzt hat, wird man, ohne überlegen zu müssen, nach dem Essen zur Zahnbürste greifen. Bis es dazu kommt, können manchmal sogar einige Monate vergehen.

Bei der Entwicklung neuer, positiver Denk- und Verhaltensmuster ist es ganz ähnlich. Auch hier müssen wir uns vor falscher Sicherheit hüten und so lange an uns arbeiten, bis wir unser Ziel erreicht haben.

Ich will mich meines Lebens freuen!

Herr B. fühlte sich offensichtlich nicht wohl in seiner Haut. Er hatte schon seit langem beschlossen, Aschenbecher, Feuerzeug und Zigaretten in den Mülleimer zu werfen. Aber jedesmal, wenn er seinen Entschluß in die Tat umzusetzen versuchte, machte er einen Rückzieher. Deshalb hatte ich ihm die Frage gestellt, warum er denn mit dem Rauchen aufhören wolle und was ihn auf der anderen Seite so sehr an den Glimmstengel fessele. Nun rutschte er unbehaglich auf seinem Stuhl hin und her und überlegte angestrengt. Sogar ein Blinder würde sofort bemerkt haben, daß er keine Antwort wußte. Sein Dilemma war, daß er weder ein Motiv für sein Handeln angeben konnte noch einen Beweggrund für eine Verhaltensänderung. So schwankte er ständig zwischen Aufhören und Weitermachen hin und her.

Wenn unser Leben und unsere Einstellung sich ändern sollen, brauchen wir dafür eine starke Motivation. Ein „frommer Wunsch" oder ein schöner Traum reicht nicht aus. Unsere festeingefahrenen Gewohnheiten sind eben stärker als ein schwachbrüstiger Gedanke. Deshalb ist der erste Schritt zur Änderung unserer Einstellung ein fester Entschluß, den wir über unser Leben stellen müssen. Diesen Entschluß sollten wir uns so tief einprägen, daß er fest im Denken verankert ist und automatisch vor unserem geistigen

Auge steht, wenn wir in Krisensituationen geraten. Er sollte ein Teil unseres Wesens werden und damit lebensbestimmend sein, ohne daß er uns immer direkt bewußt ist.

Ein solcher Entschluß könnte lauten: „Ich will mich meines Lebens freuen!" oder: „Ich will mein Leben glücklich gestalten!" Vielleicht erscheinen Ihnen diese Sätze ein wenig banal oder zu selbstverständlich. Aber – Hand aufs Herz – wie oft verhalten wir uns so destruktiv, daß man meinen könnte, wir wollten mit aller Macht unglücklich werden?

Wenn wir unser Leben glücklich gestalten wollen, dann reicht eine schwache Sehnsucht nach dem Glücklichsein nicht aus. Wir müssen vielmehr unseren Entschluß ständig wiederholen, bis er unser Denken gewohnheitsmäßig bestimmt und zu einer starken Motivation wird. Jedesmal, wenn wir in brisante Situationen geraten, in denen wir bisher mit negativen Gefühlen reagiert haben, sollten wir unseren Entschluß wieder bewußt ins Gedächtnis rufen: „Ich will mich jeden Tag freuen und mir nicht mein Leben durch negative Gefühle vergiften lassen!" Schon allein dieser Gedanke kann uns helfen, daß negative Gefühle erst gar nicht entstehen oder daß sie abgeschwächt werden.

Ein älterer Pastor gab mir einmal eine Motivationskarte, auf der er seinen Entschluß niedergeschrieben hatte. Er lautet: „In meinem Herzen soll es fröhlich sein!" Dieser Spruch hat mir so gut gefallen, daß ich ihn direkt neben den Computerbildschirm geklebt habe. So steht er mir während meiner Arbeit am Schreibtisch immer vor Augen.

Im Alten Testament finden wir einen Ausspruch des Propheten Habakuk, der auch einen solchen positiven Entschluß darstellt: „Ich will mich freuen des Herrn und fröhlich sein in Gott, meinem Heil!“ (Habakuk 3, 18.) Dieses Wort rief der Prophet in einer Situation aus, die viele als bedrückend und aussichtslos bezeichnen würden. Es ist also ein „Dennoch“ des Glaubens, daß sich gegen widrige Lebensumstände durchsetzt, weil man sich von einem liebenden und allmächtigen Gott umsorgt weiß: „Ich will mich freuen und fröhlich sein in Gott!“

Wenn Sie eine positive Grundentscheidung über Ihr Leben setzen, dann vergessen Sie bitte nicht, daß die Entwicklung einer neuen Gewohnheit viele Wochen benötigt. Es reicht nicht aus, wenn Sie sich nur einige Tage um diesen Gedanken bemühen. Prägen Sie ihn vielmehr so tief in Ihr Denken ein, daß er Ihnen in belastenden Augenblicken sofort vor Augen steht, daß Sie ganz selbstverständlich davon bestimmt werden. Ohne eine starke Motivation wird es Ihnen schwerfallen, die weiteren Schritte zur inneren Ausgeglichenheit zu gehen. Ich denke nicht, daß Sie die Absicht haben, in Ihrem Leben unglücklich zu werden. Also, machen Sie sich dies immer wieder bewußt! Sagen Sie sich jeden Tag von neuem, daß Ihr Leben von der Freude bestimmt sein soll und daß Sie sich nicht durch negative Gefühle, durch Schicksalsschläge oder unangenehme Zeitgenossen Ihre Lebenszeit vermiesen lassen wollen!

Wir haben inzwischen erkannt, daß unser ichsüchtiges Denken, das Streben nach Vollkommenheit aller Lebenssituationen und die Neigung, alles schwarz zu malen, drei wichtige Störenfriede der Lebensfreude sind. Deshalb wollen wir nun diesen drei Unruhestiftern unsere Aufmerksamkeit zuwenden. Auch hier gilt es, neue Gewohnheiten zu entwickeln, damit unser Leben glücklicher wird.

Alles tanzt nach meiner Pfeife!

Wer eine Bücherei aufsucht und als Laie im Fachbereich Psychologie stöbert, wird im ersten Augenblick durch die umfangreiche Literatur ein wenig verwirrt. Die vielen interessanten Buchtitel reizen den Wißbegierigen, mehr Lesestoff mit nach Hause zu nehmen, als er in den nächsten Wochen bewältigen kann. Er wird jedoch bald feststellen, daß – gemessen an der Wichtigkeit des Themas – bisher nur wenig über den Egoismus geschrieben worden ist. Es ist nicht unbedingt nötig, den Begriff „Egoismus" mit wissenschaftlicher und philosophischer Gründlichkeit zu untersuchen, um ihn völlig auszuloten. Wir wissen im Grunde alle ganz genau, was darunter zu verstehen ist. Fast täglich treffen wir auf Menschen, die immer und überall versuchen, ihren Willen ichsüchtig durchzusetzen. Ihr Neid und ihre Habsucht wirken abstoßend. Sie trampeln blindlings auf den Gefühlen ihrer Mitmenschen herum, und ihr Ehrgeiz, ihr Machtstreben und Großseinwollen sind eine ständige Belastung ihrer Umgebung. Solche Menschen stecken scheinbar immer noch in den Kinderschuhen. Sie meinen wie etwa Fünfjährige, sie seien die Größten.

Obwohl uns ein solches egoistisches oder egozentrisches Verhalten abstößt und nur wenige Menschen mit einem solchen Zeitgenossen gern zusammenleben, geraten wir selbst täglich in die Gefahr, ichsüchtig zu denken und zu handeln! Es geschieht sehr oft, daß wir bei anderen verurteilen, was sich in unserem eigenen Leben findet. Wir sind nur ein wenig blind dafür, daß unser eigener Egoismus unsere innere Harmonie stört und das gute Verhältnis zum Nächsten zerstört. Leider merken wir dies oft erst dann, wenn Menschen uns enttäuscht den Rücken kehren oder unsere eigene Gefühlswelt uns zu einer täglichen Belastung wird.

Es ist sicherlich einsichtig, daß es gerade in diesem Bereich schwerfällt, neue Gewohnheiten zu entwikkeln: selbstloser werden, nicht immer das letzte Wort haben müssen, eigene Interessen zugunsten anderer zurückstecken, dem Mitmenschen das Bessere zukommen lassen, nicht mehr alles an sich reißen oder den eigenen Willen nicht ständig gegen die Absichten anderer durchsetzen.

Eines der besten Mittel gegen den übersteigerten Egoismus ist für mich ein Gebot Jesu, das sich schon im Alten Testament findet: „Liebe deinen Nächsten wie dich selbst!“ (3. Mose 19, 18; Matthäus 22, 39.) Wer seinen Mitmenschen wirklich liebt, der wird ihn nicht selbstsüchtig überrollen, sondern das Leben mit ihm gemeinsam partnerschaftlich gestalten. Er wird nicht immer nur nehmen, sondern mehr von dem Prinzip des Gebens bestimmt sein. Liebe zum Mitmenschen schenkt mehr Lebenssinn und -freude als die heute oft falsch verstandene Idee der Selbstverwirklichung. Egoistische Selbstverwirklichung macht nämlich auf Dauer nicht glücklich, sondern treibt in die Isolation. Wer dagegen anfängt, Liebe zu üben, der wird nicht nur Freunde finden, sondern auch inneren Frieden und Glück.

Gut, besser, am besten – noch besser!

Obwohl wir in einer Welt leben, in der wir täglich auf Unvollkommenheiten stoßen, bemüht sich der Mensch, alles perfekt zu machen. Das ist sicherlich begrüßenswert, weil es ohne dieses Streben nach Vollkommenheit nur wenig Fortschritt gäbe. Der Perfektionismus hat aber auch seine Schattenseiten. Lassen Sie mich dies an den Testberichten der Autozeitschriften ein wenig verdeutlichen: Obwohl die heute produzierten Autos reinste Wunderwerke der Technik sind und unsere Großeltern gar nicht aus dem Staunen herauskämen, wenn sie mit einem solchen Traumwagen über die Autobahn brausen könnten, sind die Testberichte oft nichts anderes als eine Sammlung negativer Äußerungen. Was vor zehn Jahren keinen Testfahrer störte, kann heute zum Prädikat „Nicht empfehlenswert“ führen. Wer sich also ein Auto kauft und erst danach die entsprechenden Testberichte über sein Modell liest, wird von Seite zu Seite unzufriedener mit seinem Besitz.

Perfektionismus führt zur Unzufriedenheit, weil nichts wirklich perfekt ist auf unserer Erde und auch niemals sein wird. Unzufriedenheit ist jedoch einer der großen Störenfriede des Glücklichseins. Das Schlimme daran ist, daß wir unser Streben nach Vollkommenheit nicht auf den technisch-wissenschaftlichen Bereich beschränken, sondern auf unseren Mitmenschen ausdehnen. Auch er muß vollkommen sein und perfekt funktionieren, das heißt unseren Idealvorstellungen entsprechen! Ist dies aber nicht der Fall, hat er typisch menschliche Fehler und Schwächen oder entspricht er nicht unseren Idealen, dann werden wir unzufrieden mit ihm. Nicht genug damit, wir geben ihm unsere Enttäuschung recht deutlich zu verstehen durch unsere Gereiztheit, unsere Nörgelei oder Kälte.

Weil wir in einer Wegwerfgesellschaft leben, gerät so mancher in die Gefahr, seinen Mitmenschen genauso wegzuwerfen wie eine leere Cola-Dose: Sieht die Ehefrau nicht mehr so jung und attraktiv aus wie vor zwanzig Jahren, wird sie einfach gegen ein neueres Modell eingetauscht. Kann der Angestellte seine Arbeit nicht mehr so schnell und exakt verrichten wie früher, wird er durch einen besser funktionierenden menschlichen Roboter ersetzt. Da gibt es kein Gnadenbrot! Perfektionismus und Wegwerfmentalität degradieren den Menschen also zum Gegenstand, machen ihn auch oft zum Schrott der Gesellschaft!

Weil Unzufriedenheit durch zu hohe Erwartungen entsteht, können wir Zufriedenheit fördern, wenn wir uns angewöhnen, nicht alles zweihundertprozentig haben und machen zu wollen. Wir müssen einsehen, daß die gesamte Welt unter dem Gesetz des Zerfalls steht und daß Vollkommenheit nur eine Eigenschaft Gottes ist.

Natürlich dürfen wir auch nicht in das entgegengesetzte Extrem verfallen und uns eine „Ist-doch-alles-egal“-Haltung angewöhnen. Wir sollen schon das Beste anstreben, aber dabei niemals vergessen, daß Vollkommenheit auf dieser Erde nicht erreicht werden kann und daß zweitens das Perfekte uns nicht glücklicher macht als das weniger Gute. Die meisten glücklichen Menschen hatten keinen Traumpartner, keinen Traumberuf, keine Traumwohnung, kein Traumauto und was es sonst noch für Träume gibt! Zufriedenheit stellt sich auch dann ein, wenn man sich an dem weniger Vollkommenen freut und dafür dankbar ist.

Dies läßt sich nicht nur auf die Hifi-Technik anwenden, sondern auch auf das eigene Aussehen. Die wenigsten Menschen sind wirklich modellreif. Jeder hat körperliche Mängel, die bei den Stars natürlich geschickt retuschiert werden. Selbst wenn jemand wirklich ohne körperliche Defekte wäre, er bleibt im Laufe seines Lebens nicht davon verschont. Auch die Schönheitskönigin wird altern, und der jugendliche Sportler wird sich eines Tages mit Altersbeschwerden herumquälen!

Wollen wir zufrieden und ausgeglichen sein, müssen wir uns also in unserem Äußeren annehmen. Diese Selbstannahme fällt leichter, wenn wir uns nicht ständig mit den Schönheiten und Supersportlern dieser Welt vergleichen, sondern uns bewußt werden, daß die meisten Menschen in ihrem Aussehen und ihrem Können mittelmäßig sind.

Neben dem Verlangen, den Mitmenschen an Schönheit oder Stärke zu übertreffen, steckt in vielen auch der Drang, klüger als andere zu sein, den Nächsten in den Schatten eigener Fähigkeiten und Erfolge zu stellen. An dieser Stelle sehen wir die enge Verbindung zwischen Perfektionismus und Ichsucht. Wir treffen recht häufig auf Menschen, die in jedem Lebensbereich unbedingt die Ersten sein wollen. Sie haben sich in ihrem Streben nach Vollkommenheit unter den Druck gesetzt, immer und überall besser als andere zu sein. Damit stressen sie nicht nur sich selbst, sondern belasten auch die Menschen ihrer Umwelt ganz erheblich. Erster sein zu wollen ist wahrscheinlich der Auslöser für einen großen Teil des Leides auf dieser Welt.

Ganz gleich, wie gut oder klug wir auch sein mögen, es wird immer jemanden geben, der besser oder klüger ist als wir. Dies ist für manchen eine enttäuschende Erfahrung. Deshalb entsteht aus dem Konkurrenzdenken Angst vor dem Mitmenschen, aber auch Aggression oder Resignation. Für eine harmonische Lebenshaltung ist deshalb eine realistische Einschätzung der eigenen Person, ihrer Möglichkeiten und Schwächen unbedingt nötig. Wer ständig zu beweisen versucht, daß er mindestens ebenso gut ist wie andere, wird sich in diesem Konkurrenzkampf aufreiben, und wer sich selbst zu hoch einschätzt, wird eines Tages um so tiefer fallen. „Hochmut kommt vor dem Fall", schreibt deshalb Salomo in Sprüche 16, 18. Sehen wir uns dagegen selbst zu schlecht und unbedeutend, können wir auf der anderen Seite aber auch depressiv werden. Deshalb sollten wir uns über eines klar werden: Wir sind weder absolut unbedeutend noch das Maß aller Dinge bzw. der „Nabel der Welt". Wir haben es auch nicht nötig, uns ständig mit anderen zu vergleichen. Unser „Wert" hängt nicht davon ab, ob wir etwas besser können, Größeres leisten, schöner oder gesünder sind als irgendein anderer. Unser Wert beruht allein auf unserem Menschsein, darauf, daß Gott uns – jeden einzelnen von uns – liebt. Dieses Bewußtsein kann uns auf der Gratwanderung des Lebens helfen, die richtige Mitte zu finden.

Es ist alles so traurig

„Das ist doch kein Leben!“ dachte die junge Frau verbittert und niedergeschlagen. „Ich kann dieses heiße Klima nicht länger ertragen, und die öde Landschaft geht mir schon seit dem ersten Tag auf die Nerven. Auch dieses Geschnatter der Eingeborenen kann ich nicht mehr ausstehen!“ Sie hatte sich von vornherein gegen den Entschluß ihres Mannes gewehrt, ins Ausland zu ziehen. Nun saß sie schon seit Wochen in dieser Einöde, während ihr Mann dienstlich unterwegs war. Schließlich raffte sie sich auf und schrieb einen Jammerbrief an ihren Vater. Sie malte ihr Elend in den düstersten Farben und versuchte dadurch Mitleid zu erwecken. Nach kurzer Zeit schon kam mit der Luftpost eine Antwort. In dem Brief des Vaters standen jedoch keine bedauernden Trostworte, sondern nur der trockene Satz: „Zwei Menschen schauten durch dieselbe Brille – einer sah Schmutz, der andere die Sterne.“

Tagelang dachte die junge Frau über die Antwort ihres Vaters nach. Sie erkannte, wie recht er hatte, und faßte deshalb den Entschluß, nicht länger auf den Schmutz zu achten, sondern wie ihr Mann nach den Sternen zu schauen. Sie freundete sich mit den Nachbarn an, nahm an ihren Sorgen und Freuden Anteil und lernte ihre Sprache. Schließlich lebte sie sich so gut ein, daß sie gar nicht mehr an eine Rückkehr in die Heimat dachte. Alles war anders geworden, weil ihre Haltung ihrer Umgebung gegenüber positiver geworden war.

Wenn wir glücklich werden wollen, dann müssen wir wie diese Frau lernen, dem Leben die schönen Seiten abzugewinnen und mehr auf das Gute zu sehen, statt uns zu ärgern und herumzujammern. Anscheinend haben die meisten Menschen von Geburt an die Neigung, alles schwärzer zu sehen, als es in Wirklichkeit ist, das Negative hochzuspielen und mehr über Schlechtes und Bedrückendes nachzudenken und zu reden als über Frohmachendes.

Beobachten Sie sich einmal beim Essen mit Familienangehörigen. Über welche Themen unterhalten Sie sich? Über Frohmachendes? Oder über das fiese Verhalten eines Verwandten, das unmögliche Kleid der Nachbarin, die unmenschlichen Forderungen Ihres Chefs, das Versagen der Politiker, die schlechten Schulnoten Ihrer Kinder, die Gemeinheiten von Arbeitskollegen oder die Boshaftigkeit des Hauswirts?

Sie können sich sicherlich vorstellen, daß negatives Reden während der Mahlzeit nicht nur die gute Laune verdirbt, die sich eigentlich durch die Anregung der Geschmacksnerven einstellen sollte; es stört auch den Verdauungsvorgang ganz erheblich. Das Essen liegt dann schwer im Magen. Man muß sauer aufstoßen. Magenschmerzen können sich einstellen, und auch Geschwüre werden begünstigt. In Sprüche 15, 15 sagt deshalb der lebenserfahrene Salomo: „Ein Betrübter hat nie einen guten Tag; aber ein guter Mut ist ein tägliches Fest."

Wollen wir in dieser Beziehung neue Gewohnheiten entwickeln, brauchen wir ein wenig Ausdauer und Wachsamkeit. Zunächst einmal müssen wir überprüfen, wie oft wir negativ denken und reden und in welchen Situationen wir besonders dazu neigen. Im Straßenverkehr gilt ja der Merkvers: „Gefahr erkannt – Gefahr gebannt!" Das läßt sich nicht ganz unbesehen auf den Hang zum Negativen übertragen, doch fällt es uns grundsätzlich leichter, positiv zu denken, wenn wir unsere Schwächen kennen. Testen Sie sich deshalb während der nächsten Tage, damit Sie wissen, wo und wann Sie blind in die Falle des Pessimismus laufen.

Der Apostel Paulus schrieb in seinem Brief an die christliche Gemeinde in Philippi (Philipper 4, 8, Die Gute Nachricht): „Richtet eure Gedanken auf das, was gut ist und Lob verdient, was wahr, edel, gerecht, rein, liebenswert und schön ist." Dieser Aufruf ist für mich einer der besten Lebensratschläge der Bibel. Wenn wir uns angewöhnt haben, unsere Gedankenwelt mit dem Schönen des Lebens anzufüllen, wenn wir gelernt haben, auch bei unangenehmen Zeitgenossen, die uns vielleicht weh getan haben, die guten Eigenschaften zu sehen, wenn wir uns mit dem beschäftigen, was Freude bringt, dann wird in uns auch eine frohe und heile Gefühlswelt entstehen.

Dies alles bedeutet nun nicht, daß wir ein wenig blauäugig und weltfremd durchs Leben gehen sollen. Wir müssen das Negative der Umwelt schon registrieren und versuchen, es zu verbessern oder damit zu leben, wenn uns die Hände gebunden sind. Aber wir dürfen uns nicht am Negativen festklammern oder wie hypnotisiert darauf starren. Es wird uns sonst erdrücken.

Zwei Beispiele sollen dies verdeutlichen. Vorweg sei gesagt, daß jeder Mensch in seinem Leben mit Leid, Unglück oder Krankheit konfrontiert wird. Niemand ist davon ausgeschlossen, auch Christen nicht. Deshalb sollten wir bei negativen Erlebnissen von vornherein die Frage ausschließen: „Warum mußte gerade mir dies passieren?“ Diese oft gestellte Frage bringt uns nicht weiter und hilft uns nicht ein bißchen, das Negative besser zu verkraften. Man könnte genauso gut die Gegenfrage stellen: „Warum sollte dies mir nicht passieren? Warum soll es immer nur andere treffen?“ In unserer unvollkommenen Welt sind Leben, Wohlergehen und Gesundheit eines jeden Menschen tagtäglich bedroht. Auch gläubige Christen bleiben nicht vom Leid verschont, weil Gott uns keine Garantiekarte für diese Welt gegeben hat, sondern die Hoffnung, daß er einmal alles neu machen wird.

Die Frage „Warum?“ hilft uns auch deshalb nicht weiter, weil wir die Ursachen eines erlittenen Leides nicht bis ins letzte verstehen können. Wir haben einfach keinen Zutritt zu allen Hintergründen, die nicht nur in der Vergangenheit liegen, sondern auch außerhalb unserer Wahrnehmung. Christen fragen aus diesem Grund lieber: „Wozu ist mir dies passiert?“ Genaugenommen bringt uns diese Frage auch nicht viel weiter. Ihre Antwort liegt nämlich in der Zukunft. Deshalb bleibt die Frage „Wozu?“ oft ohne Antwort und überlebt den Fragesteller.

Aus diesen Gründen sollten wir die beiden Fragen nach Ursache und Wirkung nicht stellen, wenn wir von Schicksalsschlägen getroffen werden. Wir geraten dadurch nur in einen Kreis negativen Grübelns, durch den wir noch mehr zermürbt und depressiv verstimmt werden. Handelt es sich jedoch um menschliches oder technisches Versagen, das für die Zukunft abgestellt werden soll und kann, dann sind diese beiden Fragen natürlich notwendig, nicht aber bei der Bewältigung von Schicksalsschlägen.

Hier hilft uns der biblische Rat besser: „Richtet eure Gedanken auf das Positive und Schöne!" Verliere ich zum Beispiel ohne eigenes Verschulden meine Arbeitsstelle, kann ich dennoch froh sein. Zwar muß ich mich in meinen Ansprüchen erheblich einschränken, aber ich werde dank Arbeitslosen- und Sozialhilfe des Staates nicht verhungern. Gegenüber Millionen von Menschen in der dritten Welt kann ich mich sogar noch als wohlhabend, wenn nicht sogar als reich bezeichnen. Wenn ich die Augen aufmache, werde ich außerdem viele positive Möglichkeiten einer glücklichen Lebensgestaltung finden.

Bin ich in einen Autounfall verwickelt worden und mit einem blauen Auge davongekommen, kann ich Gott dankbar sein, daß ich gesund bin. Komme ich dabei zu Schaden oder bleibe ich gar körperbehindert, gibt es immer noch positive Aspekte in meinem Leben, auf die ich mich konzentrieren kann.

Glücklichsein hängt nicht davon ab, ob wir körperlich gesund oder finanziell gut gepolstert sind. Dies wurde mir deutlich, als ich einem Jugendlichen begegnete, der durch einen Halswirbelbruch vom Schulterbereich abwärts gelähmt war.

Dieser junge Mann strahlte echte, von Herzen kommende Fröhlichkeit aus, obwohl der Unfall sein ganzes Leben „verpfuscht" hatte, wie viele meinten. Er sah dies jedoch anders. Durch die Querschnittslähmung hatte er ganz neue Perspektiven erhalten. Sein Glaube an Christus, der auch ihm einmal ein Leben ohne Leid schenken wird, spielte dabei eine entscheidende Rolle. Er führte gern Gespräche mit niedergeschlagenen Menschen oder schrieb ermutigende Briefe an sie. Um diese Briefe abzufassen, betätigte er seine elektrische Schreibmaschine mit einem Bleistift, den er im Mund hielt.

Dieser Jugendliche hatte gelernt, nicht auf das Negative zu starren und alles andere aus dem Blick zu verlieren, sondern das Gute des Lebens zu suchen und sich darüber zu freuen. Vielleicht denken Sie einmal an ihn, wenn Sie in einer dunklen Stunde meinen, alles Unglück der Welt träfe immer nur Sie.

Wiederholung ist die Mutter der Weisheit

Bevor wir uns noch intensiver mit der Änderung unserer Einstellung beschäftigen, wollen wir eine kleine Verschnaufpause einlegen und das Gelernte wiederholen. Uns ist bewußt geworden, wie sehr eine falsche Lebenshaltung die tägliche Freude abwürgen kann. Deshalb haben wir den Entschluß gefaßt, uns nicht länger wie vermoderndes Strandgut von den Wellen des Lebens treiben zu lassen, sondern bewußt ein Ziel anzusteuern. Dieses Ziel lautet: Ich will mein Leben glücklich gestalten! Ich will mich meines Lebens freuen! In meinem Herzen soll es fröhlich sein!

Bei der Ansteuerung dieses Zieles werden wir jedoch sehr leicht durch Fahrlässigkeit oder durch schlechte Gewohnheiten torpediert, so daß wir resignierend aufgeben und glücklos weiterleben. Deshalb ist es wichtig, diese Bedrohung der Lebensfreude auszuschalten. Wir haben uns bis jetzt mit drei Störenfrieden des Glücklichseins beschäftigt und gesehen, wie sich die Gewohnheiten, egoistisch, perfektionistisch und pessimistisch zu denken, in unserem Leben auswirken. Deshalb haben wir uns entschlossen, Ichsucht, ständiges Streben nach absoluter Vollkommenheit aller Lebensumstände und Schwarzmalerei abzubauen. Weil Gewohnheiten jedoch in unserem Gehirn fest eingebrannte Muster sind, reichen ein paar gute Ratschläge nicht aus. Konsequente und aufmerksame Arbeit an uns selbst ist nötig, und auch nach einem längeren Zeitraum eines erfolgreichen Kampfes gegen diese Gewohnheiten ist Wachsamkeit empfehlenswert.

In den nächsten Tagen und Wochen sollten wir gleich morgens den Entschluß fassen: „Ich will mich heute nicht ichsüchtig verhalten. Ich will heute nicht perfektionistisch sein und auch nicht negativ denken und reden." Haben wir uns dann doch bei einem Fehler ertappt, sollten wir nicht mutlos werden. Wir können den Teufel nicht mit dem Beelzebub austreiben. Wer mit Perfektionismus oder mit pessimistischen Gedanken versucht, gerade diese beiden Übel zu bekämpfen, dreht sich nur erfolglos im Kreis.

Eine sehr wirksame Hilfe im Kampf gegen schlechte Gewohnheiten ist sicherlich das Gebet. Wer ausdauernd darum betet, Gott möge ihn von Selbstsucht, Vollkommenheitssucht und Negativdenken befreien, der wird eine Lebensänderung erfahren; denn „bei Gott ist kein Ding unmöglich". Das ist eine Verheißung, auf die man sich verlassen kann.

In den nun folgenden Abschnitten wollen wir uns anschauen, welchen Einfluß unser Denken auf unsere Gefühle hat. Dabei werden wir sehen, daß wir den Gefühlen nicht hilflos ausgeliefert sind, sondern sie steuern und beeinflussen können.

Ich sehe was, das du nicht siehst

Vielleicht haben Sie, lieber Leser, inzwischen die Überzeugung gewonnen, Sie seien so ausgeglichen und seelisch stabil, daß Sie nur schwer die Fassung verlieren. Wenn dies der Fall ist, dann sollten Sie sich nun einem kleinen Test unterziehen, der Ihnen das Ausmaß Ihrer Selbstsicherheit zeigt: Stellen Sie sich einmal vor, Sie gehen barfuß in ein besser aussehendes Mietshaus und klingeln stürmisch an verschiedenen Wohnungstüren. Wenn sich eine Tür öffnet, fragen Sie bitte, ob Sie sich in der Wohnung vielleicht die Füße waschen dürften, und halten dabei Seife und Handtuch hoch.

Ergreifen Sie unangenehme Gefühle, wie Angst vor dem Spott Ihrer Mitmenschen, wenn Sie daran denken, diesen Test praktisch durchführen zu müssen? Merken Sie nun, daß bestimmte Situationen Ihnen doch gefühlsmäßig zu schaffen machen? Viele Menschen meinen deshalb, die Ursachen ihrer negativen Gefühle lägen in ihrer Umwelt oder Vergangenheit. Man brauche deshalb nur die Umwelt zu verändern oder die Probleme der Vergangenheit aufzuarbeiten, und schon wäre man von den niederdrückenden Belastungen frei. Diese Behauptung stellt jedoch nur eine Seite der Medaille dar.

Wenn eine Hausfrau unter einer Erschöpfungsdepression zusammenbricht, dann hat dies viel mit ihrer

Lebenssituation zu tun. Auf der anderen Seite haben es unsere Großmütter ohne Waschmaschine und Geschirrspüler viel schwerer gehabt, ihre sechs bis acht Kinder großzuziehen. Trotzdem kannten die meisten von ihnen keine durch Überarbeitung verursachte Depression.

Wir dürfen die Ursachen von Gefühlsstörungen deshalb nicht ausschließlich in unserer Umwelt suchen. Man könnte sonst nur wenigen Menschen in ihren seelischen Problemen helfen. Wer kann schon seinen Lebensraum so umgestalten, daß er mit ihm keine Schwierigkeiten mehr hat? Wir machen es uns auch zu leicht, wenn wir die Verantwortung für Gefühlsstörungen allein auf Elternhaus oder Schule schieben. Schließlich sind wir im Normalfall nicht ein Leben lang die Marionetten unserer Eltern und Lehrer. Wir sind vielmehr selbst verantwortlich für unser Denken, Fühlen, Wollen und Handeln.

Oftmals liegen die Ursachen unserer Probleme in uns selbst, in unseren Einstellungen und Gedanken. Dies soll ein weiterer Test verdeutlichen. Stellen Sie sich vor, Sie gehen abends allein spazieren. Plötzlich springt ein kalbsgroßer, struppiger Hund auf Sie zu. Welche Gedanken schießen Ihnen jetzt durch den Kopf?

Angenommen, folgende Gedankenfetzen wirbeln Ihr Denken durcheinander: „Hilfe! Ein wilder Köter! Er will mir die Kehle durchbeißen! Was soll ich nur machen?“ Welche Gefühle werden Sie dabei beherrschen? Keine Frage! Natürlich lähmende Angst oder sogar Panik! Stellen wir uns nun dagegen vor, Sie sagen sich im ersten Impuls: „Na, du Ausreißer, wo kommst du zu so später Stunde her?“ Werden Ihre Glieder dann auch von Panik gelähmt sein? Natürlich nicht!

Wer ist also schuld an Ihrer Gefühlsreaktion: Der Hund selbst oder Ihre Einstellung gegenüber dem Hund, Ihr Denken über die Situation? Wenn Sie der Meinung sind, große Hunde mit struppigem Fell seien bösartige Raubtiere, dann werden Sie nicht besonders begeistert sein, am späten Abend einem solchen Tier zu begegnen. Als hoffnungsloser Hundenarr denken Sie sicherlich ganz anders und werden deshalb keine Panik entwickeln, wenn eine feuchte Schnauze Sie beschnuppert.

Natürlich müssen wir eine Situation erst wahrnehmen, bevor sich Gefühle in uns entwickeln. Ein blinder und tauber Mensch hätte den streunenden Hund weder sehen noch hören und deshalb auch keine Angst haben können. Durch seine eingeschränkte Wahrnehmung ist es ihm nicht möglich, die volle Wirklichkeit so zu erkennen, wie sie tatsächlich ist. Das gilt für alle Menschen. Die Wirklichkeit stimmt häufig nicht mit unserer Wahrnehmung überein.

Vor einiger Zeit begegnete uns als Familie ein guter Bekannter in einem Kaufhaus. Wir entschlossen uns, sein Wahrnehmungsvermögen zu testen, und sprachen ihn deshalb nicht an. Er marschierte geradewegs auf mich zu, starrte mir ins Gesicht, bog dann kurz vor mir nach links ab und lief an meiner Frau und meinen Kindern vorbei, ohne uns zu bemerken. So etwas geschieht recht häufig. Wir nehmen also vieles überhaupt nicht wahr. Denken Sie nur an den weiten Bereich elektromagnetischer Wellen. Oder horchen Sie einmal mit geschlossenen Augen ganz bewußt auf die Geräusche Ihrer Umgebung. Sie werden plötzlich vieles hören, das Ihnen vorher entgangen ist.

Oft nehmen wir die Wirklichkeit nur verzerrt wahr oder sehen alles durch einen Filter persönlicher

Ansichten. Manchmal bemerken wir etwas, das in Wirklichkeit gar nicht existiert. Lassen Sie mich diese Gedanken an der Gottesfrage verdeutlichen.

Manche Menschen nehmen Gott überhaupt nicht wahr, andere nur Bruchstücke seines Wesens, und wiederum andere bemerken Eigenschaften Gottes, die er überhaupt nicht besitzt. An diesem Beispiel lernen wir verstehen, daß kein Mensch die volle Wirklichkeit so wahrnimmt, wie sie tatsächlich ist. Wir können sie nur beschreiben. Dabei dürfen wir nicht vergessen, daß diese Beschreibungen bruchstückhaft oder sogar verzerrt sind. Deshalb ist es auch unsinnig, wenn jemand behauptet, Gott gäbe es nicht, weil ihn augenblicklich niemand sehen oder mit wissenschaftlichen Methoden beweisen kann. „Weltanschauungen“ bleiben demnach stets unvollkommen, wenn sie sich allein auf menschliche Wahrnehmungsfähigkeiten verlassen.

Die Schwierigkeiten zwischen Eltern und Kindern haben oft ihre Ursache in einer falschen Wahrnehmung der Wirklichkeit. Kritisiert ein Vater seinen halberwachsenen Sohn, damit jener besser aufpaßt und nicht überall aneckt, dann sieht der Sohn meistens nur die Kritik und nicht die gute Absicht oder Zuneigung des Vaters. Deshalb wächst im Sohn die Überzeugung, sein Vater sei böse und gemein. Haß- und Wutgefühle sind meistens die Folge.

Wir können zahlreichen Konflikten aus dem Weg gehen und uns eine Menge negativer Gefühle ersparen, wenn wir unsere Wahrnehmungen immer wieder in Frage stellen und kritisch betrachten! Dies sollten wir uns zum Grundsatz machen.

Geht also in Zukunft ein Bekannter, ohne zu grüßen, an uns vorüber, sollten wir nicht vorschnell urteilen und uns danach ärgern. Besser ist es, wir fragen uns: Habe ich bemerkt, weshalb er mich nicht gegrüßt hat? Hat er mich überhaupt gesehen, oder war er tief in Gedanken versunken? War sein Gesicht wirklich grimmig, ernst und böse, oder war es nur völlig entspannt und ausdruckslos? Wenn es grimmig aussah, galt dieser Ausdruck mir oder vielleicht seinem Chef, mit dem er gerade einen Gedankenkrieg führte?

Sie sehen, wie wichtig es ist, eine Situation so objektiv wie nur möglich zu erfassen, ehe wir Urteile fällen. Gehen wir nicht so vor, werden wir oft Fehlschlüsse ziehen und uns dadurch unnötige Probleme bereiten. Noch deutlicher gesagt: Haben wir eine Situation nicht richtig erfaßt, stehen wir in der Gefahr, uns mit der Unwirklichkeit oder mit Illusionen zu belasten! Das kritische Hinterfragen des Erlebten fällt uns nicht einfach in den Schoß. Wir müssen es regelrecht einüben und uns angewöhnen, bis es fast automatisch abläuft. Wir werden dadurch viele Schwierigkeiten vermeiden, über die wir bisher gestolpert sind.

Es ist eine menschliche Schwäche, nicht nur vorschnell zu urteilen, sondern auch eigensinnig an Standpunkten festzuhalten. Wer schon mit einem „Rechthaber“ diskutiert hat, kann ein Lied davon singen. Wie oft werden in hitzigen Debatten unsinnige Argumente benutzt, um nicht zugeben zu müssen, daß man unrecht hat. Wer jedoch die Wahrheit nicht auf seiner Seite hat, egal wie wortreich er sich auch verteidigt, der lebt in einer Scheinwelt und macht sich letztlich vor seinen Mitmenschen lächerlich.

Bezieht sich diese Rechthaberei auf eine christliche Glaubenslehre, dann erscheint dies nicht so tragisch. Erklärt also jemand: „Ich sehe nicht ein, daß die Lehre von der Unsterblichkeit der Seele nicht biblisch ist, sondern erst im 3. Jahrhundert n. Chr. aus der griechischen Philosophie in das Christentum eindrang. Ich glaube weiter daran." – dann ist das eine Angelegenheit zwischen Gott und ihm. Es belastet mich nicht gefühlsmäßig, wenn er geschichtliche Tatsachen nicht wahrhaben will. Behauptet er jedoch starrsinnig, ich sei ihm feindlich gesinnt, obwohl dies keineswegs der Fall ist, dann belastet mich seine falsche Wahrnehmung. Ich bekomme seinen Ärger zu spüren, ohne Schuld zu haben. Wir sollten also immer offen sein für eine andere Sicht der Dinge oder für eine Revision unserer Wahrnehmung, wenn wir auf der Suche nach Wahrheit sind und uns unnötige Probleme ersparen wollen.

Ich weiß nicht – aber ich nehme an

„Klugheit und Verstand sind ein sicheres Fundament, auf dem du dein Haus errichten kannst, und Wissen füllt seine Räume mit wertvollen und schönen Dingen." (Sprüche 24, 3, Die Gute Nachricht.)

Vielleicht sind Sie erstaunt, ein solches Wort in der Bibel zu finden. Die Bibel ist eben kein verstaubtes Buch, das eine weltfremde Lebenshaltung vermittelt. Sie ist heute noch so aktuell wie vor zweitausend Jahren. Wir werden aufgefordert, unser Leben auf Klugheit und Verstand aufzubauen. Damit ist nicht ein hoher Intelligenzquotient gemeint. Intelligenz schützt den Menschen nicht vor törichtem Verhalten. Die Bibel versteht darunter Lebensklugheit oder Lebensweisheit, und die sind nicht davon abhängig, ob man ein exzellentes Abitur besitzt oder Akademiker ist. Klugheit, Weisheit und Verstand werden in der Heiligen Schrift als Gaben Gottes betrachtet, die entwickelt und ausgebaut werden sollen, um glücklich und harmonisch leben zu können. Wer sein Leben nicht auf dieses Fundament gründet, wird bald scheitern. Deswegen sagt Salomo ein wenig drastisch: „Wer es ablehnt, vernünftig zu leben, wird bald den Toten Gesellschaft leisten." (Sprüche 21, 16, Die Gute Nachricht.) Das ist klar und unverblümt gesagt. Die Bibel nimmt kein Blatt vor den Mund, sondern macht deutlich, worauf es im Leben ankommt.

Vor einiger Zeit warnte ich einen guten Bekannten vor dem Rauchen. Er lächelte jedoch und meinte ein wenig jovial: „Mein Arzt hat mir auch schon geraten, die Zigaretten in den Mülleimer zu werfen. Ich könnte sonst durch einen Herzinfarkt ins Jenseits befördert werden. Aber ich nehme das nicht so tragisch.“ Ein dreiviertel Jahr später starb er an einem Herzinfarkt! Seine Firma, die einen wohlbekannten Namen hat, wurde aufgelöst. Seine junge Familie stand plötzlich vor einem großen Schuldenberg, weil er nicht vorgesorgt hatte. Für sie war sein Tod tragisch! Er war ein intelligenter junger Mann, aber er war nicht lebensklug.

Seit dem Beginn der modernen Naturwissenschaft gründet der Mensch sein Weltbild nicht länger auf mythische Vorstellungen und Spekulationen, sondern auf Ergebnisse vernünftiger Untersuchungen. Beobachtet man irgendeinen Vorgang in der Natur, wird nicht sofort behauptet: Dieser Vorgang läuft immer so ab! Der Wissenschaftler wird vielmehr zunächst eine Annahme formulieren. Diese Annahme wird nun durch zahlreiche Experimente untersucht und hinterfragt. Führen diese immer wieder zum gleichen Ergebnis, wird man einen Lehrsatz oder eine Theorie aufstellen und sagen: Dieser Vorgang läuft so ab! Ergeben sich jedoch Abweichungen bei der Untersuchung der Annahme, wird man vorsichtiger formulieren: Dieser Vorgang läuft häufig so ab, aber nicht immer.

Die Naturwissenschaft bemüht sich also darum, zu einer objektiven und vernünftigen Erkenntnis von Tatsachen zu gelangen. Diese Art des Denkens und Arbeitens hat zu den gewaltigen technischen und wissenschaftlichen Fortschritten der modernen Welt geführt. Betrachten wir dagegen die alltäglichen

Denk- und Verhaltensweisen des Menschen im gesellschaftlichen oder mitmenschlichen Bereich, müssen wir feststellen, daß hier die Gesetze der Vernunft nur wenig Bedeutung und Einfluß haben. Was man sich bei der Arbeit nicht leisten und erlauben kann, wird im Umgang mit dem Nächsten recht häufig praktiziert. Zwar haben wir Menschen staunenswerte Fortschritte in Wissenschaft und Technik vorzuweisen, aber im Alltag verhalten wir uns nicht anders als unsere Vorfahren vor fünftausend Jahren.

Kommen wir noch einmal auf das Beispiel vom Vater und seinem gekränkten Sohn zurück. Vielleicht ist Ihnen aufgefallen, daß der Sohn nach seiner falschen Wahrnehmung der Situation einen Schritt weitergegangen ist. Statt seine Beobachtung kritisch zu hinterfragen, hat er einfach eine Behauptung aufgestellt: „Der Vater ist böse und gemein!“ Hinter dieser Behauptung steckt die unbewiesene Annahme: „Er will mir eins auswischen! Er will mich fertigmachen!“

Der zweite Schritt zu negativen Gefühlen ist also häufig eine falsche Annahme. „Der Vater hat etwas gegen mich.“ – „Der Hund will mich beißen.“ – Mein Nachbar mag mich nicht.“ – „Die Polizei will nur mein Geld.“ Wir können diese Reihe beliebig fortsetzen. In vielen Bereichen unseres Lebens gründen wir unsere Meinungen auf Annahmen statt auf bewiesene Tatsachen. Das läßt sich auch gar nicht immer umgehen. Nicht alles läßt sich beweisen. Wir müssen vieles glauben. Dies bezieht sich nicht nur auf religiöse Dinge.

Oft fragen Menschen nach Beweisen für die Liebe ihres Partners. Aber kann man Liebe beweisen? Können nicht alle geforderten Liebesbeweise genausogut ein gekonntes Theater sein – vielleicht sogar ein lebenslanges Theater? Liebe läßt sich genausowenig wie Gott mit naturwissenschaftlichen Mitteln beweisen. Sie lebt wie der Glaube vom Vertrauen.

Wenn wir auch vieles annehmen müssen, ohne es jederzeit hieb- und stichfest begründen zu können, so müssen wir doch lernen, unseren eigenen Annahmen kritischer gegenüberzustehen. Der junge Mann aus unserem Beispiel hätte sich durch ein solches Vorgehen seine negativen Gefühle ersparen können. Er betrachtete jedoch seine Vermutungen als absolut richtig, ohne sie zu hinterfragen. Würde er so in einem chemischen Labor arbeiten, könnte er dort bald seine Sachen packen! Wir erlauben uns jedoch im Umgang mit dem Mitmenschen vieles, was wir in unserer Arbeitswelt peinlichst vermeiden. Wie bei einer falschen Wahrnehmung belasten wir uns mit der Unwirklichkeit, wenn wir verkehrte Behauptungen aufstellen, und das ist unvernünftig.

Ein Jugendlicher sagte völlig deprimiert zu mir: „Gott kann mir nicht mehr vergeben." Solche Behauptungen werden oft von religiös geprägten Menschen aufgestellt, die in ihrem Leben versagt haben. Es gibt jedoch keinen Beweis dafür, daß ihre Annahme stimmt und Gott ihnen nicht mehr gnädig ist und ihnen ihre Schuld nicht vergibt. Im Gegenteil, in der Bibel wird oft davon gesprochen, daß Gott sogar die schlimmsten Gemeinheiten verzeiht, wenn der Betreffende sein Verhalten bereut und sich ändern will.

Eine alte Dame behauptete einmal: „Ich falle meiner Familie nur noch zur Last." Dies war keineswegs der Fall. Ihre Angehörigen empfanden ihre Pflege überhaupt nicht als unzumutbare Last. Ihre Vermutung war falsch. Ein Student meinte, er werde mit Sicherheit durch die Prüfung fallen. Durch sein Studium hätte er eigentlich wissen müssen, daß man sich nicht auf reine Annahmen verlassen darf und höchstens von einer gewissen Wahrscheinlichkeit sprechen kann, bei der Prüfung zu versagen. Alle diese Menschen haben sich durch ihre Vermutungen negativen Gefühlen ausgesetzt und ohne Grund seelisch belastet. Dadurch wurde ihre Lebensfreude gelähmt und ihnen genau die Kraft geraubt, die sie für die Bewältigung ihrer Schwierigkeiten benötigten. Sie haben durch ihr unkritisches Denken Gefühle entwickelt, die überflüssig waren.

Wir sollten uns deshalb einen weiteren Grundsatz einprägen und in den nächsten Tagen auch bewußt trainieren, bis er eine Gewohnheit geworden ist: Ich muß meine Annahmen, Vermutungen und Behauptungen kritisch überprüfen. Ich muß sie immer wieder auf ihre Richtigkeit hin untersuchen und mich fragen, ob sie den Tatsachen und der Wirklichkeit entsprechen. Wenn wir nicht so vorgehen, laufen wir Gefahr, das Fundament der Lebensweisheit zu verlassen und auf Sand zu bauen.

Alles ist immer so absolut

Bei der Aufstellung von Annahmen und Behauptungen begehen wir leicht einen weiteren Fehler. Wir verallgemeinern sehr gerne. Traue ich mich zum Beispiel nicht, mich während eines Loopings auf die Tragflächen eines Sportflugzeugs zu stellen, dann bedeutet dies nicht, daß ich ein ängstlicher Mensch bin. Genausowenig bin ich ein Angsthase, wenn ich mit meinem Auto bei schneeglatter Straße nur 60 Kilometer pro Stunde fahre oder ab Windstärke acht mein Segelboot an Land ziehe. Die Unfallstatistik zeigt, daß solche Vorsicht nur vernünftig ist. Habe ich also in gefährlichen Situationen Angst, darf ich nicht verallgemeinernd sagen: Ich bin ein ängstlicher Mensch. Der Ausdruck „ängstlicher Mensch" meint nämlich, durch und durch ängstlich sein. Dies entspricht jedoch nicht der Wirklichkeit, weil ich mich vor vielem nicht fürchte.

Verallgemeinerungen sind meistens falsch. Spätestens seit Aristoteles, dem Erzieher Alexanders des Großen, wissen wir, daß absolute Aussagen oft nicht stimmen. Habe ich also einen oder auch 15 Fehler gemacht, bin ich deswegen noch lange kein Versager. Redet ein Jugendlicher einmal in abfälligem Ton über seine „Alten", bedeutet dies nicht, daß er seine Eltern verachtet. Bleibt mein Auto mit einer Panne liegen, ist es damit nicht gleich eine „blöde Karre". Regnet es im Sommer, muß nicht der ganze Urlaub vermiest sein. Spricht ein Ehemann mit seiner Gattin drei Tage kein Wort, bedeutet dies nicht, daß er sie überhaupt nicht mehr liebt. Läuft mir eine Gruppe wilder, ungepflegter Jugendlicher über den Weg, darf ich nicht behaupten, die Jugend sei heute abartig und chaotisch.

Verallgemeinerungen sind also meistens falsch. Verbinden wir unsere Annahmen und Vermutungen mit solchen Verallgemeinerungen, dann denken wir nicht mehr vernünftig. Ein Mann beklagte sich bei mir über seine Gattin. Ständig würde sie ihn terrorisieren. Sie sei schon immer kalt, lieblos und egoistisch gewesen und würde sich auch in Zukunft nicht mehr ändern. Ich fragte ihn, wieso er sie dann überhaupt geheiratet habe. Wenn sie schon immer ein solcher „Hausdrache" gewesen wäre, dann hätte sie es ja auch schon vor der Hochzeit sein müssen. Ob er während ihrer langen Verlobungszeit denn so blind für ihren „schlechten" Charakter gewesen sei. Außerdem mußte ich seine große Tragkraft während der vielen Ehejahre bewundern, denn seine Frau war ja „immer" lieblos und egoistisch gewesen, also jede Minute ihres Zusammenlebens.

Mit einem Male erkannte dieser Mann, daß er maßlos übertrieben hatte und seine absoluten Behauptungen nicht stimmten, denn er konnte sich plötzlich an viele schöne gemeinsame Erlebnisse erinnern, und genaugenommen waren die positiven Erinnerungen in der Überzahl. So wurde er auch bereit, seine verallgemeinernden und pessimistischen Zukunftsaussichten zu revidieren und von neuem um seine Frau zu werben. Er hatte gelernt, daß man niemals einen Menschen aufgeben darf, schon gar nicht in einer Liebesbeziehung. Wir müssen offen bleiben für unseren Mitmenschen, für seine positive Veränderung und eine glückliche Zukunft. Das ist eine der Grundeinsichten des christlichen Glaubens.

Wenn wir glücklich werden wollen, dann müssen wir lernen, absolute oder verallgemeinernde Annahmen und Behauptungen aus unserem Denken zu verbannen. Wenn wir nämlich in Begriffen denken wie „alles, immer, ständig, niemals", dann wird unsere Lage hoffnungslos. Wir selbst haben sie durch unser Denken hoffnungslos gemacht. Damit blockieren wir die Lösung der Probleme und sperren uns selbst in ein Gefängnis negativer Gedanken ein. Fragen wir uns also in der nächsten Zeit recht häufig, ob unsere Gedanken den Tatsachen entsprechen, damit wir uns nicht unnötig belasten. Wenn ein Ingenieur bei seiner Arbeit nicht so fragt und vorgeht, wird er bald ein gescheiterter und arbeitsloser Ingenieur sein. Gehen wir in unseren mitmenschlichen Beziehungen nicht so vor, werden wir darin genauso scheitern.

Wer sich eine Grube gräbt, fällt auch hinein

Ein weiterer Baustein im Fundament der Lebensweisheit ist die Erkenntnis, daß wir uns nicht in innere Widersprüche verwickeln dürfen. Unser Denken kreist oft um unser Wohlergehen. Damit ist nicht nur der gesundheitliche Bereich gemeint. Auch bei der Frage, welches Auto mir am besten gefällt oder ob ich mir nicht eine Tafel Schokolade am Kiosk kaufen sollte, geht es um mein Wohlbefinden. Dieses Denken über das, was uns Freude macht, hat mit dem Ziel zu tun, glücklich zu werden. Obwohl wir uns dieses Ziel gesetzt haben, denken und handeln wir manchmal genau entgegengesetzt. Damit verwickeln wir uns jedoch in innere Widersprüche.

Wenn wir glücklich werden wollen, dann ist es unlogisch, Dinge zu tun, die diesem Ziel zuwiderlaufen; dann ist es unsinnig, wenn wir uns in selbstzerstörerischer Art und Weise verhalten oder auch nur so denken! Deshalb sollten wir uns eine weitere Frage stellen, wenn wir in kritischen Situationen stehen oder unser Leben planen: Hilft mir mein Denken und Verhalten, meine Ziele zu erreichen, oder grabe ich mir selbst eine Grube? Unterlaufe ich meine eigenen Absichten und stelle mir selbst ein Bein?

Überlegen wir einmal: Hilft einem Abiturienten der Gedanke „Ich falle bestimmt durch die Prüfung", diese besser zu bestehen? Offensichtlich nicht, weil sein Pessimismus ihm die Energie raubt und sein Denken blockiert. So wird er sein Wissen vor dem Prüfungsausschuß nicht überzeugend darstellen können. Er möchte zwar das Abitur bestehen, aber seine negative Zukunftsprognose wird seine eigene Fallgrube. Hilft mir der Gedanke „Ich bin ein Versager“, es das nächste Mal besser zu machen? Ganz bestimmt nicht. Warum sollten wir uns dann mit solchen Gedanken belasten, die unsere Ziele boykottieren, unsere Gefühlswelt verdunkeln und unsere Lebensfreude rauben?

In der Logikregel „Gegensätze dürfen nicht zusammengedacht werden“ finden wir schon seit über zweitausend Jahren den Hinweis, daß solches Denken falsch und unvernünftig ist. Ich darf also nicht zur gleichen Zeit denken: „Ich möchte einmal etwas Großartiges machen“ und „Ich bin eine absolute Niete“. – „Ich möchte mit meinem Nachbarn in Frieden leben“ und „Er ist ein Ekel“. – „Ich möchte eine harmonische Ehe führen“ und „Mein Partner ist gemein, egoistisch und herzlos“.

Denken wir in dieser Art, werden unsere positiven Wünsche wahrscheinlich nur schöne Träume bleiben. Wie wir schon gelernt haben, führen uns negative Gedanken in eine dunkle Stimmung. Die pessimistischen Gefühle und Gedanken werden uns schließlich bewegen, uns so zu verhalten, wie wir es uns selbst vorausgesagt haben. Wir wollen zwar etwas Positives erreichen, prophezeien jedoch das Gegenteil und sorgen unbewußt dafür, daß sich unsere Prophezeiung auch erfüllt. Hinterher stehen wir deprimiert vor dem selbstproduzierten Scherbenhaufen und jammern: „Hab ich's nicht gleich gesagt?!“

Wenn wir also seelisch ausgeglichen sein wollen, weshalb beschäftigen wir uns dann in Gedanken mit

Dingen, die unsere Ausgeglichenheit empfindlich stören? Wenn wir glücklich und zufrieden sein wollen, weshalb denken wir an das, was uns unglücklich und unzufrieden macht? Wenn wir angst- und sorgenfrei leben möchten, warum belasten wir uns mit dem, was uns in Angst und Sorgen stürzt? Wenn wir in Frieden und Harmonie mit unserem Nächsten leben wollen, weshalb vergiften wir unsere Gedankenwelt durch das, was uns am anderen ärgert? Warum denken wir so unlogisch und selbstzerstörerisch?

Haben wir uns das Ziel gesetzt, glücklich zu leben, dann müssen wir auch positiv denken. Wir sollten, wie Paulus sagt, an das Gute denken, an Lobenswertes, an gute Eigenschaften, an das, was uns erfreut. Dies sollten wir uns fest einprägen. Stellen wir uns einmal vor, wie ein anderer fühlen wird, wenn er genauso denkt wie wir. Was meinen Sie, welche Stimmung wird jemand haben, der sich ständig sagt: „Du bist ein hoffnungsloser Versager!"? Welche Gefühle ergreifen jemanden, der sich intensiv mit den negativen Eigenschaften seines Partners beschäftigt, mit Eigenschaften, die ihm „auf den Geist gehen"? Etwa Liebe?

Beziehen wir diese Fragen auf unser Reden und Verhalten: Wie wird sich jemand fühlen, dem wir ständig vorhalten, was er alles verkehrt gemacht hat und welche Fehler er besitzt? Wie wird sein Verhältnis uns gegenüber sein? Versetzen wir uns doch einmal in den anderen hinein und fühlen wir mit ihm. Sind wir nicht beleidigt, wenn andere uns so behandeln, wie wir sie? Ist nicht unser eigenes Verhalten oft eine Zumutung für unseren Nächsten?

Jesus hat einmal gesagt: „Behandelt die Menschen so, wie ihr selbst von ihnen behandelt werden wollt." (Matthäus 7, 12.) Daraus hat der deutsche Volksmund das Sprichwort abgeleitet: „Was du nicht willst, das man dir tu, das füg auch keinem andern zu." Dieses Sprichwort redet nur vom Unterlassen, während Christus es positiv ausgedrückt hat. Sein Rat ist eine der besten Regeln im Umgang mit Menschen, um Konflikte und Auseinandersetzungen zu vermeiden oder zu beenden. Wir meinen zwar oft, unser Ziel zu erreichen, wenn wir dem anderen gründlich die Meinung sagen, aber menschliche Beziehungen zerbrechen leicht, wo dies ausgiebig getan wird.

Bei der Frage, ob wir nicht unseren Zielen entgegenarbeiten, müssen wir zwischen lang- und kurzfristigen Zielen unterscheiden. Auch sie sollten sich nicht in die Quere kommen. Wenn ein Raucher sich eine Zigarette anzündet, verfolgt er damit meistens das kurzfristige Ziel, sich ein wenig Genuß zu verschaffen. Natürlich ist ihm bewußt, daß Rauchen seiner Gesundheit schadet. Jedes Jahr sterben in der Bundesrepublik 150000 Menschen vorzeitig an den Folgen des Nikotingenusses, und etwa 23000 Raucherbeine müssen amputiert werden. Verfolgt also der Raucher das langfristige Ziel, seine Gesundheit zu ruinieren und vorzeitig zu sterben? Wohl kaum! Er macht sich nur nicht bewußt, daß sein kurzfristiges Ziel „Genuß" seinem langfristigen Ziel „lange und gesund leben" zuwiderläuft.

Wir verhalten uns oft in der gleichen Art und Weise. Wie oft opfern wir doch unsere glückliche Zukunft für eine augenblickliche Freude! Wie oft verschlechtern wir unsere Zukunftsaussichten durch heutige Unvernunft: Der Schüler, der keine Lust zum Lernen hat. Der Raser auf der Straße, der risikofreudig dem vor ihm Fahrenden an der Stoßstange klebt. Der sexuell Freizügige, der nicht das Zerbrechen seiner Familie oder Aids einkalkuliert. Der Genußsüchtige, der alles in sich hineinstopft mit dem Wissen, daß er sich damit „schwere Probleme“ für die Zukunft einhandelt, sprich: Übergewicht. Der Schuldenmacher, der nicht warten kann, bis er das Gewünschte zusammengespart hat, und nachher nicht weiß, wie er die Zinsen bezahlen soll. Die ständig nörgelnde Ehefrau oder der Ehemann, der sich keine Zeit für seine Familie nimmt. Der Raucher oder auch der Alkoholtrinker. Der Gleichgültige, der sich nie die Zähne putzt. Der Kriminelle. Der Schwarzseher, der überall ein Haar in der Suppe findet. Der Egoist. Der hektische Streber, der überall und immer der Erste und Beste sein will. Der Unsportliche, der jede überflüssige Bewegung meidet. Der Geizhals, der niemandem etwas gönnt, auch sich selbst nicht. Der Schläger, der ständig seine unkontrollierten Aggressionen abreagieren möchte. Der bestechliche Politiker, den man mit Geld kaufen kann. Sie alle untergraben ihre langfristigen Ziele durch die Verwirklichung kurzfristiger Ziele. Sie zerstören ihre Zukunftsaussichten durch heutige Unvernunft.

Christen haben das langfristige Ziel, einmal auf einer von Gott neugeschaffenen Erde glücklich zu leben, frei von Süchten und Gebundenheiten, in Liebe und Harmonie mit dem Nächsten und in einem engen Vertrauensverhältnis zu Gott. Wenn dies das Endziel ist, dann erhebt sich die Frage, warum wir nicht damit beginnen, dies schon heute zu verwirklichen? Warum begeben wir uns in Abhängigkeiten und Süchte? Warum zerstören wir das harmonische Miteinander unter den Menschen? Warum überlassen wir unser Leben nicht schon heute vertrauensvoll Gott, unserem Schöpfer?

Nach dieser umfangreichen Exkursion müssen wir wieder zu unserem Hauptgedanken zurückkehren. Uns ist bewußt geworden, daß falsche Wahrnehmungen und verkehrte Annahmen ungute Gefühle erzeugen. Wir haben uns deshalb entschlossen, unsere Wahrnehmungen und Annahmen kritischer zu betrachten. Vielleicht sind Sie nach dem Lesen der letzten drei Kapitel ein wenig erstaunt, wie viele Fehler wir beim Aufstellen von Annahmen begehen können. Diese Denkfehler unterlaufen uns jedoch auch beim Bewerten eines Ereignisses und bei unseren Schlußfolgerungen. Deshalb haben wir uns mit ihnen ein wenig ausführlicher beschäftigt.

Er ist gemein und hinterhältig!

Klaus hämmerte nervös auf dem Lenkrad herum. Immer wieder gab er Gas, fuhr dicht an das vorausfahrende Auto heran und mußte wieder abbremsen. „Kann diese blöde Kuh nicht schneller fahren?“ schimpfte er. Der Ärger krampfte ihm den Magen zusammen. Dabei hatte er gar keinen dringenden Termin einzuhalten. Er wollte einfach nur schnell fahren. Hätte Klaus diese „blöde Kuh“ von vorn gesehen, dann wäre er jedoch mit einem Schlag ein vollendeter Kavalier gewesen. Obwohl sie ein wenig gedankenverloren mit ihrem Auto durch die Gegend trödelte, war Susi eine Traumfrau.

Wir sehen an diesem Beispiel, daß mit unseren Gedanken über ein wahrgenommenes Ereignis fast untrennbar seine Bewertung verbunden ist. Klaus bewertete sein Erlebnis mit der langsam fahrenden Susi extrem negativ und stufte sie als „blöde Kuh“ ein. Der wütende Sohn bezeichnet seinen Vater als fies. Der bellende Hund ist ein blutrünstiges Raubtier. Ausländer sind unzuverlässige Arbeiter. Der nichtgrüßende Nachbar ist ein eingebildeter Sonderling. Die Polizei ist gemein und geldgierig. Punker sind unberechenbar und hinterhältig.

Wir sehen an diesen Beispielen schon, daß solche Bewertungen unsere Gefühle ganz entscheidend mitbestimmen. Wenn ich zu jemandem sage: „Du bist gemein und hinterhältig!“ und wirklich davon überzeugt bin, dann werden unweigerlich Gefühle der Abneigung oder des Ärgers in mir aufsteigen. Zwar scheinen vordergründig gesehen allein die wahrgenommenen Ereignisse, Personen oder Situationen meine Gefühle auszulösen, aber in Wirklichkeit haben meine Gedanken darüber einen nicht zu übersehenden Einfluß. Die Bewertung unserer Erlebnisse steuert nämlich unsere Gefühle sehr stark oder löst sie sogar erst aus. Deshalb können wir mit Recht sagen: Nicht der andere ärgert mich, sondern ich ärgere mich über ihn! Die Ursache des Ärgers liegt also nicht so sehr im Verhalten des Mitmenschen, sondern mehr in meinem Denken über ihn.

Die Bibel lehrt uns deshalb, die böse Tat oder das schlechte Verhalten von der Person des Menschen zu trennen. So wie Gott die Sünde haßt, aber den Sünder liebt, sollen auch wir den Nächsten achten und lieben, obwohl wir sein Verhalten persönlich nicht gutheißen können. Dies ist gar nicht so einfach. Aber wir können es mit Gottes Hilfe lernen. Wer das christliche Gedankengut in seinem Alltag verwirklicht, erspart sich also eine ganze Reihe negativer Gefühle und wird deshalb glücklicher leben.

Sind wir der Überzeugung: „Der Hund ist bösartig und will mich beißen!“, dann wird uns die Angst lähmen oder vielleicht Flügel geben. Kommt uns dieser Gedanke jedoch überhaupt nicht in den Sinn, sondern sagen wir uns im ersten Impuls: „Wer war nur so herzlos und hat dich ausgesetzt? Du bist doch ein armer Kerl“, dann haben wir Mitleid mit dem Hund und sind ärgerlich über seinen Besitzer. Beachte ich das Tier überhaupt nicht, weil ich gerade über eine interessante Theorie nachgrübele, dann wird sich bei mir keine Gefühlsreaktion entwickeln.

Sicherlich haben Sie sich schon so manche Nacht schlaflos im Bett herumgewälzt, weil Sie über eine ärgerliche oder aufregende Situation der Vergangenheit nachdachten. Auch hier waren es nicht die Ereignisse oder handelnde Personen, die Sie aufwühlten, sondern Ihre Erinnerungen oder Gedanken. Sie wurden ärgerlich, unruhig oder aufgeregt, weil die vergangenen Erlebnisse von Ihnen entsprechend bewertet wurden.

Sie sehen, Gedanken und Bewertungen haben starke Auswirkungen auf unsere Gefühle. Damit bietet sich uns aber auch eine interessante Möglichkeit, unsere Gefühle zu steuern und zu beeinflussen. Wie bei der Bekämpfung der drei großen Störenfriede unseres Lebens – Egoismus, Perfektionismus und Pessimismus – müssen wir lernen, umzudenken und unsere Erlebnisse positiver zu beurteilen. Weil unsere Bewertungsmaßstäbe und Einstellungen über viele Jahre in uns gewachsen sind, ist dieses Umdenken nicht einfach. Wir sind durch die Verhaltensweisen, die uns Eltern, Kameraden oder Lehrer vorlebten, geprägt. Belohnungen und Bestrafungen haben bestimmte Denkmuster in uns gefördert. Ideen, weltanschauliche Fragen und Lehren haben unsere Gedankenwelt beeinflußt. Viele Menschen glauben ja nur deshalb nicht an Gott oder glauben an ihn, weil sie dies von ihren Eltern kritiklos übernommen haben, statt sich eine eigene Meinung zu bilden. Manche haben aber auch genauso kritiklos den Glauben ihrer Eltern über Bord geworfen, weil sie in ihrem Selbständigkeitsstreben meinten, ihre Eltern hätten immer unrecht.

Habe ich durch drastische Erzählungen meines Freundes oder durch schlechte Erfahrungen die Überzeugung gewonnen, Punker seien unberechenbare und brutale Kerle, dann wird jedesmal Angst oder Abneigung in mir aufsteigen, wenn mir solch ein „Exote" über den Weg läuft. Ist mein Freund jedoch selbst ein Punker, werde ich wahrscheinlich nur über den Spleen dieser Jugendlichen lächeln und mich fragen, wie ihnen die Punkfrisur steht, wenn sie Rentner sind. Auch meine Bewertungsmaßstäbe müssen also von mir immer wieder auf ihre Richtigkeit hin überprüft werden, wenn ich mir unnötige negative Gefühle ersparen will.

Wir werden uns in den folgenden Abschnitten mit Einstellungen und Bewertungsmaßstäben beschäftigen, die unsere Gefühlswelt immer wieder durcheinanderbringen und ein glückliches Leben unmöglich machen. Doch zuvor werden wir einen kleinen Abstecher in die Psychobiologie unternehmen.

Schnellkurs über die Hirnfunktionen

Damit das bisher Gesagte klarer wird, wollen wir uns ein wenig mit unserem Gehirn beschäftigen. Grob gesagt besteht es aus drei funktionellen Hirnteilen, die selbständig arbeiten und doch voneinander abhängig sind. Vielleicht könnte man sie als eine Art „Dreieinigkeit“ bezeichnen. Der erste Hirnteil ist der Hirnstamm. Er ist für die Steuerung der unwillkürlich ablaufenden körperlichen Vorgänge, wie Atmung, Verdauung, Kreislauf usw., zuständig. Darüber liegt das „limbische System“, welches unsere Gefühle steuert. Der dritte funktionelle Hirnteil ist die Großhirnrinde. Das sind unsere „grauen Zellen“, die mit dem Denken und der Motorik zu tun haben. Diese Beschreibung ist natürlich stark vereinfacht. Unser Gehirn ist ein solch kompliziertes Gebilde, daß die Psychobiologen es bis heute nicht verstehen, sondern nur Teilaspekte der Hirntätigkeit beschreiben können.

Wenn wir etwas wahrnehmen, gelangt diese Information gleichzeitig zu allen drei Hirnteilen. Der Kortex denkt über das Wahrgenommene nach und beeinflußt damit das limbische System und den R-Komplex. Das limbische System entwickelt eine Gefühlsreaktion aufgrund der Wahrnehmung und des Einflusses der Gedanken. Es beeinflußt außerdem auch den R-Komplex, der seinerseits schon eine körperliche Reaktion eingeleitet hat, die aber durch das Denken und Fühlen mitbestimmt wird. Außerdem findet eine Rückkopplung statt. Eine vom R-Komplex bewirkte Ausschüttung von Hormonen wird zum Beispiel unser Denken und Fühlen beeinflussen. Außerdem kann die Gefühlsreaktion des limbischen System das Denken manchmal total blockieren; so bei Menschen, die durch ein schreckliches Ereignis in Panik geraten sind.

Interessanterweise kann sich das limbische System auch selbst beeinflussen, zum Beispiel durch kleine epileptische Entladungen. Sie rufen bei manchen Menschen das Gefühl hervor, ein warmer Wind streichele ihre Haut, obwohl es völlig windstill ist. Sie können auch den Eindruck erwecken, man sei an einem bestimmten Ort schon einmal gewesen, obwohl man ihn zum ersten Mal besucht. Diese Menschen behaupten aufgrund ihrer Empfindungen recht häufig, sie hätten schon einmal gelebt. Deshalb würden sie den vorher noch nie betretenen Ort schon kennen. In Wirklichkeit hatten sie nur eine winzige epileptische Entladung in ihrem limbischen System, die auch bei Menschen auftreten kann, die keine Epileptiker sind. Natürlich gibt es bei den Vertretern der Reinkarnation (Wiedergeburt der Seelen in neue Körper) auch spiritistische Erfahrungen. Durch solche Phänomene soll den Menschen offensichtlich weisgemacht werden, daß die Bibel unrecht hat, wenn sie sagt: „Die Folge der Trennung von Gott ist der Tod. Nur durch Christus ist ein neues Leben möglich." Bis jetzt hat sich die Bibel immer als wahr erwiesen.

Durch den Aufbau unseres Gehirns und durch die verschiedenen Funktionen seiner drei Teile ist uns klar geworden: Unsere Gefühle werden nicht allein durch die Wahrnehmung bestimmter Ereignisse oder

Situationen hervorgerufen und gesteuert, sondern auch durch unser Denken darüber, und dies sehr entscheidend. Es gibt sogar in der Psychologie eine Richtung, die behauptet, das Denken beeinflusse und präge unsere Gefühle mehr als alles andere. Wie dem auch sei, wir haben durch die Möglichkeit des Umdenkens jedenfalls ein wirksames Mittel, um mit den belastenden Situationen des Alltags besser fertig zu werden. Das sollten wir nutzen.

Ich will aber!

„Wer nur seinen eigenen Vorstellungen folgt, ist dumm; wer sich von der Weisheit leiten läßt, lebt in Sicherheit." (Sprüche 28, 26, Die Gute Nachricht.)

Diesen Ausspruch Salomos sollten wir bei den folgenden Gedanken besonders im Auge behalten. Es ist nämlich eine typisch menschliche Schwäche, die eigenen Ansichten auch dann noch zu verteidigen, wenn sie offensichtlich falsch oder zerstörerisch sind. Ja, wir versuchen manchmal auch dann noch unsere Ideen und unseren Willen durchzusetzen, wenn uns die Verhältnisse wie eine Betonwand Einhalt gebieten. Versuchen wir diese Wände mit unserem Kopf einzurennen, ist es kein Wunder, daß uns der Schädel brummt.

Nehmen wir einmal an, es geht Ihnen wie meiner Frau und mir bei unserem ersten gemeinsamen Urlaub. Sie fahren nach Spanien, weil dort die Wahrscheinlichkeit größer ist, einen sonnigen und warmen Urlaub zu verleben, als an der Nordsee. Drei Wochen ist der Himmel jedoch mit dicken Wolken verhangen. Jeden Tag prasseln heftige Regenschauer herab und lassen Sie in Ihrer luftigen Kleidung frösteln. Aus den Nachrichten erfahren Sie mit steigender Frustration, daß in Norddeutschland die Sonne Tag für Tag von einem strahlend blauen Himmel lacht, und dies drei Wochen lang! So etwas darf doch nicht passieren, nicht wahr? Wenn ich schon im Urlaub die vielen Kilometer nach Spanien fahre, dann darf es dort nicht regnen!

Wir denken recht häufig, daß alles so sein und kommen muß, wie wir es wollen und uns vorstellen. Dies äußert sich in vielen Redewendungen, die wir benutzen oder zu hören bekommen: „Ich muß unbedingt meine Abschlußprüfung bestehen! Ich darf nicht versagen!" – „Wenn ich doch nur nicht diesen Fehler gemacht hätte. Das hätte mir nicht passieren dürfen!" – „So lasse ich nicht mit mir umspringen! Das kann ich mir von diesem Kerl einfach nicht gefallen lassen!" – „Wie konnte ich nur so dusselig sein und mein Portemonnaie verlieren. Ich hätte besser aufpassen müssen!" – „Das hättest du mir nicht sagen dürfen! Das ist doch einfach unmöglich!"

Versuchen Sie einmal in den folgenden Tagen, Redewendungen dieser Art bei ihren Mitmenschen oder sich selbst aufzuspüren. Wenn Sie Ihr Ohr dafür schulen, wird es Ihnen leichter fallen, unglücklichmachende Gedanken zu entlarven. Wir wollen oft unseren Willen durchsetzen. Dabei versuchen wir einen Zwang auszuüben auf Menschen, Situationen, Gegenstände, auf uns selbst oder auch auf Gott. Alles muß unserem Willen entsprechen! Eine solche Haltung ist natürlich sehr fragwürdig. Sie kombiniert unseren Egoismus mit absoluten Verallgemeinerungen: Alles muß immer nach unserer Nase laufen! Eine solche Einstellung ruft verständlicherweise stark negative Gefühle hervor, wie Wut, Ärger und Abneigung oder auch Angst, Sorge, Entmutigung, Enttäuschung und Niedergeschlagenheit, wenn etwas anders läuft, als wir es erwartet haben.

Es sollte uns bewußt sein, daß niemals alles immer so kommt, wie wir es wünschen. Dafür ist das Leben zu kompliziert. Wir haben auch kein Recht, unserem Mitmenschen ständig unseren Willen aufzuzwingen. Damit erheben wir uns nämlich in liebloser Weise über ihn und versuchen ihn zu versklaven.

Natürlich dürfen wir auch nicht dem anderen Extrem verfallen und gleichgültig oder resignierend sagen: „Ist doch alles egal!" Es fällt nicht leicht, die richtige Mitte zu finden zwischen ständiger Willensdurchsetzung und totaler Willenlosigkeit. Sie erinnern sich sicherlich an den Grundsatz des logischen Denkens, daß absolute Behauptungen meistens falsch sind. „Alles ist egal!" und „Alles muß immer nach meinem Willen geschehen!" sind somit unlogische und falsche Behauptungen.

Extremisten haben der Menschheit oft geschadet, egal ob sie politische oder religiöse Fanatiker waren. Auch im normalen Alltag ist die „Alles-oder-nichts"-Haltung oft eine Belastung für die Mitmenschen. Wir sollten deshalb versuchen, stets die richtige Mitte zu finden. Dabei geben uns die Wertmaßstäbe der Bibel oder die Person Jesu Christi die beste Orientierung. In der Bitte des Vaterunsers haben wir eine gute Hilfe, die egoistische Willensdurchsetzung zu bekämpfen, wenn wir aufrichtig beten: „Dein Wille geschehe auf Erden wie im Himmel." Aber wie oft wird dies gebetet und im nächsten Augenblick darüber nachgedacht, wie man den eigenen Willen besser durchsetzt.

Wollen wir negative Gefühle wie Angst, Wut oder Niedergeschlagenheit vermeiden, ist es nötig, die folgenden Gedanken einzuprägen: Mein Wille muß nicht immer geschehen. Es muß nicht alles so sein und kommen, wie ich es für richtig halte oder wünsche. Es kann ruhig einmal anders sein. Ich habe kein Recht zu fordern, daß alles nach meiner Pfeife tanzt.

Mein neues Auto darf auch einmal eine Beule oder

Schramme bekommen. Ich kann Gott nicht zwingen, dies zu verhindern. Man darf auch über mich lachen oder reden. Ich habe kein Recht, dies zu verbieten. Es darf während des Sommerurlaubs in Spanien regnen. Ich habe nicht die Macht, dies zu ändern. Ich möchte zwar nicht unheilbar krank werden, aber ich werde mich damit abfinden müssen, wenn es doch geschieht.

Vor kurzem erzählte mir eine Schülerin, sie habe fürchterliche Angst vor ihrer Abschlußprüfung, obwohl ihr Notendurchschnitt gut sei. „Ich muß die Prüfung unbedingt bestehen“, meinte sie ein wenig nervös, „ich darf einfach nicht durchfallen!“ Es war nicht schwer, ihr klarzumachen, daß ihre fordernde Haltung in ihr starke Gefühle der Angst hervorrief und daß diese Angst ihr Denken während der Prüfung total blockieren könnte. „Fällt es dir schwer“, fragte ich sie, „über einen 15 Zentimeter breiten Balken zu balancieren, wenn er auf dem Boden liegt?“ – „Keineswegs“, antwortete sie überzeugt, „das ist für mich ein Kinderspiel.“ – „Und wenn er sich zehn Meter über dem Erdboden befindet?“ – „Dann würde ich bestimmt herunterfallen“, gab sie freimütig zu. „Warum?“ wollte ich wissen. „Ja, weil ich dann Angst hätte, und dabei wäre ich ganz verkrampft und unsicher. Ich würde mir sagen: Du mußt unbedingt auf dem Balken bleiben! Du darfst nicht herunterfallen!“ – „Siehst du“, sagte ich zu ihr, „bei deiner Prüfung ist es ganz genauso. Du setzt dich selbst unter Druck. Dadurch kommt Angst auf, und dein Denken verkrampft. Du mußt bei der Prüfung auf dem Erdboden bleiben, dann wird sie für dich kein Problem sein. Bereite dich gut darauf vor, und dann geh zur Prüfung in dem Bewußtsein, daß sie für dich in Wirklichkeit ein Kinderspiel ist. Außerdem, ist es wirklich so tragisch, wenn du durchfallen solltest?“

Nur der Weltuntergang ist ein Weltuntergang

Im letzten Beispiel klang schon an, daß mit dem Gedanken, alles müsse den eigenen Vorstellungen entsprechen, noch ein zweiter verbunden ist. Für die Schülerin wäre es eine „fürchterliche Katastrophe", wenn sie während der Prüfung versagte. Diese Behauptung klingt für den nüchternen Betrachter doch ein wenig übertrieben. Wir verbinden das Wort „Katastrophe" normalerweise mit Erdbeben, Waldbränden, Sturmfluten, Unfällen in Chemiefabriken und Kernkraftwerken oder anderen schlimmen Ereignissen, nicht aber mit schlechten Zensuren in der Schule.

Das Dramatisieren eines schlechten Ereignisses ist wiederum ein typisch menschliches Verhalten. Versuchen Sie einmal in den nächsten Tagen, für derartige übertriebene Bemerkungen sensibel zu werden. Vielleicht werden Sie die folgenden Redewendungen hören: „Der Gedanke, meine Arbeit verlieren zu können, macht mich ganz krank!" – „Es ist schrecklich, den ganzen Tag so allein zu sein!" – „Ich habe einen entsetzlichen Fehler gemacht!" – „Immer dieses Geschirrspülen!" – „Das ist eine bodenlose Gemeinheit!" – „Diese fürchterliche Hitze!" usw.

Vielleicht fragen Sie sich: Sind solche Redewendungen denn nicht berechtigt? Haben wir nicht oft mit wirklich schrecklichen oder tragischen Situationen zu kämpfen? Wenn wir die aufgezählten Aussagen nüchtern und sachlich betrachten, dann haben sie die Tendenz, aus vielleicht nur unangenehmen oder auch schlimmen Ereignissen gleich schreckliche und fürchterliche Katastrophen zu machen. Katastrophe meint hier so etwas wie den Untergang unserer Welt. Alles wird zusammenbrechen, alles wird sinnlos, wenn es nicht so kommt, wie ich es gern hätte oder mir wünsche!

Wir sehen hier eine aus der Kindheit stammende Neigung, alles maßlos zu übertreiben. Es ist jedoch für ein ausgeglichenes Gefühlsleben wichtig, daß wir auf dem Boden der Wirklichkeit bleiben. Eine wirksame Hilfe dafür ist das Einordnen von unangenehmen oder schlimmen Ereignissen auf einer Skala von 0 bis 100 Prozent. Geschirrspülen könnte ich als lästig empfinden und bei 3 Prozent dieser Skala einordnen. Autofahren bei großer Hitze ist sicherlich unangenehmer und deshalb vielleicht 15 Prozent schlecht. Der qualvolle Tod eines lieben Angehörigen ist dagegen sicherlich 100 Prozent schlimm. Bezeichne ich aber Ereignisse als fürchterliche Katastrophen, gehe ich über diese Skala hinaus und verlasse die Wirklichkeit. Sie sind dann schlimmer als schlimm.

Eine vollkommen schlechte Sache kann jedoch nicht bis ins Unendliche verschlechtert werden. Nach den Regeln des logischen Denkens dürfen wir etwas Absolutes nicht noch absoluter machen. Nichts ist schwärzer als schwarz und schlechter als vollkommen schlecht! In Wirklichkeit ist also nur der Weltuntergang selbst ein Weltuntergang! Deshalb sollten wir negative Ereignisse nicht zu solch einer Katastrophe hochspielen. Wenn wir in dieser Weise dramatisieren, werden wir natürlich auch die entsprechenden Gefühle entwickeln. Unangenehme Ereignisse empfinden wir als lästig. Katastrophen aber lassen uns zusammenbrechen! Deshalb sollten wir uns einen weiteren Grundsatz einprägen: „Ich will nichts schlimmer machen, als es in Wirklichkeit ist!"

Vieles in unserem Leben ist nicht so tragisch, wie wir es sehen oder bewerten. Fragen wir uns also in kritischen Situationen: „Schätze ich die Lage richtig ein, oder sehe ich sie zu schwarz? Wie schlimm ist sie wirklich?" Bezeichne ich nämlich den Verlust eines meiner Finger als entsetzlich, das heißt wenigstens 100 Prozent schlimm, wie soll ich dann die Amputation eines Beines, den Verlust der Sehkraft oder einen bösartigen Gehirntumor beurteilen? Ist für mich ein zerbeultes Auto eine Katastrophe, wie bewerte ich dann eine durch Unfall verursachte Querschnittslähmung? Halte ich den Verlust meines Arbeitsplatzes für einen Weltuntergang, wie soll ich dann die Ermordung oder das Leiden unzähliger Menschen in den Krisengebieten unserer Erde einschätzen? Versuchen wir also in Zukunft, negative Ereignisse wirklichkeitsnah auf der Skala „Nicht schlecht – vollkommen schlecht" einzuordnen. Wir werden dadurch viele unnötige Gefühlsbelastungen vermeiden.

Fliehen oder Durchstehen?

Herbert war ein richtiger Waschlappen. Tauchten in seinem Leben Probleme auf, galt es Durststrecken zu überwinden oder einfach nur zu lernen und zu arbeiten, warf er sofort das Handtuch und meinte: „Das ist mir zu unangenehm!“ oder „Das schaff ich niemals!“ Alle Bemühungen, ihn zu einem erfüllten und glücklichen Leben zu führen, prallten letztlich an ihm wie an einer Ölhaut ab, obwohl ihn sein Herumgammeln „ankotzte“, wie er selbst sagte. Der Weg des geringsten Widerstandes führte ihn letztlich in die Sucht. Sein Hauptproblem war offensichtlich, daß er vor jeder Schwierigkeit floh, statt sich ihr zu stellen und sie durchzustehen.

Wenn wir Unangenehmes oder Schlimmes zu sehr hochspielen, entsteht als Folge davon oft die Überzeugung, das „Entsetzliche“ nicht verkraften oder das „Fürchterliche“ nicht ertragen zu können. Es ist ja auch verständlich, daß uns der Mut sinkt, wenn wir aus etwas Negativem eine schreckliche Katastrophe gemacht haben. Aber wie Herbert sind wir häufig der Meinung, auch weniger schlimme Dinge nicht durchstehen zu können. Sicherlich haben Sie die folgenden Aussagen schon einmal gehört: „Das halte ich nicht länger aus!“ – „Wie soll es bloß weitergehen?“ – „Ich kann es nicht ertragen, wenn man über mich herzieht!“ – „Ich bin völlig am Ende!“ – „Ich kann ihr dies niemals verzeihen!“ – „Ich würde verrückt, wenn mir dies passierte!“ – „Es ist zum Davonlaufen!“ – „Am liebsten würde ich meine Sachen packen und abhauen!“ usw.

Viele Menschen gehen gerne den Weg der geringsten Schwierigkeiten. Sie weichen problematischen Entscheidungen aus oder fliehen in eine Sucht, um ihrer Misere zu entkommen. In Wirklichkeit ist der sogenannte leichtere Weg jedoch der schwerere. Vermeide ich nämlich nach Streitigkeiten das versöhnende Gespräch, weil es mir zu unangenehm ist, dann werde ich weiter unter der gespannten Atmosphäre zu leiden haben. Gehe ich angstmachenden Situationen ständig aus dem Weg, werde ich meine Angst bis zu meinem Lebensende behalten. Bekenne ich Gott nicht meine Schuld, werde ich niemals das frohmachende Gefühl der Befreiung erleben.

In den meisten negativen Lebenssituationen ist es Unsinn zu behaupten, man könne etwas nicht aushalten oder ertragen. In Wirklichkeit können wir ungeheure körperliche und seelische Strapazen durchstehen. Denken Sie nur an Menschen, die durch ein Unglück in Einöden verschlagen wurden, an Kriegsgefangene, Gefolterte, Schwerverletzte, Krebskranke. Denken Sie an die christlichen Märtyrer, die man für ihren Glauben lebendig verbrannt oder langsam zu Tode gequält hat. Sie alle haben millionenfach bewiesen, daß der Mensch mehr Leid, Schmerzen, Hunger, Durst oder Strapazen durchstehen kann, als wir es in guten Zeiten für möglich halten. Mancher sogenannte „Schwächling“ wuchs in Krisensituationen weit über sich hinaus und beschämte mit seiner Haltung die sogenannten „Starken“ unserer Welt.

Während einer Abenteuerfreizeit in der Wildnis von Mittelschweden campierte unsere Gruppe in einem sumpfigen Gelände oberhalb der Schneegrenze. Nach anfänglich gutem Wetter sollte uns anscheinend nun die andere Seite des nördlichen Klimas demonstriert werden. Drei Tage regnete es in Strömen, während der Wind an unseren Expeditionszelten rüttelte. Da gab es nur eins: In den Schlafsack kriechen und Winterschlaf halten.

Plötzlich hörte ich einen Jugendlichen im Nachbarzelt rufen: „Ich will nicht mehr! Ich kann nicht mehr! Ich muß!“ Schallendes Gelächter aus den anderen Zelten zeigte, daß unsere Gruppe nach den siebzig Stunden Unwetter noch nicht an Trübsinn gestorben war. Wir erinnerten uns alle an die Geschichte des deutschen Soldaten, der zu Fuß vom Polarkreis nach Deutschland floh, um nicht in Kriegsgefangenschaft zu geraten. Obwohl seine Stiefel nur noch in Fetzen an seinen blutenden Füßen hingen, marschierte er weiter. Um sich selbst Mut zu machen, sagte er sich im Rhythmus seiner Schritte: „Ich will! Ich kann! Ich muß! Ich will! Ich kann! Ich muß!“

Dieser Gedanke hat auch uns geholfen, wenn wir am Abend eines Tages meinten, unsere 25 bis 30 Kilogramm Gepäck nicht mehr die letzte Anhöhe hochschleppen zu können. Am Ende der Freizeit waren wir uns einig: Ein solcher Urlaub bringt letztlich mehr Freude als eine „Gammelfreizeit“ am Mittelmeer. Wir haben Abenteuer erlebt, Strapazen durchgestanden und erkannt, daß die Wildnis keine Bedrohung für uns Menschen ist, wenn man nach bestimmten Regeln handelt.

Wenn wir an unserer Überzeugung festhalten, eine bestimmte Situation nicht ertragen zu können – zum Beispiel die ständigen Sticheleien von Arbeitskollegen oder einfach nur die Gegenwart eines unangenehmen Zeitgenossen –, dann handeln wir uns neben dem negativen Erlebnis auch noch zusätzliche Schwierigkeiten ein. Wir blockieren nämlich die Lösung unseres Problems, sind unzufrieden mit unserer Lage und stürzen uns in depressive Gedanken. Oftmals sagen sich Menschen in einer solchen Situation: „Nichts kann mir mehr helfen! Es ist alles aus!“ Dieser Gedanke ist natürlich wieder extrem und unlogisch. Wann ist schon alles aus?!

Wir kommen zu einem weiteren Grundsatz, den wir uns einprägen sollten: „Ich kann mehr ertragen, als ich meine! Deshalb will ich meine Schwierigkeiten durchstehen, statt die Flinte ins Korn zu werfen und zu flüchten.“ Eine Flucht in die Sucht löst nicht meine Probleme, sondern macht mich nur blind für sie, und eine Flucht nach Kanada oder Australien hilft mir genausowenig, weil ich die Hauptursache meiner Schwierigkeiten dorthin mitnehme, nämlich mich selbst!

In Krisenzeiten sollten wir uns auch fragen: „Kann ich überhaupt beweisen, daß ich die fragliche Situation nicht verkraften werde?“ Ein solcher Beweis wird kaum möglich sein, weil nur Gott die Zukunft zuverlässig kennt. Die Erfahrungen der Vergangenheit zeigen uns dagegen eher das positive Gegenteil. Trotz aller Schmerzen, Beschwerden und Schwierigkeiten der Vergangenheit sind wir noch am Leben. Folglich sind wir an dem Negativem unseres bisherigen Lebens nicht zugrunde gegangen. Wir können daraus schließen, daß wir auch in Zukunft genügend seelische Tragkraft besitzen, problematische Situationen zu verkraften.

Wir haben in Gott eine unerschöpfliche Kraftquelle zur Verfügung, die viele Menschen leider nicht in Anspruch nehmen. Zahlreiche Christen haben in Zeiten der Not durch ihren Glauben an Gott den

Allmächtigen – an den, der alles vermag – eine solche seelisch-geistige Kraft erhalten, daß sie Unvorstellbares leisten oder erdulden konnten. Diese Kraftquelle steht jedem offen. Wir brauchen uns mit unseren Sorgen nur an Gott zu wenden und um seinen Beistand zu bitten. Es sind nicht nur die großen Lebensprobleme, die wir vor ihn bringen dürfen. Wir können auch darum beten, daß wir ein positives Verhältnis zu einem Menschen bekommen, dessen Gegenwart uns augenblicklich noch unerträglich erscheint.

Was bin ich doch für ein Trottel!

Sicherlich kennen Sie den markanten Satz aus der Bergpredigt: „Richtet nicht, damit ihr nicht gerichtet werdet!“ In einer moderneren Übersetzung lautet diese Aufforderung Jesu: „Verurteilt nicht andere, damit Gott nicht euch verurteilt. Denn euer Urteil wird auf euch zurückfallen, und ihr werdet mit demselben Maß gemessen werden, das ihr bei anderen anlegt.“ (Matthäus 7, 1. 2, Die Gute Nachricht.)

Manchmal brandmarken wir nicht nur andere wegen ihrer Fehler, sondern verurteilen auch uns selbst in Bausch und Bogen. Natürlich fällt es uns leichter, den Mitmenschen zur Rechenschaft zu ziehen, als uns selbst zu kritisieren. Oft entschuldigen wir unsere Fehler mit dem Versagen des anderen oder schieben unsere Schuld auf ihn ab. Aber es geschieht doch recht häufig, daß wir nicht nur den anderen, sondern auch uns selbst verdammen, wenn Fehler gemacht wurden oder etwas mißraten ist. Vielleicht haben Sie sich schon selbst mit den folgenden Ausdrücken bedacht: „Ich tauge zu nichts!“ – „Was bin ich doch für ein Trottel!“ – „Ich habe zwei linke Hände!“ – „Wer kann schon einen wie mich mögen!“ – „Ich bin ein Versager!“ Die Folge solcher Gedanken ist ohne Zweifel eine tiefe Niedergeschlagenheit, die gerade die Kräfte lähmt, die zur Bewältigung der Krise nötig wären.

Hat unser Mitmensch sich dagegen falsch verhalten, fallen die folgenden aggressionsfördernden Sätze: „Dieser Hund!" – „Das soll sie mir büßen!" – „Mit so einem Kerl würde ich kein Wort mehr reden!" – „Diese unverschämte Person!" – „Das geschieht ihm aber recht!" – „Man muß es ihm zeigen, damit er merkt, was los ist!" – „Der werde ich es heimzahlen!" – „Diese alte Meckerziege!" – „Der ist doch reif für die Klapsmühle!"

Wer so redet, der begeht den Fehler, daß er die Person mit ihren Handlungen verwechselt, daß er also die Person verurteilt statt ihre Fehler. Es ist eigentlich unsachlich, wenn wir sagen: „Er ist ein fieser Kerl!" Damit meinen wir: Er ist in seinem Wesen durch und durch ein Fiesling. Richtiger ist es, wenn wir sagen: „Sein Verhalten war gemein!"

Ja, aber ist der Mensch nicht das, was er tut? Dürfen wir denn sein Verhalten und Reden von seiner Person trennen? Müssen wir nicht unseren Mitmenschen nach seinem Verhalten beurteilen? Tatsächlich wird in unserer Gesellschaft der Wert eines Menschen häufig von seiner Leistung her bestimmt. Es wäre jedoch traurig, wenn wir unseren Lebenspartner oder unsere Kinder nur wegen ihrer Leistungen lieben würden! Dies sollten wir dann auch nicht bei anderen Menschen tun.

Eine Beurteilung nach dem Verhalten ist eine äußerst fragwürdige Angelegenheit; denn Fehlverhalten kann durch Krankheiten hervorgerufen werden, zum Beispiel durch Arteriosklerose. Bestimmte Medikamente können genauso zu einer Verhaltensänderung führen, für die der Mensch dann nicht verantwortlich gemacht werden darf. Manchmal kann Verhalten auch Schauspielerei sein. Wenn Sie einem heruntergekommenen Stadtstreicher begegnen, sollten Sie vorsichtig mit der Beurteilung sein: „Der ist doch nur noch ein Wrack! Dieser alte Säufer!“ Es könnte durchaus einmal vorkommen, daß Sie in Wirklichkeit einem Soziologieprofessor oder -studenten begegnen, der menschliche Verhaltensweisen in einem Experiment erforschen will, also auch Ihr Verhalten. Möglicherweise ist er auch ein Exzentriker, der hautnah erfahren möchte, wie Tippelbrüder leben. Es könnte auch geschehen, daß dieser sogenannte „arme Bettler“ abends in seinem Mercedes nach Hause fährt und sich über die guten Tageseinnahmen freut.

Sicherlich ist dies nicht die Regel. Aber es kommt immer wieder vor, und in einem solchen Fall wäre die Beurteilung nach dem Äußeren und Verhalten völlig falsch. Vergessen Sie nicht: Wir müssen unsere Wahrnehmungen immer wieder kritisch überprüfen, weil wir durch unsere Sinne oder durch Äußerlichkeiten oft getäuscht werden.

Wir sollten uns hüten, den Mitmenschen oder auch uns selbst nur nach guten und schlechten Eigenschaften oder Verhaltensweisen zu beurteilen und dann mit einem Etikett zu versehen. Kein Mensch ist grundschlecht, wenn er sich ein paarmal schlecht verhalten hat. Was heißt hier überhaupt „schlecht“? Oft meinen wir doch damit nur, daß der Betreffende nicht nach unserem Willen gehandelt oder unseren Erwartungen entsprochen hat! Wir müssen uns also fragen, ob unser Maßstab für gut und schlecht überhaupt richtig ist. Da wir alle ein wenig die Neigung zum Extremen haben, verurteilen wir unsere Mitmenschen oder auch uns selbst zu schnell als völlige Versager oder wertlose Subjekte, wenn Fehler gemacht worden sind. „Aus dir wird niemals was Rechtes!“ – „Du elender Taugenichts!“ – „In die Mülltonne mit ihm!“ – „Was soll ich jetzt noch auf dieser Welt? Ich bin doch zu nichts mehr nütze!“ Ein solches Reden und Denken zerstört unsere innere Harmonie und das positive Verhältnis zum Nächsten.

Wir wollen deshalb unseren letzten Grundsatz formulieren, der uns vor negativen Gefühlen bewahren soll: „Ich will niemanden – auch mich selbst nicht – wegen seines fehlerhaften Verhaltens verdammen.“ Kein Mensch ist fehlerlos, und oft haben gerade die harten Richter den meisten Schmutz an den Füßen. Sie möchten sich gerne durch ihr Urteil mit ihrem eigenen Unrat hinter den Fehlern anderer verstecken. Wer nur eine graue Maus ist, der malt häufig den anderen schwarz, damit er vor diesem negativen Hintergrund als „weißer Riese“ erscheint. Er meint also: Je schwärzer ich den anderen darstelle, desto besser erscheine ich. Dabei merkt er nicht, daß er sich mit seiner Schwarzmalerei nur selbst entlarvt.

Fehler sind kein Maßstab für den Wert eines Menschen! Dies hat Christus sehr deutlich gemacht. In dem Brief an die christliche Gemeinde in Rom lesen wir: „Christus aber starb für uns, als wir noch Gottes Feinde waren. Damit hat Gott uns gezeigt, wie sehr er uns liebt.“ (Römer 5, 8, Die Gute Nachricht.) Christus starb für uns Menschen, als wir noch seine Feinde waren! Ein unvorstellbarer Gedanke! Man opfert sich doch nur für seine Freunde. Feinde dagegen bestraft man. Das ist menschliche Regel! Gott dagegen trennt die Person des Menschen von seinem Verhalten: Er verurteilt die Sünde, aber er liebt den Sünder. Er vergibt das falsche Verhalten und nimmt den Menschen in Liebe an. Eine bessere Regel für das Gewinnen von Freunden gibt es wohl nicht.

Christus hat die Menschen immer wieder aufgefordert, ihre Einstellung zu ändern. Er hat uns durch sein

Leben ein Vorbild gegeben, wie eine positive und harmonische Lebenshaltung aussehen soll. Wenn wir so ausgeglichen sein wollen wie er, sollten wir seine Einstellung kennen und sie uns so fest einprägen, daß sie ein Teil unseres Wesens wird. Lassen Sie mich das bekannte Wort aus Matthäus 11, 28–30 sinngemäß übersetzen, wie Christus es sicherlich gemeint hat: „Kommt zu mir alle, die ihr euch abquält und belastet seid; ich will euch innere Ruhe und Frieden geben. Übernehmt meine Art zu leben und lernt von mir, so werdet ihr Ruhe finden für eure Seelen."

Die Kraft des Umdenkens

Ulrike wurde eines Tages schwer depressiv. Sie war die vierzehnjährige Tochter eines christlichen Psychiaters. Ständig verfolgten sie die niederdrückenden Gedanken: „Mich mag niemand. Ich werde von keinem Menschen geliebt." Obwohl Väter mit ihren fachlichen Begabungen oft den eigenen Kindern nicht helfen können, setzte sich der Psychiater trotzdem zu seiner Tochter und fragte sie: „Sag mal, hast du Beweise dafür, daß dich niemand mag? Ist dir irgend etwas bewußt, an dem du zeigen kannst, daß wir dich nicht lieben?"

„Nein", antwortete die Tochter nach einigem Überlegen, „aber ich habe das Gefühl, daß es so ist." – „Betrachte doch aber einmal die Tatsachen", fuhr ihr Vater fort, „zum Beispiel deine Freundinnen. Sie kümmern sich rührend um dich. Sie besuchen dich und helfen dir, wo sie nur können. Ist dies nicht ein Zeichen dafür, daß sie dich schätzen und mögen? Würde deine Mutter für dich kochen, deine Kleider sorgfältig waschen und pflegen oder dich in den Arm nehmen, wenn sie dich nicht liebte? Ist nicht auch meine Anteilnahme an deinem Wohlergehen ein Zeichen dafür, daß du mir am Herzen liegst, daß du mir nicht gleichgültig bist?"

„Ja", antwortete das Mädchen, „ich sehe dies verstandesmäßig ein, aber meine Gefühle sagen mir etwas anderes. Sie sagen mir, daß ihr mich nicht liebt." – „Dann sind deine Gefühle falsch, nicht wahr? Sie widersprechen doch den Tatsachen und wollen dir das Gegenteil einreden." – „Ja, aber was soll ich denn gegen sie machen!" rief die Tochter hilflos. „Ich werde von ihnen beherrscht und kann mich nicht gegen sie wehren."

Der Vater gab ihr nun den Rat, sich ständig bewußt zu machen, wie sehr ihre Angehörigen und Freundinnen sie schätzten. Sie sollte sich immer wieder die Tatsachen vor Augen halten, die für die Liebe ihrer Eltern sprächen, und sich dabei sagen: „Meine Gedanken und Gefühle sind nicht nur schädlich, sondern auch falsch. Sie versuchen mir einzureden, keiner würde mich mögen. Aber das stimmt ja gar nicht! Die Tatsachen zeigen mir, daß meine Eltern und meine Freundinnen mich lieben. Ich will deshalb nichts mit diesen falschen Gedanken und Gefühlen zu tun haben. Sie sind rundweg falsch!"

Nach drei Wochen war Ulrike wieder vollkommen gesund und hatte ihre depressive Phase überwunden, und dies ohne Medikamente! Ein Antidepressivum hätte wahrscheinlich nicht einmal so schnell gewirkt. Das Erfolgsrezept ihres Vaters lautete: „Betrachte deine Situation mit anderen Augen. Sieh die Wirklichkeit und denke um."

Als erstes hatte Ulrike durch das Gespräch mit ihrem Vater erkannt, daß ihre Gedanken – sie sprach zwar von Gefühlen, aber in Wirklichkeit waren es ja ihre Gedanken – nicht der Wirklichkeit entsprachen. Es waren unbeweisbare Vermutungen, die von den Tatsachen schnell widerlegt wurden. Sie hatte auch stark verallgemeinert, indem sie sagte: „Niemand mag mich!" Diese Verallgemeinerung machte ihre Lage erst so richtig hoffnungslos. Es ist schon schwer, wenn einige Menschen uns nicht mögen, aber wenn keiner uns schätzt, dann erscheint dies unerträglich. Eine solche Annahme ist natürlich mit Sicherheit falsch. Auch der gräßlichste Kerl und der bedeutungsloseste Tropf wird Menschen finden, mit denen er sich gut versteht. Er muß nur die Augen dafür offenhalten. Vergessen wir auch nicht den Kranken, der zu Jesus sagte: „Herr, ich habe keinen Menschen" und der dabei nicht bemerkte, daß Jesus ja vor ihm stand und ihm helfen wollte. Auch wenn Menschen uns zeitweise enttäuschen sollten, Jesus ist da!

Zweitens erkannte Ulrike, daß ihre Gedanken ihr nicht halfen, ein harmonisches Verhältnis zu ihren Mitmenschen aufzubauen. Im Gegenteil, ihre trübsinnige Stimmung belastete nicht nur sie, sondern auch die anderen. Außerdem zog sie sich dadurch von ihren Freundinnen und Familienangehörigen zurück. Sie trauerte dem vermeintlichen Verlust der Liebe nach und tat gleichzeitig alles, um ihre Mitmenschen zu vergraulen. Da sie aber die Liebe der anderen wollte und erkannte, daß ihre Angehörigen und Freundinnen sie wirklich mochten, distanzierte sie sich bewußt von ihrem widersprüchlichen Verhalten und zerstörerischen Gedanken.

Zuletzt wurde ihr auch klar, daß ihre Depression nicht durch ihre Umwelt verursacht worden war. Nicht ihre Mitmenschen hatten sich gegen sie gewandt, sondern ihre eigenen, inzwischen als falsch entlarvten Gedanken hatten sie in diesen Gefühlskonflikt gestürzt. Mit der Hilfe ihres Vaters lernte sie umdenken und fand deshalb innerhalb kurzer Zeit den Ausweg aus ihrer Depression.

An diesem Beispiel lassen sich nicht nur die Folgen falschen Denkens verdeutlichen, sondern auch die Kraft des Umdenkens. Halten wir uns noch einmal vor Augen: Wir sind der Umwelt oder unseren Gefühlen keineswegs hilflos ausgeliefert, sondern haben durch ein bewußtes Umdenken ein sehr wirksames Mittel, Gefühlsbelastungen abzubauen oder sie erst gar nicht entstehen zu lassen. Dies sollten wir uns zunutze machen. Wie schon gesagt, fällt uns eine solche neue Denkweise nicht wie eine reife Frucht in den Schoß. Wir müssen uns schon um sie bemühen. Das kritische Hinterfragen und eine neue Einstellung müssen von uns über längere Zeit regelrecht trainiert werden, bis sich daraus eine Gewohnheit entwickelt hat. Nur dann können die aufgezeigten Ratschläge und Regeln eine wirkliche Hilfe bieten. Wer Englisch lernen will, muß so lange Vokabeln und Grammatik pauken, Literatur lesen und Sprechübungen machen, bis er anfängt, englisch zu denken. Es reicht nicht aus, einen Einführungsvortrag über die Struktur der englischen Sprache zu hören. Genausowenig reicht es, ein Buch über seelische Ausgeglichenheit zu lesen. Wir müssen uns vielmehr ein neues Denken angewöhnen, das uns auch in widrigen Lebenssituationen hilft, unsere innere Ausgeglichenheit nicht zu verlieren und Möglichkeiten der Freude zu sehen.

Mach ein fröhliches Gesicht!

Es gibt zahlreiche Möglichkeiten, das Leben glücklich zu gestalten und Freude in den Alltag zu bringen. Wollte man sie alle eingehend behandeln, entstände ein „dicker Wälzer“, vor dem auch ein begeisterter Bücherwurm zurückschrecken würde. Dazu gehören u. a. die Befriedigung menschlicher Grundbedürfnisse (Wirken-, Wissen-, Mitteilen-, Haben- und Seinwollen), Lebenssinn oder auch eine interessante und abwechslungsreiche Gestaltung des Daseins. Verläuft unser Alltag Woche für Woche, Monat für Monat, Jahr für Jahr immer gleichbleibend, eintönig und ohne Höhepunkte, werden wir sicherlich Probleme mit der Freude haben. Andererseits kann nicht jeder sein Leben immer so gestalten, daß er restlos zufrieden ist. Außerdem sind viele Menschen todunglücklich, obwohl äußerlich alles zu stimmen scheint. Deshalb haben wir uns eingehend mit der Änderung der Einstellung zum Leben beschäftigt. Dennoch möchte ich zum Schluß noch auf zwei Möglichkeiten hinweisen, unsere Gefühle zum Positiven zu beeinflussen.

Wir haben bis jetzt nur über den Einfluß des Denkens auf unsere Gefühlswelt gesprochen und die Auswirkungen der Gefühle auf den Körper. Nun können wir aber das gesamte Schema auf den Kopf stellen und von einer umgekehrten Wechselwirkung sprechen. Auch unser Körper beeinflußt die Gefühlswelt und das Denken, während die Empfindungen auf die Gedanken einwirken. Diese Erfahrung hat wohl schon jeder von uns gemacht, zum Beispiel bei einer simplen Grippeinfektion: Wenn die Nase verstopft ist, der Hals schmerzt, der ganze Schädel brummt und der Körper vom Fieber geschwächt ist, dann sind wir nicht gerade freudig gestimmt, und auch unser Denkapparat bewegt sich nur träge. In einer solchen Situation fällt es uns schwer, positiv zu bleiben. Wer sowieso schon eine negative Grundeinstellung hat, kann durch eine belastende Krankheit ein recht unangenehmer Zeitgenosse werden, den niemand gerne besucht. Diese typische Erfahrung hat Gehirnforscher veranlaßt, der Frage nachzugehen, wie der Körper unsere Gefühlswelt beeinflußt. Dabei hat man interessante Entdeckungen gemacht.

Versuchen Sie einmal, ihre Mundwinkel nach unten hängen zu lassen und ein richtig trauriges oder sogar verdrossenes Gesicht zu machen. Sie werden feststellen, daß sich auch Ihre Stimmung ein wenig verdunkelt. Ein düsteres Gesicht verdüstert also die Gefühlswelt. Nun machen Sie ganz bewußt ein fröhliches Gesicht. Nein, ich meine nicht dieses gequälte „cheese-Grinsen" sondern ein natürliches, frohes Lächeln! Wenn Sie genau auf Ihre Gefühle achten, werden Sie merken, daß sich nun Ihre Stimmung wieder ein wenig aufhellt. Die Spannung unserer Gesichtsmuskulatur wirkt sich also durch elektromechanische Impulse ihrer Nerven auf das Gefühlszentrum aus. Nicht nur die Nervenimpulse von Auge, Ohr, Geschmackssinn oder der Schmerzrezeptoren in der Haut beeinflussen unsere Gefühle, sondern auch die Nervenimpulse, die von der Gesichtsmuskulatur ausgehen. Diese Erkenntnis veranlaßt moderne Psychobiologen zu dem Rat, ein fröhliches Gesicht zu machen, um die eigene Stimmung zu verbessern. Man darf dies nicht falsch verstehen. Es geht nicht darum, eine fröhliche Maske aufzusetzen, wenn einem in Wirklichkeit zum Weinen zumute ist. Es geht vielmehr um unser normales Alltagsgesicht.

Viele Menschen laufen die meiste Zeit ihres Lebens mit einem Drei-Tage-Regenwetter-Gesicht herum. Sie merken nicht, daß sie dadurch Freunde vergraulen und sich ihr Leben schwermachen. Deshalb ist es ratsam, ab und zu vor dem Spiegel eine Gesichtskontrolle durchzuführen.

Wenn wir uns die Haare kämmen, sollten wir zugleich auch unsere Mundwinkel kontrollieren: „Ach, ich dachte, du wolltest dein Leben glücklich und fröhlich gestalten? Wieso zeigst du deine Absicht nicht nach außen, sondern hast solch einen verkaterten Gesichtsausdruck? Wenn du fröhlich sein willst, dann mach ein fröhliches Gesicht!"

Merken wir uns also: Die Gesichtsmuskulatur wird nicht nur durch die Gefühle gesteuert, sondern im sogenannten Feedback-Verfahren beeinflußt unser Gesichtsausdruck auch unsere Stimmung. Diese Erkenntnis sollten wir uns zunutze machen, indem wir uns sagen: „Mach ein fröhliches Gesicht, wenn du fröhlich sein willst!"

Dieser Rat ist leicht zu verwirklichen, egal ob man jung oder alt ist. Ein zweiter Rat scheint dagegen problematischer zu sein. Psychobiologen, die den Einfluß des Körpers auf die Gefühle untersuchten, stellten fest, daß zwischen unserem Kleinhirn und unserem Lustzentrum eine Nervenverbindung besteht. Das Kleinhirn koordiniert die Bewegungen des Körpers und ist für die Aufrechterhaltung des Gleichgewichts und des Muskeltonus (Muskelspannung) zuständig.

Das Lustzentrum, welches zum limbischen System gehört, steuert die positiven und negativen Gefühle. Wir können es uns am besten als eine Art Waage vorstellen. Sind die positiven Gefühle stärker, dann senkt sich ihre Waagschale und hebt damit automatisch die Waagschale der negativen Stimmungen, so daß sie unbedeutender werden. Auf der anderen Seite hebt ein verstärktes negatives Gefühl die positive Stimmung auf.

Die vom Kleinhirn ausgehende Nervenverbindung zum Lustzentrum ist mit der Waagschale der positiven Gefühle verbunden. Sendet das Kleinhirn nun elektrochemische Impulse durch diese Nervenbahn zum Lustzentrum, senkt sich die Waagschale der positiven Gefühle und schwächt damit die negativen ab oder hebt sie sogar ganz auf. Weil das Kleinhirn mit den körperlichen Bewegungen zu tun hat, führt seine Stimulierung durch sportliche Betätigung zu einer Beeinflussung der Gefühlswelt zum Positiven hin.

Für uns ergeben sich daraus einfache Schlußfolgerungen: Bewegung schafft Freude! Dies muß Gott sicherlich gewollt haben, sonst hätte er unseren Körper nicht so sinnvoll eingerichtet. Wir können also unsere Gefühlswelt positiv beeinflussen, wenn wir uns körperlich betätigen. Sport fördert demnach nicht nur unsere körperliches, sondern auch unser seelisches Wohlergehen. Für einen Bewegungsmuffel ist es immer ein wenig unverständlich, weshalb so ein paar „Spinnerte“ fast jeden Tag durch den Wald joggen, Gewichte stemmen oder irgendwelche anderen „Folterungen“ auf sich nehmen, bis ihnen der Schweiß in Strömen über den Körper läuft. Wer jedoch regelmäßig trainiert, der weiß, daß man sich einfach besser fühlt. Man hat mehr Energie und Freude. Man fühlt sich nicht wie ein abgewrackter alter Klepper, sondern eher wie ein Rennpferd, das darauf wartet, endlich loslaufen zu können. Wer durch Sport körperlich fit ist, der hat nicht nur etwas Gutes für Herz, Kreislauf, Muskulatur, Gelenke oder Verdauung getan; er fühlt sich auch besser, energiegeladener und ausgeglichener. Kommt dazu noch eine positive Lebenshaltung, wird diese Stimmung noch verstärkt.

Vielleicht gehören Sie, lieber Leser, zu der älteren Generation und sagen sich jetzt voller Resignation: „Das ist ja alles gut und schön, aber leider kann ich damit nicht viel anfangen. Ich bin alt und werde von zahlreichen Gebrechen geplagt. Wie soll ich da noch Sport treiben? Für mich ist dieser Zug schon lange abgefahren!“ Ich möchte deshalb für die älteren Leser etwas Ermutigendes erzählen und damit deutlich machen, daß für viele Senioren der Zug noch im Bahnhof wartet. Die folgende Geschichte hörte ich in einem Seminar über Lebensfragen.

An der adventistischen Loma Linda-Universität in den USA machte man sich vor einigen Jahren darüber Gedanken, in welchem Maße man die körperliche Situation von älteren Menschen durch Sport verbessern könnte. Um diese Frage zu untersuchen, lud man Männer und Frauen, die bis zu ihrem siebzigsten Lebensjahr keinen Sport getrieben hatten, zu einem Trainingsprogramm ein. Unter ihnen befand sich auch eine Frau Crooks. Sie hielt nicht viel von Sport und Gymnastik, betrachtete aber dieses Testprogramm als amüsante Abwechslung. Ihr körperlicher Zustand entsprach dem Durchschnitt der älteren Bevölkerung: Übergewicht, Gelenkbeschwerden, schwacher Kreislauf und andere Zipperlein.

Vorsichtig und behutsam begannen die Ärzte diese Seniorengruppe zu trainieren mit einfachen und nicht sehr anstrengenden Übungen. Langsam konnten nach einiger Zeit die Belastungen gesteigert werden, weil sich die körperliche Situation der Testpersonen von Woche zu Woche verbesserte. Frau Crooks war von dem erwachenden Fitnessgefühl begeistert – eine Erfahrung, die sie noch nie in ihrem Leben gemacht hatte. Sie fühlte sich einfach besser, energiegeladener und jünger. Ihre sogenannten Altersbeschwerden ließen nach.

Schließlich entschloß sie sich, einen Berg zu besteigen, um ihre körperliche Leistungsfähigkeit unter Beweis zu stellen. Sie wählte dafür den Mount Whitney, den höchsten Berg der USA außerhalb Alaskas. Er ist 4418 Meter hoch. Für diese Tour brauchte Frau Crooks drei Tage. Sie war von dem Erlebnis der Bergbesteigung so begeistert, daß sie sich entschloß, jedes Jahr den Mount Whitney zu besteigen, um sich ihr eigenes Fitnesszeugnis auszustellen. Wie ich hörte, hat sie ihren Entschluß bis zu ihrem neunzigsten Lebensjahr verwirklicht.

Wir sehen, auch ein unsportlicher Rentner hat die Möglichkeit, ein Gefühl von Fitness zu entwickeln, wenn er unter ärztlicher Kontrolle ein auf ihn abgestimmtes Trainingsprogramm beginnt. Das heißt natürlich nicht, daß jeder dadurch befähigt wird, Fünftausender zu besteigen. Man sollte keine übertriebenen Erwartungen haben. Auch vor körperlichen Überforderungen ist zu warnen. Es geht nicht darum, Höchstleistungen zu erbringen, sondern die körperliche Situation zu verbessern. So manche Altersdepression hat vielleicht ihre Ursache allein in der Bewegungsscheu. Fehlender Schwung und Kraftlosigkeit werden nicht durch Ausruhen im Sessel bekämpft, sondern durch Gymnastik und Spaziergänge in der frischen Luft. Frau Crooks hat es bewiesen.

Eine weitere Möglichkeit, unsere Gefühlswelt über den Körper positiv zu beeinflussen, ist die Entspannung. Auf diesem Gebiet tummelt sich eine ganze Reihe von Experten und „Halbwissenden". Gerade Anhänger und Stifter asiatischer Religionen oder westliche Esoteriker suchen durch zahlreiche Bücher und Kurse dem verspannten und gestressten Europäer Hilfe anzubieten. Daß sie damit auch immer ihre Philosophien verkaufen wollen, wird natürlich verschwiegen. Entspannungstechniken, die hypnotische oder autosuggestive Methoden mit Religion und unbiblischer Philosophie verbinden, sind deshalb nicht empfehlenswert.

Es gibt jedoch ganz natürliche und wertfreie Möglichkeiten, verspannte Muskeln zu lockern und damit auch gefühlsmäßige Verkrampfungen abzubauen. Schauen Sie sich einmal in der Stadtbücherei nach entsprechender Literatur um. Empfehlenswert ist die Kurzentspannung nach Jacobsen: lang ausgestreckt auf ein Sofa legen, Hände hinter dem Kopf verschränken und dabei die Ellbogen nach hinten drücken, Zähne und Lippen aufeinanderpressen, Beine strekken und Fußspitzen anziehen, einatmen, Luft anhalten und alle Muskeln anspannen, einschließlich der Bauchmuskeln, danach ausatmen und sich fallen lassen, alle Glieder lockern. Eine Teilentspannung kann auch dadurch erreicht werden, daß Sie sich recken und strecken und danach entspannt in Ihren Stuhl zurücksinken. Sie haben dies sicherlich schon einmal bei Katzen gesehen.

Alle Entspannungsübungen sind eigentlich nur als Hilfe gedacht, wenn das Kind schon in den Brunnen gefallen ist. Viel besser wäre es, Verspannungen gar nicht erst aufkommen zu lassen oder ihnen sofort im Moment ihrer Entstehung zu begegnen. Wie in allen

Fragen der Gesundheit sind auch hier Vorsorge und Verhütung besser als eine spätere Behandlung. Wer heute schon die Zigaretten in den Mülleimer wirft, braucht sich morgen nicht wegen eines Raucherbeins zu ängstigen. Wer kontrolliert ißt, braucht nicht zu fasten, und wer seine Rede mäßigt, braucht sich später nicht zu entschuldigen.

F. M. Alexander hat schon vor dem ersten Weltkrieg versucht, seinen Landsleuten in England eine entspannte Lebensweise zu vermitteln. Er wurde damals von nur wenigen Fachleuten verstanden – vielleicht weil er seine Ideen ein wenig zu kompliziert dargestellt hat. Trotzdem konnte er mit seiner Methode vielen Menschen helfen, gesünder und ausgeglichener zu leben.

Im Prinzip ist seine Idee ganz einfach. *F. M. Alexander* versuchte seinen Mitmenschen zu zeigen, wie sie in den alltäglichen Situationen des Lebens locker und entspannt sein können: Beim Sprechen, Sitzen, Aufstehen, Treppensteigen oder Gehen sollten seine Patienten versuchen, völlig entspannt und innerlich gelöst zu sein. Um dies zu lernen, ist natürlich besonders in den ersten Wochen eine bewußte Beobachtung und Kontrolle des Körpers nötig. Nehmen wir zum Beispiel die Kiefermuskeln: Viele Menschen benutzen sie nicht nur zum Essen oder Reden, sondern auch zum Autofahren, Nachdenken, Gehen oder Fernsehen. Ständig bewegen sich ihre Kiefermuskeln mit, wenn sie nicht schon völlig verkrampft sind. Beobachten Sie einmal Ihren Schulterbereich. Auch dort setzen sich oft Verkrampfungen fest: Die Schultern sind leicht hochgezogen, die Nackenmuskulatur ist verspannt und der Hals steif. Kein Wunder, daß Rücken, Arme und der Kopf schmerzen.

Versuchen Sie einmal in den kommenden Wochen,

Ihren Körper genau zu beobachten und immer wieder Ihre Muskeln in einem entspannten Zustand zu halten. Sie werden am Abend nicht so erschöpft sein, auch wenn der Arbeitstag schwere Belastungen mit sich brachte.

Die Meister der asiatischen Sportarten legen interessanterweise großen Wert auf eine entspannte Körperhaltung. Durch jahrhundertelange Erfahrungen ist ihnen klargeworden, daß ein verspannter Körper auch das Denken blockiert und dem Menschen somit die Möglichkeit nimmt, richtig und angemessen zu reagieren. Diese Erkenntnis gilt sicherlich nicht nur in der Selbstverteidigung, sondern in allen Bereichen des Lebens. Wer mit verkrampften Fingern eine Mozartsonate spielen möchte, wird nicht nur mit den exakten Notenwerten Schwierigkeiten haben, er wird auch die Noten nicht richtig erkennen und umsetzen können. Wer mit verkrampften Schultern vor der Schreibmaschine sitzt, der hat auch mit Konzentrationsstörungen zu kämpfen.

Sicherlich werden Sie in ihrem Leben oft erfahren haben, daß negative Gefühle und Verspannungen der Muskeln eng zusammenhängen, während wir uns in einer fröhlichen Stimmung locker fühlen. Weil aber nicht nur die Gefühle den Körper steuern, sondern auch der Körper die Gefühle beeinflußt, sollten wir dies zu unserem Vorteil nutzen. Eine entspannte Körperhaltung ist zwar kein Allheilmittel gegen seelische Belastungen, aber sicherlich ein Baustein glücklicher Lebensgestaltung.

Das dritte Bein

Man sagt, ein Schemel benötige drei Beine, um stehen zu können. Deshalb möchte ich zum Schluß noch auf einen dritten Weg hinweisen, wie man zu einer glücklichen Lebenshaltung finden kann. Eigentlich ist er in diesem Buch schon immer wieder angeklungen. Wir brauchen in unserem Leben einen festen Halt, eine Quelle der Kraft und einen Lebenssinn, der auch angesichts des Todes Bestand hat. In wirklich schwierigen Situationen, in Konflikten, die unsere Nerven bis zum Zerreißen anspannen, und bei seelischen Belastungen, die unsere Tragkraft an ihre Grenze bringen, brauchen wir die Hilfe eines, der stärker ist als wir Menschen und der uns dennoch in unseren Nöten versteht. Deshalb ist der christliche Glaube die dritte und wichtigste Stütze seelischer Ausgeglichenheit. Wir müssen aber dabei bedenken, daß biblisches Christentum von dem unterschieden werden muß, was Menschen daraus gemacht haben.

Durch den Einfluß menschlicher Ideen und Philosophien wurden die Aussagen der Bibel oft verändert und verfälscht, so daß der Glaube zu einer Belastung für die Menschen wurde und ihr Seelenleben empfindlich störte. Denken wir an die Angst vor dem grausam strafenden Gott, an überhöhte sittliche Forderungen, die Gott nicht geboten hat und kein Mensch ständig erfüllen kann, an den Verzicht auf Lebensfreude als

Voraussetzung wahrer Heiligkeit, an die Predigten vom heiligen Krieg, die den Haß verkündigten, oder an die Entwicklung von Höllenängsten, die im Mittelalter häufig zu Selbstmorden sensibler Menschen geführt haben. Wir sehen an diesen wenigen Beispielen schon, daß ein falsch verstandenes Christentum die Menschen unglücklich machen kann.

Der Glaube, den Christus uns vorgelebt hat, ist dagegen ganz anders. Wie wir an einigen Beispielen gesehen haben, möchte Gott, daß wir schon auf dieser Erde glücklich sind. Er zwingt uns natürlich nicht den entsprechenden Lebensstil auf, sondern rät und bittet uns, auf ihn zu hören. Freiwilligkeit ist also sein Grundsatz, weil Zwang weder ein Zeichen von Liebe ist, noch von uns Menschen erwünscht wird.

Viele Menschen glauben nicht an das Dasein Gottes. Sie meinen, die Welt sei durch Zufall aus dem Nichts entstanden. Sie werde auch eines Tages zerfallen und im Nichts verschwinden. Alle Lebewesen, einschließlich der Menschen, hätten sich aus primitiven Formen höherentwickelt, wobei zufällige Mutationen und der Kampf ums Dasein diese Entwicklung mit vorangetrieben hätten.

Dieser Glaube an die Evolution ist jedoch im strengen naturwissenschaftlichen Sinn noch nicht bewiesen worden. Man darf die Entwicklungslehre nur als eine Arbeitshypothese der Wissenschaftler betrachten, weil man sich in der Naturwissenschaft entschlossen hat, die Gottesfrage bei allen Forschungen auszuklammern. Man will also die Welt ohne die „Hypothese Gott“ erklären. Aus Unkenntnis dieser Voraussetzung sind viele Menschen blind dafür geworden, daß letztlich alle „Beweise“ für die Evolution von dem unbeweisbaren Punkt ausgehen, daß Gott nicht existiert und diese Welt von ihm nicht in sechs

Tagen geschaffen worden ist. Alle Beweise der Evolutionstheorie können deshalb auch anders ausgelegt und verstanden werden. Sie lassen sich genausogut als Hinweise auf eine Schöpfung benutzen. Es kommt nur darauf an, mit welchem Vorverständnis man an sie herangeht oder durch welche Brille man sie betrachtet. Letztlich muß an die Evolution genauso geglaubt werden wie an die Existenz Gottes. Was wirklich am Beginn unserer Weltgeschichte geschah, wurde von keinem Videoband aufgezeichnet. Es ist also nur im Glauben zu erfassen.

Beide Weltanschauungen haben jedoch unterschiedliche Konsequenzen für unser Leben, wenn wir nicht bei oberflächlichen Erklärungen stehenbleiben. Sie sollen hier nur kurz angerissen werden: Bin ich davon überzeugt, ich sei nur ein Zufallsprodukt und Kampf bestimme das Leben in allen seinen Bereichen, dann fühle ich mich verloren in dieser Welt und ständig angegriffen. Angst, Sinn- und Hoffnungslosigkeit bestimmen mein Leben. Dies wird besonders dann der Fall sein, wenn der Tod in meinen Lebenskreis einbricht, mein kleines, selbstgebasteltes Paradies zerstört und mir das nimmt, was ich liebe und an das ich mich bisher klammern konnte.

Glaube ich jedoch, daß Gott existiert und mich liebt, dann weiß ich mich als sein Geschöpf. Ich bin mir sicher, daß er mein Leben erhält, daß er mich führt und mir beisteht. Dieses Wissen wird durch meine persönlichen Erfahrungen bestätigt. Ich erlebe immer wieder, wie Christus mir Kraft schenkt, um die Probleme des Alltags bewältigen zu können. Wenn Sorgen und Schuld mich quälen, werde ich durch ihn davon befreit. Ich weiß, daß er mir zur Seite steht, mich liebt und trägt. Dies macht mein Leben froh und heil. Sollte auch der Tod nach mir greifen, ich fühle mich nicht verloren, sondern bin in der Liebe Gottes geborgen. Dies bedeutet für mich, daß er mich zu einem neuen Leben auferwecken wird. Dann wird es kein Leid mehr geben und auch keine seelischen Nöte, sondern immerwährende Freude.

Wahres Glücklichsein ist nur möglich, wenn das Leben von Hoffnung bestimmt ist. Sind unsere Zukunftsaussichten nur schwarz, haben wir keine Perspektiven mehr oder sehen wir keinen Horizont, sinkt uns nicht nur der Mut. Wir stehen dann auch in der Gefahr, enttäuscht und verbittert zu werden. In einer solchen Situation befinden sich viele ältere Menschen, die sich bewußt sind, daß sie im Wartezimmer des Todes sitzen und bald aufgerufen werden. Viele ihrer Freunde und Angehörigen sind schon weggestorben. Sie selbst haben körperlich und geistig abgebaut. Wenn sie in die Zukunft blicken, dann wissen sie genau: Es wird nichts mehr besser; es wird alles nur noch schlechter und unerträglicher! Ich werde gebrechlicher werden und hilfsbedürftiger, vergeßlicher und schwächer, und eines Tages versinke ich im Nichts. Das kann schon deprimieren! Deshalb ist es kein Wunder, daß so viele ältere Menschen an Altersdepressionen leiden. Sie haben keine Hoffnung, kein Ziel und keine Zukunft. Deshalb haben sie so wenig Freude. Es ist ja auch verständlich: Wer den Glauben an Gott, den Lebensspender, aufgibt, dem bleibt nur noch der Tod.

Wessen Leben jedoch von der christlichen Hoffnung der Auferstehung von den Toten bestimmt wird, der kann der Zukunft ganz anders begegnen. Zwar weiß er, daß zeitweise vieles für ihn schlechter wird, aber mit der Wiederkunft Jesu Christi wird dies belanglos werden. Das Leben endet also nicht im Tod, sondern in der Ewigkeit und Liebe Gottes, wenn

Christus für uns eine neue Erde schaffen wird, auf der es kein Leid mehr geben wird.

Dieses Gefühl der Geborgenheit in Gott hilft uns, trotz schwieriger Lebenssituationen zu einer positiven und freudigen Grundstimmung zu finden. Unser Leben hat einen tiefen Sinn, der auch angesichts des Todes und der Zerstörung dieser Welt Bestand hat. Nicht leere Philosophien oder vergängliche Dinge geben uns dann Halt, sondern der ewige Gott, der das Gute und die Liebe ist. Deswegen können wir glücklich sein.

Vergessen wir also niemals, daß zwei Stützpfeiler für ein glückliches Leben zu wenig sind. Wenn wir nicht länger auf einer schwankenden Plattform balancieren wollen, dann brauchen wir neben einer geistig-seelischen und einer körperlichen Stütze auch ein geistliches Fundament, das „dritte Bein".

Am Ende steht ein Anfang

Vielleicht gehören Sie, lieber Leser, zu den Menschen, die zuerst die letzten Seiten eines Buches aufschlagen. In dem Falle betrachten Sie die nun folgende Zusammenfassung als Einführung.

Wir sind davon ausgegangen, daß zwar alle Menschen glücklich sein wollen, es aber oft nicht sind. Viele sind enttäuscht vom Leben, deprimiert und niedergeschlagen oder voller Aggressionen gegen sich und die Umwelt, oder sie werden von Ängsten, Sorgen und Befürchtungen gequält. Uns ist bewußt geworden, wie stark sich eine solche negative Gefühlswelt auf unseren Körper auswirkt und ihn krank macht. Vergessen Sie nicht, daß bis zu 80 Prozent aller Patienten einer ärztlichen Allgemeinpraxis unter Gefühlsbelastungen leiden, die ihre körperlichen Störungen verursacht haben. Werden diese funktionellen Krankheiten nur medikamentös behandelt, kommt es natürlich zu keiner dauerhaften Heilung. Weil die Ursachen dieser körperlichen Störungen im Gefühlsbereich liegen, muß die Hilfe auch hier angesetzt werden.

Wir stellten uns die Frage: Wodurch werden unsere Gefühle gesteuert, und wie können wir diese Steuerungsmöglichkeiten nutzen, um eine positive und helle Gefühlswelt aufzubauen, die wiederum unsere körperliche Situation verbessert?

Unser Körper wird nicht nur von den Gefühlen beeinflußt, sondern er wirkt auch selbst auf unsere Stimmung ein. Bei einer Infektionskrankheit oder Übermüdung werden wir uns deshalb auch nicht gut fühlen. Wir haben gesehen, daß körperliche Bewegung unsere Stimmung aufhellt, während Bewegungsmangel unsere gute Laune sinken läßt. Drogen, Alkohol, Nikotin und zahlreiche Medikamente sind weitere Einflußfaktoren. Die körpereigene Chemie mit ihren Hormonen darf nicht übersehen werden. Sauerstoffmangel und Fehlernährung wirken sich negativ auf unsere Stimmung aus. Ein Mangel von Nikotinsäureamid in der Nahrung führt beispielsweise zu unbegründeten Ängsten, Depressionen und Entmutigung.

Sie sehen, der körperliche Einfluß ist ein wichtiger Faktor für ein stabiles Gefühlsleben. Durch einen gesundheitsbewußten Lebensstil, durch vollwertige Nahrung, durch Meiden von Rausch- und Genußgiften und auch durch Entspannung und körperliches Training haben wir die Möglichkeit, stabilisierend auf unser Seelenleben einzuwirken. Natürlich dürfen wir nicht vergessen, daß der Körper nur eine Möglichkeit darstellt, die Gefühle zu beeinflussen.

Kommen wir zu unseren Gefühlen selbst. Das limbische System, das unsere Gefühle steuert, kann sich manchmal auch selbst beeinflussen. Dies geschieht zum Beispiel durch kleine unkontrollierte Entladungen der Neuronen, der Hirnnervenzellen, die täuschende Gefühle und Eindrücke auslösen können.

Gehirntumore sind ein weiterer nicht so häufiger, aber sehr ernster Faktor. Weiter besteht auch die Möglichkeit einer Störung der sogenannten Neurotransmitter. Dies sind Überträgerstoffe, die den elektrischen Impuls einer Hirnnervenzelle in chemischer

Form auf die nächste Nervenzelle übertragen. Es gibt wahrscheinlich Hunderte dieser chemischen Stoffe. Ihre Erforschung steckt noch in den Kinderschuhen. Deshalb ist zu erwarten, daß in den nächsten Jahren Medikamente entwickelt werden, die bisher unheilbar psychisch Kranke gesund machen könnten. Störungen der Neurotransmitter führen unter anderem zu Depressionen.

Liegt die Ursache unserer Probleme in diesem Bereich, bleibt uns der Weg zum Facharzt nicht erspart. Deshalb sollte man sich nicht schämen, bei schweren oder länger anhaltenden seelischen Störungen einen Arzt für Psychiatrie und Neurologie aufzusuchen. Unser Gehirn ist ein Organ und kann genauso erkranken wie Herz oder Magen.

In diesen Bereich gehören auch Konflikte und Erlebnisse der Vergangenheit, die nicht verarbeitet wurden und deshalb vom Unbewußten her ständig Gefühlswelt und Verhalten stören. Auch in dieser Beziehung sind wir auf den Fachmann angewiesen. Der Psychotherapeut ist darin ausgebildet, Ursachen einer seelischen Erkrankung zu entdecken und verdrängte Konflikte zu bereinigen. Ein christlich eingestellter Psychotherapeut ist hier vorzuziehen, weil er bei der Frage echter Schuldgefühle einen sicheren Ausweg weiß: Vergebung, Befreiung und Annahme durch Christus.

Der nächste Bereich der Einflußnahme auf die Gefühle sind unsere Wahrnehmungen. Sie wirken nicht nur über Körper und Denken auf die Gefühle ein, sondern auch direkt. Hier kann eine ganze Reihe von Störfaktoren aufgezählt werden, von denen nur die beiden folgenden herausgegriffen werden sollen: lautstarke, aggressive Musik und brutale Filme.

Die Schriftstellerin Ellen White schrieb in einem

ihrer Bücher: „Durch Anschauen werden wir verändert." Alles, was wir sehen und hören, wirkt sich demnach aufbauend oder zerstörerisch auf Charakter und Gefühlswelt aus. Als engagierte Christin rief Ellen White deshalb ihre Mitmenschen auf, sich nicht mit negativen Dingen vollzustopfen, sondern sich mit dem Positiven und Aufbauenden zu beschäftigen. Wer sich also einen Horrorfilm nach dem anderen anschaut oder Romane liest, die Verbrechen, Gewalt, Okkultes und Unheimliches in schillerndsten Farben malen, der darf sich nicht wundern, wenn seine Gefühlswelt dementsprechend ruinös aussieht. Wir haben es in der Hand, unsere seelische Ausgeglichenheit zu fördern, indem wir auswählen, womit wir uns beschäftigen und was uns beeinflussen soll.

Der letzte Bereich ist das Denken. Wir haben uns mit ihm am ausführlichsten beschäftigt, weil unser Denken uns nicht nur über das Tier hinaushebt. Wir haben mit ihm auch eine besondere Möglichkeit, unsere Stimmung zu beeinflussen. Viele unserer Gefühlsreaktionen haben ihre Ursache nicht so sehr in der Umwelt als vielmehr in unserem Denken über die wahrgenommenen Situationen. Durch Änderung unserer Einstellung können wir deshalb zahlreiche negative Gefühle verhindern, abschwächen oder abbauen. Diese neue Einstellung zum Leben, zu uns selbst, zu unseren Mitmenschen oder auch zu Gott fällt uns natürlich nicht in den Schoß. Wir müssen uns vielmehr eine längere Zeit darum bemühen, bis wir gewohnheitsmäßig anders denken und deshalb auch harmonischer reagieren.

Ich möchte deshalb zum Schluß ein Bibelwort im guten alten Lutherdeutsch zitieren, das der Apostel Jakobus schrieb: „Seid aber Täter des Worts und nicht Hörer allein; sonst betrügt ihr euch selbst. Denn wenn jemand ein Hörer des Worts ist und nicht ein Täter, der gleicht einem Mann, der sein leibliches Angesicht im Spiegel beschaut; denn nachdem er sich beschaut hat, geht er davon und vergißt von Stund an, wie er aussah." (Jakobus 1, 22–24.)

Ich habe versucht, Ihnen einen Spiegel vorzuhalten und Wege aufzuzeigen, wie erkannte Mißstände geändert werden können. Jetzt ist die Reihe an Ihnen, lieber Leser, dies in die Tat umzusetzen und sich auf den Weg seelischer Ausgeglichenheit zu begeben. Vergessen Sie nicht: Glücklichsein kann man lernen!

Leo R. van Dolson

Stress – und doch topfit

Der Begriff „Stress" gehört zweifellos zu den meistgebrauchten Wörtern unserer Tage. Ob aber auch immer richtig verstanden und angewandt? Dem Leser werden zahlreiche Tips zur Stressbewältigung gegeben, die alle auf eine gesunde Lebensweise, das Herausbilden eines bewußten persönlichen Wertesystems und ein positives Verhältnis zu Gott und zur Religion abzielen.

119 Seiten, Paperback, 11 x 18 cm
Best.-Nr. 569, DM 8,80

Douglas Cooper

Leben heißt lieben

Vertrauen wagen. Zuhören können. Vergeben und vergessen. Einen Menschen annehmen, wie er ist. Ja sagen zu sich selbst. Was empfinde ich für Menschen, mit denen ich zusammenlebe? Darf ich Liebe verweigern, weil sie scheinbar nichts bewirkt? Liebe kann man lernen. Sie macht das Leben lebenswert. Doch nicht alles, was wir Liebe nennen, ist Liebe. Liebe, die diesen Namen verdient, ist Antwort auf Gottes Liebe, die auf dieser Welt von Jesus Christus vorgelebt wurde. Er macht uns Mut zum Wagnis der Liebe.

173 Seiten, Paperback, 11 × 18 cm
Best.-Nr. 552, DM 6,80

Douglas Cooper

Freude am Leben

Offenheit. Freiheit. Glück. Hoffnung.
Liebe. Dem vermeintlichen Schicksal die Stirn bieten. Probleme erkennen, aber sich nicht darin verlieren. Das Leben formen und gestalten. Wie werde ich mit meinem Alltag fertig? Kann ich mich freuen, wenn alles sinnlos erscheint? Gebe ich dem Leben eine Chance?
Freude ist kein seichtes Gefühl, das von äußeren Umständen abhängig ist. Freude ist eine Haltung. Sie fordert heraus und geht auf den anderen zu. Freude und Liebe sind Grundvoraussetzungen für ein sinnvolles Leben.

128 Seiten, Paperback, 11 × 18 cm
Best.-Nr. 561, DM 6,80

Bitte Gesamtverzeichnis „Bücher – Wegweiser für unser Leben" anfordern bei
Saatkorn-Verlag GmbH, Postfach 13 22 15, D-2000 Hamburg 13

Über dieses Buch

Wenn P. B. anfängt nachzudenken, wird das Denken zum Vergnügen. Und daß Peter Bamm denken kann, weiß man seit »Ex ovo«, seinen Essays über die Medizin. Dabei gehört er zu den ganz wenigen unserer schreibenden Elite, die gebildet und doch lebendig und amüsant sind. Dieser moderne Sokrates bewirkt, daß wir, während wir uns nur zu unterhalten scheinen – und wirklich prächtig unterhalten –, nahrhafte Erkenntnisse zu uns nehmen. Wir schlucken Belehrung. Aber wir schlucken sie gern und mit Lust, weil der schreibende und verschreibende Arzt sie jeweils in eleganter Verpackung bietet. Seine Pillen schmecken nie bitter, auch wenn sie Bitteres enthalten. Das ist seine Kunst. Peter Bamm ist ein Schriftsteller von Rang, ein Meister des Stils, ein Kenner und Genießer der Sprache mit all ihren Fallgruben, und dazu einer der seltenen Geister mit Witz und Anmut, ein Nachfahre des Professors Lichtenberg in Göttingen – der sich bei jeder Zeile bewußt ist, daß eine sprachlich ungeformte Idee ein embryonales Nebelgebilde bleibt und daß erst die Form dem Geist zur Verwirklichung hilft.
»Adam und der Affe« ist ein Duell des Geistes mit Themen unserer Zeit. Sie reichen vom Aspekt des rein naturwissenschaftlichen Begriffs vom Menschen und seiner Umwelt bis zu seinem philosophisch fundierten Bild. Über den Geist des Westens, über Entstehung und Zukunft Europas wird diskutiert. Die Theorie der Schöpfung, die Überlieferung der Bibelhandschriften, die Spannung zwischen Macht und Humanität werden von einem eingeschworenen Humanisten in ihrer Bedeutung erschlossen. Der große Vorzug Peter Bamms ist, daß er Kompliziertes mühelos verständlich macht. Das kommt in diesem Buch zur vollen Geltung.

[illegible]
Jan. 78
(Hamburg)

Vollständige Taschenbuchausgabe
Droemersche Verlagsanstalt Th. Knaur Nachf.
München/Zürich

Genehmigte Lizenzausgabe
Umschlagillustration Horst Lemke
Gesamtherstellung Ebner, Ulm
Printed in Germany
ISBN 3-426-00272-8

1.–20. Tausend Marz 1972
21.–42. Tausend März 1972
43.–52. Tausend Januar 1974
53.–58. Tausend Juni 1975

Für Thomas Regau

Des Geistes Wirksamkeit – das allein ist Leben
Aristoteles

Zur Theorie der Schöpfung

Über die Entstehung des Lebens gibt es nur eine vollständig befriedigende Theorie. Sie steht nicht in den Lehrbüchern der Naturwissenschaft. Man findet sie im ersten Buche Mose. Wenn man diese Geschichte der Schöpfung betrachtet, als ob sie eine naturwissenschaftliche Hypothese wäre, muß man zugeben, daß sie die Forderungen, die an eine solche gestellt werden, auf ideale Weise erfüllt. Erklärt sie doch alle Phänomene des Lebendigen widerspruchsfrei auf eine umfassende Weise und noch dazu aus einer einzigen Ursache heraus. Die Geschichte der Auseinandersetzung der modernen Naturwissenschaft mit dieser so befriedigenden Theorie ist eines der großartigsten Abenteuer des abendländischen Geistes.

Bis zum Jahre 1500 nach Christi Geburt wurde die Schöpfungsgeschichte von niemandem angezweifelt. Alle Wissenschaften, auch die Naturwissenschaft, bewegten sich im Rahmen dieser Überlieferung. Im Beginn des Zeitalters der klassischen Physik verlor sie an Kraft. Doch waren die damals modernen Physiker weit davon entfernt, ihre Wissenschaft der biblischen Überlieferung entgegenzusetzen. Bei Widersprüchen, welche auftauchten, versuchte man die Übereinstimmung mit der Schöpfungsgeschichte wieder herzustellen. Soweit diese Aufgabe sich nicht lösen ließ, begnügte man sich mit der freilich sehr unwissenschaftlichen Hoffnung, der Fortschritt der Wissenschaft werde in nicht allzu ferner Zukunft die Lösung dieser Schwierigkeiten erbringen.

Der Fortschritt ging aber in eine ganz andere und völlig unvorhersehbare Richtung. Das sich immer mehr vervollständigende mächtige Gebäude der klassischen Physik geriet in einen Gegensatz zur Schöpfungsgeschichte, welcher mit jeder neuen Entdeckung, mit jeder weiteren Vervollständigung des Systems der Naturgesetze immer weniger Aussicht bot, je wieder überbrückt werden zu können. So trat denn jener dramatische Moment ein, in welchem die naturwissenschaftliche Forschung, dem Zwang der ihr innewohnenden Vernunft folgend, den Entschluß faßte, den Gegensatz zur Schöpfungsgeschichte, in welchen sie, durchaus entgegen ihren eigenen ursprünglichen Intentionen, geraten war, zum Gegenstand der Forschung zu machen. Sie entschloß sich, die biblische Überlieferung anzugreifen.

Alle Bedingungen der geistesgeschichtlichen Konstellation waren diesem Vorhaben günstig. Die weltweite Wirkung der Aufklärung des 18. Jahrhunderts, die Saekularisation des Wunders, die Deszendenztheorie, die Entdeckung der Einheitlichkeit der Grundlagen von Physik und Chemie, die fortschreitende Vereinfachung des physikalischen Weltbildes, wie sie mit der Gravitationstheorie Newtons eingeleitet worden war, die Entdeckung, daß es unveränderliche physikalische Konstanten gibt, die durchgehende Mathematisierung der Sachverhalte – dies alles waren Conditionen, welche dem Angriff auf die Schöpfungsgeschichte einen mächtigen Elan gaben. Und doch ist dieser Angriff nach anfänglichen Erfolgen schließlich gescheitert. Wir selbst sind die Zeitgenossen dieser erhabenen Niederlage der modernen Naturwissenschaft.

Die Ursachen der Niederlage sind verhältnismäßig einfach. Es sind ihrer zwei. Die erste ist die von Husserl in den 1905 erschienenen »Untersuchungen zur Krise der europäischen Wissenschaft« getroffene Feststellung, daß die Wirklichkeit der Naturwissenschaft, die physikalische Realität, mit der Realität an sich, der Wirklichkeit der Schöpfung, nicht ineinsgesetzt werden könne. Diese auf dem Wege des phaenomenologischen Denkens gewonnene Einsicht wurde dem Philosophen durch atomphysikalische Experimente bestätigt. Die zweite Ursache ist die Resignation, mit der die moderne Naturwissenschaft zugeben muß, daß sie mit ihren Mitteln nicht imstande ist, eine auch nur einigermaßen einleuchtende Erklärung dafür zu geben, wie das Leben nun eigentlich entstanden sei.

Das Schlachtfeld der Auseinandersetzungen zwischen Naturwissenschaft und Schöpfungsgeschichte liegt voller grandioser Trümmer. Unter diesen Trümmern ist am eindrucksvollsten der langsam in Verwitterung übergehende Klotz des Materialismus. Das einzige, was heute auf diesem Trümmerfeld noch sprießt, ist die zarte Blüte einer Ironie. Man verfehle nicht, sich davon Rechenschaft zu geben, daß es der Naturwissenschaft noch niemals gelungen ist, sich von der Schöpfungsgeschichte vollständig unabhängig zu machen. Die Naturwissenschaft befand sich entweder mit ihr in Übereinstimmung, oder sie hatte die Hoffnung, wieder mit ihr in Übereinstimmung zu kommen, oder sie stand im Gegensatz zu ihr.

Der Zustand, in welchem sich die moderne Naturwissenschaft heute der Schöpfungsgeschichte gegenüber befindet, hat einen fast ebenso hohen Grad von Humanität wie der Zustand der Übereinstimmung mit ihr. Es ist ein Zustand der Toleranz. Was im Stadium dieser Toleranz schon geleistet ist oder noch geleistet werden muß, ist die Beseitigung der Trümmer. Was noch an Materialismus durch das Denken der Zeitgenossen geistert, sind anachronistische Reste, die von dem Angriff der Naturwissenschaft des 19. Jahrhunderts auf die Schöpfungsgeschichte in den Köpfen des 20. Jahrhunderts zurückgeblieben sind. Schon die Erkenntnisse der modernen Naturwissenschaft reichen aus, diese Reste zu beseitigen.

Der Zustand der Toleranz der Naturwissenschaft gegenüber dem ersten Buche Mose enthält nur noch eine Gefahr. Nachdem es der klassischen Naturwissenschaft nicht gelungen ist, die Überlieferung der Schöpfung zu widerlegen, besteht die Gefahr, daß nunmehr der Versuch unternommen wird, sie mit Hilfe der modernen Naturwissenschaft zu beweisen. Es wäre das eine Art von umgekehrter Intoleranz. Sie würde nur einen alten Irrtum durch einen neuen ersetzen.

Es ist Sache der Theologen, die Physiker darüber zu informieren, daß eine religiöse Lehre ihrer philosophischen und theologischen Natur nach physikalischer Beweise nicht bedarf. Es steht zu hoffen, daß die Physiker, von ihrer Niederlage ein wenig mitgenommen, den Theologen aufmerksam lauschen werden.

Dafür wird die Theologie, für welche die Toleranz zum Metier gehört, aufmerksam lauschen müssen, wenn sie erfährt, daß die Naturwissenschaft doch wiederum nicht genug mitgenommen ist, als daß sie sich nicht längst schon an den Versuch gewagt hätte, eine Metaphysik der Physik in Angriff zu nehmen.

Adam und der Affe

Am Beginn unseres Saekulums galt es als ausgemacht, daß der Mensch vom Affen abstamme. Charles Darwin hatte im Jahre 1859 in seinem nachmals so berühmt gewordenen Werk über die Entstehung der Arten diese Möglichkeit erstmals geäußert. Bei ihm war es eine wissenschaftliche Hypothese. Obgleich es eine Fülle von Tatsachen gab, die sich mit Hilfe dieser Hypothese ausgezeichnet erklären ließen, gab es wichtige andere Tatsachen, die mit ihr nicht in Übereinstimmung zu bringen waren. Darwin, ein Gelehrter von großer Gewissenhaftigkeit, hat seine Hypothese niemals für bewiesen gehalten, und sie ist, bis zum heutigen Tage, auch niemals bewiesen worden. Dem Zeitalter des Materialismus freilich kam diese Hypothese so gelegen, daß sie in höchst unwissenschaftlicher Weise als Evolutionstheorie zum Dogma erhoben wurde. Auch in der Wissenschaft gibt es Moden. Hundert Jahre lang haben die Vorgeschichtsforscher überhaupt nur die Entdekkungen beachtet, welche für die Richtigkeit der Evolutionstheorie sprachen. Tatsachen, welche dagegen sprachen, wurden ignoriert. Und nach Argumenten gegen die Theorie wurde nicht gesucht. So wuchs ihre Überzeugungskraft von Jahrzehnt zu Jahrzehnt. Noch heute gibt es Forscher, die mit einer Naivität, welche nur noch schwer zu verstehen ist, verkünden, die Abstammung des Menschen vom Affen sei als Faktum festgestellt.

Machen wir uns die Mühe, diese fossilen Forscher einen Augenblick ernst zu nehmen. Unterstellen wir, daß der Mensch tatsächlich vom Affen abstamme. Dann muß es, wie auch immer man sich das nun vorstellen mag, mindestens einmal einen historischen Menschen gegeben haben, dessen Vater ein Affe war. Selbst der fossilste Forscher wird nicht leugnen können, daß der Mensch, und zwar seinem Wesen nach, mehr ist als ein hochentwickelter Affe, daß er etwas ist, was über den Affen hinausgeht. Ist er doch zumindest eben das, was sich aus dem Affen »entwickelt« haben soll.

Man mag für diesen Übergang noch so feine Stufen annehmen – vom Affen über das Menschenäffische und das Affenmenschliche zum Menschen –, es müßte in der konkreten Generationsfolge mindestens einmal ein Glied gegeben haben, welches gerade eben

noch menschäffisch, seinem Wesen nach also ein Affe war, aber ein Kind hatte, welches gerade eben schon affenmenschlich, seinem Wesen nach also ein Mensch war. Die Forscher bewegen sich mit souveräner Sicherheit in den Jahrhunderttausenden der Vorzeit. Neuerdings sind daraus schon Jahrmillionen geworden. Aber erst, wenn man sich das einmal realiter vorstellt, sieht man, was da eigentlich behauptet wird – daß nämlich ein konkreter Affe einen konkreten Menschen zur Welt gebracht habe. So grotesk auch immer diese Vorstellung ist, den Forschern bereitet sie keine Denkschwierigkeiten. Den Abgrund, der zwischen dem Wesen Affe und dem Wesen Mensch klafft, überbrücken die orthodoxen Vertreter der Entwicklungslehre mit der Luftbrücke der Definition.
Für sie ist »das Wesen Affe« gerade eben nicht ein Wesensphaenomen, so wenig wie »das Wesen Mensch«. Sie definieren beide aus gewissen Eigenschaften. Über diese Definitionen gibt es verschiedene Meinungen, die nur in einem Punkte vollständig miteinander übereinstimmen, in ihrer vollständigen Oberflächlichkeit. Unter den Evolutionisten gilt zum Beispiel der Gebrauch des Feuers als ein zuverlässiges Merkmal dafür, daß es sich um einen Menschen handle. So brauchte man nur ein wenig Asche über den Schädel eines Primaten zu streuen und man könnte den Australopithecus als unser aller ehrwürdiger Vater aus der Urzeit auferstehen lassen.
Welch eine Philosophie!
Natürlich ist es, wenn die Forscher per definitionem sich darüber einigen, daß der Gebrauch des Feuers ein Merkmal des Menschen sei, sehr einfach, das Merkmal dann als Beweis zu nehmen. Aber das ist eine intellektuelle Taschenspielerei, die keinen Anspruch darauf erheben kann, ernst genommen zu werden. Doch wollen wir, für einen Augenblick wenigstens, auch dieses tun.
Lassen wir es gelten, daß das Wesen Mensch durch die Tatsache des Gebrauchs des Feuers charakterisiert sei. Dann müßte es an jenem Übergangspunkt der Entwicklung einmal ein historisches Wesen gegeben haben, das als erstes das Feuer gebraucht hat. Dieses Wesen, vielleicht mit Nutzen als Prometheopithecus zu bezeichnen, hat im ersten Teil seiner exemplarischen Existenz das Feuer noch nicht gekannt. Es mag also ein noch so hoch entwickeltes menschenäffisches Wesen gewesen sein; das, was nach den For-

schern ein Merkmal des Menschen ist – der Gebrauch des Feuers –, war ihm in seiner Jugend unbekannt. Also war es, der entwicklungsgeschichtlichen Definition nach, kein Mensch, sondern »eben gerade« noch ein Affe. Nachdem der Gebrauch des Feuers von diesem Wesen entdeckt worden war, hatte es das entwicklungsgeschichtliche Merkmal des Menschseins erworben. Als Affe blies er das Feuer an, als Mensch hat er es gelöscht. Es hat also nach Meinung der Forscher mindestens einmal ein historisches Wesen gegeben, das als definierter Affe geboren wurde und als definierter Mensch gestorben ist. Man sieht, in welche Abgründe man gerät, wenn man Wesenheiten, anstatt sie mit dem Rüstzeug der Ontologie philosophisch zu untersuchen, in naturwissenschaftlicher Oberflächlichkeit durch periphere Eigenschaften zu definieren versucht.

Nun haben die Evolutionisten eine Fülle der besten Gründe, die Hypothese von der Abstammung des Menschen vom Affen als eine naturwissenschaftliche Hypothese aufzustellen und zu verteidigen. Es ist nur grenzenlose philosophische Unbescheidenheit, daß noch heute einige von ihnen sich berechtigt glauben, eine in ihrer Leistungsfähigkeit naturwissenschaftlich brauchbare Hypothese als eine bewiesene historische Tatsache auszugeben. Wieso es dazu kommen konnte, soll im folgenden gezeigt werden. Doch muß vorher noch auf etwas anderes hingewiesen werden.

Die Evolutionisten, soweit sie ihre naturwissenschaftliche Hypothese nicht für eine gewöhnliche Hypothese, deren Endgültigkeit noch nicht entschieden ist, sondern für eine wissenschaftliche Wahrheit von allgemeiner Gültigkeit halten, sind alle echte Materialisten. Sie sind überzeugt, mit der Hypothese von der Abstammung des Menschen vom Affen die Bibel ausgeschaltet zu haben. Das ist mehr als ein Irrtum. Es ist eine Illusion.

Unterstellen wir zum dritten Male die Theorie der Abstammung des Menschen vom Affen als richtig. Was ist damit für die Erklärung der Existenz des Menschen gewonnen?

Das Problem wäre nur verschoben. Wir können mit einiger Sicherheit sagen, daß es eine Periode der Erdgeschichte gegeben hat, in der noch kein Leben auf der Erde vorhanden gewesen sein kann. Irgendwann muß dieses Leben entstanden sein. Nach der Evolutionstheorie hat es sich kontinuierlich aus ersten Anfängen entwickelt. Die Abstammung des Menschen vom Affen ist nur eines der letzten Glieder dieser vermuteten Kontinuität. Will der Materialist jegliche Schöpfung ausschalten, muß man von ihm verlangen, daß er für die Entstehung des Lebens auf der Erde eine naturwissenschaftliche Erklärung gibt. Diese Erklärung braucht nicht mehr zu sein als eine Hypothese. Sie braucht nicht mehr zu leisten, als diese Lücke in der naturwissenschaftlichen Erklärung der Welt zu schließen durch eine Annahme, die wenigstens möglich sein müßte und an wissenschaftlicher Wahrscheinlichkeit nicht hinter der Theorie der Schöpfung zurückstehen dürfte.

In jüngster Zeit erst hat man versucht, die Möglichkeit physikochemischer Entstehung von Leben durch Experimente, welche Bedingungen einer bestimmten Periode der Urzeit unserer Erde nachahmten, wahrscheinlich zu machen. Dabei stellte sich die freilich überraschende Tatsache heraus, daß sich unter extremen Bedingungen aus anorganischen Bausteinen organische Substanzen bilden können. Aber damit ist nichts gewonnen. Selbst wenn sich zeigen ließe, daß unter diesen oder anderen Bedingungen sogar Protoplasma, der substantielle Träger des Lebendigen, entstünde, wäre zwar die Entstehung einer der Voraussetzungen des Lebens erklärt, aber keineswegs der Beweis erbracht, daß tatsächlich Leben entstanden sei.

Die Naturwissenschaft ist auch mit ihren allermodernsten Mitteln außerstande, eine Erklärung für die Entstehung des Lebens auf der Erde zu geben. So haben sich denn auch die Forscher schon vor längerer Zeit ins Weltall hinausgeflüchtet und lassen die ersten Lebenskeime auf der Erde aus dem Kosmos kommen. Da aber ihr Kosmos eine physikalisch einheitliche Angelegenheit – ein Kontinuum – ist, müßten sie die Entstehung des Lebens im Kosmos erklären, was naturwissenschaftliche Theorien eben nicht zu leisten vermögen. Das Problem wäre nur um eine kleine Milliarde von Jahren in eine vage Vergangenheit hinein verschoben.

Die Entstehung des Lebens ist in tiefes Dunkel gehüllt. Es ist nützlich, nicht nur sich selbst, sondern vor allem auch den Forschern klarzumachen, daß es naturwissenschaftliche Tatbestände gibt, welche von keiner Naturwissenschaft erklärt werden können. Die Flucht in den Kosmos, den Materialismus zu retten, konnte zu keinem Ergebnis führen. Heisenberg hat darauf hingewiesen, daß sich für das, was wir als Kosmos bezeichnen, Naturgesetze im eigentlichen Sinn nicht ableiten lassen, weil der Kosmos einmalig ist und keine reproduzierbaren Experimente erlaubt. Sprechen wir also von jetzt ab nicht mehr von der »historischen Tatsache«, daß der Mensch vom Affen abstamme, sondern nur noch von dem Versuch der Evolutionisten, aus ihrer Hypothese eine Tatsache zu machen.

Die Ausgrabungen der letzten fünfzig Jahre haben die Vermutung, daß der Mensch vom Affen abstamme, in einem Grade wahrscheinlich gemacht, den selbst der entschlossenste Darwinist um 1900 nicht einmal zu erhoffen gewagt hätte. Man kennt heute eine sich immer mehr vervollständigende Kette von Skeletten, die wirklich mit allen anatomischen Übergängen vom Affen zum Menschen zu reichen scheint. Es gibt sogar richtige Mischwesen, bei denen auch der erfahrenste Anthropologe sich von seinen zuverlässigsten Merkmalen im Stiche gelassen sieht – Wesen mit menschlichem Schädel und Affengebiß, Wesen mit Affenschädel und menschlichem Gebiß, Wesen, bei denen es einfach nicht mehr möglich ist, sie anatomisch mit Sicherheit dem Reich des Affen oder dem Reich des Menschen zuzuordnen. Es ist also die Meinung der Evolutionisten, daß es eine kontinuierliche anatomische Entwicklung vom Affen zum Menschen gegeben habe, durchaus verständlich. Aber damit eben sollten sie sich begnügen. Sie haben nichts als Knochen in der Hand. Es ist ebenso lächerlich wie anmaßend, die Schlüsse, die sie aus diesen Knochen ziehen, als eine Wahrheit auszugeben über die Entstehung des Menschen als eines Wesens, das sich von allen Tieren dadurch unterscheidet, daß es persönlich aus dem Transzendenten ins Physische und Psychische, in die Natur hinein- und über sie hinausragt.

Es ist zweifellos nicht Sache der Naturwissenschaft, über das Wesen des Menschen Urteile abzugeben. Aber noch weniger ist es ihre Sache, die von dafür zuständigen Wissenschaften erhobenen Befunde als irrelevant zu ignorieren. Entschieden ist der Mensch mehr dadurch charakterisiert, daß er eine Geistseele hat, als dadurch, daß er Feuer macht. Eine Naturwissenschaft, die glaubt, gegen eine solche ontologische Feststellung mit nichts als mit einigen Knochen argumentieren zu können, wird nur erreichen, daß sie immer tiefer in das Netz tragischer Irrtümer hineingerät, an

welchem sie seit mehr als hundert Jahren mit so stupendem Fleiße spinnt.
Die Evolutionslehre kann also zunächst nichts weiter tun als feststellen, daß es nach den anatomischen und morphologischen Befunden ihrer Ausgrabungen ein Grenzgebiet gibt, in welchem entwicklungsgeschichtlich menschenäffische und affenmenschliche Formen so nahe aneinanderrücken, daß sie ineinander überzugehen scheinen. Das ist alles! Welche Deutung diesen Übergangswesen zu geben sei, kann anatomisch und morphologisch allein überhaupt nicht entschieden werden. Wesensmäßig ist, wie sogleich auseinandergesetzt werden soll, ein kontinuierlicher Übergang unmöglich. Solche Übergangsperioden sind auch an anderen Stellen der Entwicklung bekannt. Es gibt eine Gruppe von sehr frühzeitigen amerikanischen Sauriern aus dem Perm, die sogenannten Theriodontier, die in gewissen Gattungen ausgesprochene Säugetiermerkmale zeigen. Aber gerade diese Typen, die im Zeitalter der Reptilien den Habitus der Säugetiere vorwegnehmen, stellen Sackgassen der Entwicklung dar. Diese der Zukunftsform am ähnlichsten gewordenen Tiergruppen sind gerade diejenigen, die am wenigsten geeignet sind, das von Grund auf Neue zu bilden.
Nun wissen wir längst, daß die Gestaltung von Lebewesen überhaupt nicht anders als durch überphysische Wirkmächtigkeiten, durch »Entelechien«, gedacht werden kann. So kann man sich sehr gut vorstellen, daß an dem historischen Punkt, an dem »die Zeit des Menschen gekommen war«, die Menschen-Entelechie mit der Affen-Entelechie im Streite lag, daß sie, ähnlich wie bei den Theriodontiern, sozusagen mit ungeeignetem Material, noch nicht recht zum Zuge kommen konnte und in diesem Falle allerdings Pfuschwerk in Szene setzte. Diese Mischwesen jedenfalls sind ausgesprochene Monstren.
Wenn man den Schädel eines solchen sogenannten »Praehominiden«, etwa eines Australopithecus, betrachtet, kann man sich, trotz der anthropomorphen anatomischen Eigenschaften dieses Wesens, in einem solchen Schädel schlechterdings eine menschliche Geistseele nicht vorstellen. Wenn die Evolutionisten darauf hinweisen, daß diese »Praehominiden« den Gebrauch des Feuers gekannt haben, ist damit nichts gewonnen. Was dieses Merkmal philosophisch wert ist, haben wir gesehen. Ein Affe, ob er mit einem Ham-

mer eine Nuß zerschlägt oder ob er Tränen vergießt, wird dadurch noch nicht zum Menschen. Er weint auf äffische Weise, und ebensogut kann der Australopithecus auf menschenäffische Weise sich des Feuers bedient haben. Gerade das, was die Evolutionisten so gern als Beweis anführen, die »Ähnlichkeit« zwischen Affe und Mensch, ist und bleibt eben immer nur Ähnlichkeit und wird durch eine noch so große Annäherung nicht zur Gleichartigkeit. Es kann keine »Vormenschen«, keine »Menschentiere« und keine »Tiermenschen« geben. Das ist wesensmäßig unmöglich. Alle diese anthropomorphen Mischwesen sind eben keine Menschen, können keine Menschen sein und ihre »Menschenähnlichkeit« ist, auch wenn sie über die Menschenähnlichkeit des Affen hinausgeht, darum nur um so rätselhafter und unverständlicher.

Es ist notwendig, hier auf einen Zusammenhang hinzuweisen, der für alle Diskussionen zwischen Naturwissenschaft und Philosophie von Bedeutung ist. Nichts wäre törichter als zu leugnen, daß die anatomischen und morphologischen Erhebungen der Entwicklungsgeschichte merkwürdig sind und schwierige Probleme aufwerfen. Tatsächlich hat es Wesen wie den Australopithecus gegeben, bei dem knochenanatomisch und knochenmorphologisch menschenäffische und affenmenschliche Eigenschaften gemischt sind. Dieser Befund liegt vor und an ihm ist nicht zu rütteln. Bis hierher bewegen wir uns auf sicherem Boden. Nun aber kommen die Evolutionisten und behaupten, das *ist* ein Mischwesen zwischen Tier und Mensch. Es ist von höchster Wichtigkeit, sich klarzumachen, daß das eben keine Tatsache mehr, sondern schon eine Behauptung ist. Dieser Unterschied ist fein, aber er ist bedeutungsvoll – voller Bedeutung nämlich!

Es ist nichts dagegen einzuwenden, wenn der Evolutionist sagt: »Ich, als Morphologe, unterstelle, daß das ein Mischwesen sei. Ich stelle die Hypothese auf, daß es Mischwesen gegeben habe.« Das kann ein Gegenstand der Diskussion sein und ist es tatsächlich auch. Aber die Behauptung aufzustellen: »Das *ist* ein Mischwesen«, heißt, den sicheren Boden verlassen, heißt, auf Grund nur anatomischer und morphologischer Eigenschaften ein endgültiges Urteil abgeben über ein Wesen, das auf jeden Fall mehr ist als eine anatomisch-morphologische Entität. Auf Grund eines solchen Eigenschaftssektors über das ganze Wesen urteilen zu wollen ist nicht exakt. Umgekehrt darf natürlich auch der Ontologe kein Urteil ausschließlich auf Grund des Sektors der wesenständigen Eigenschaften abgeben. Sein Urteil darf zu den gegebenen anatomischen und morphologischen Befunden nicht im Widerspruch stehen. Auch der Ontologe kann nicht sagen, daß etwas so und so *ist*.

Auf jeden Fall aber ist die Deutung der Evolutionisten, die völlig unvereinbar mit den wesensmäßigen Unterschieden zwischen Mensch und Tier ist, schlechter als die ontologische Deutung, die an den Tatsachen, die durch Ausgrabungen festgestellt worden sind, nicht zweifelt, sie aber gleichzeitig so deutet, daß der wesenhafte Unterschied zwischen Mensch und Tier berücksichtigt wird.

Weshalb dieser Unterschied zwischen Mensch und Tier, trotz aller morphologischen und anatomischen Annäherungen, unüberbrückbar ist, hat Gründe. Alle Naturgestalten wurzeln in metaphysischen Ermöglichungsgründen, aber sie gehören vollstandig der Natur an, wenn man die Natur im weitesten Sinne mit all ihren metaphysischen und entelechialen Grundlagen nimmt. Aber selbst in diese Natur im weitesten Sinne läßt sich die menschliche Geistseele nicht einordnen. Das hängt damit zusammen, daß ein Wesen wie der Mensch, das in letzter existentieller Konstitutionsgrundlage von sich selbst und von der Welt frei ist, auf sich selbst stehen muß, das heißt aber jenseits der Natur. Der Mensch steht an dieser Stelle in metaphysischem Grund. Er steht kraft seiner persönlichen Seele aktuell auf metaphysischem Grunde – er selbst! Er ragt aus dem Transzendenten in die Natur hinein und über sie hinaus. Das tut kein Tier, trotz aller seiner transzendenten Seinspotenzen. Zwischen diesen beiden, verschiedenen Dimensionen angehörenden existentiellen Konstitutionsgrundlagen kann es niemals einen »kontinuierlichen« Übergang im Sinne der klassischen Evolutionstheorie geben.

Wie freilich es nun gewesen ist, darüber kann nur wenig gesagt werden. Trotz all der erstaunlichen Befunde, die bei den Ausgrabungen der letzten Dezennien erhoben wurden, ist es der Evolutionstheorie nicht gelungen, eine Hypothese über die Herkunft des Menschen aufzustellen, die auch nur der simpelsten ontologischen Kritik standhält. Des Menschen Ursprung ist naturwissenschaftlich in Dunkel gehüllt. Die metaphysischen Hypothesen, die darüber aufgestellt werden können, sind dem wahren Sachverhalt sicher um ein großes Stück näher als die Theorie der Abstammung vom Affen. Aber auch sie bleiben im Bereich des Hypothetischen. Immerhin, die transzendente Würde des Menschen sitzt nicht mehr für alle Zeiten hinter den Gitterstäben des Affenzwingers.

Die Naturwissenschaftler stellen sich vielfach auf den Standpunkt, ontologische Kritik naturwissenschaftlicher Thesen sei für sie irrelevant mit der Begründung, daß alle ihre Thesen auf Tatsachen aufgebaut seien. Zweifellos sind Tatsachen die Grundlagen ihrer Thesen, aber auch nicht ein bißchen mehr. Die Naturwissenschaftler geben sich selten Rechenschaft darüber, daß der Grad der Zuverlässigkeit ihrer Thesen von geringerem Range ist als die Zuverlässigkeit der von ihnen gefundenen Tatsachen. Über Tatsachen kann es keinen Streit geben. Die auf sie aufgebauten Thesen aber sind Spekulationen, die Wesenssachverhalte einbeziehen. Und gerade den metaphysischen Wesenssachverhalten gegenüber ist die Naturwissenschaft hundert Jahre lang blind gewesen – metaphysikblind sozusagen. Es ist das nicht ihre Schuld allein. Die Metaphysik ihrerseits hat erst langsam begonnen, naturwissenschaftliche Thesen exakt ontologisch zu untersuchen.

Wir haben erfahren, welche Verheerungen eine von aller metaphysischen Wesenseinsicht unbelastete Naturwissenschaft, die sich nicht dagegen wehrt, daß ihre Hypothesen als Dogmen angepriesen werden, geistesgeschichtlich anzurichten vermag. Wohl nicht Darwin selbst, sicher aber der Darwinismus und seine wissenschaftlichen Bastarde haben eine beträchtliche Rolle bei der Zerstörung des menschlichen Gewissens gespielt. Heute wissen wir, wie gefährlich eine sich von aller Metaphysik unabhängig glaubende Naturwissenschaft ist. Heute, in der Aera der Auseinandersetzungen zwischen den Rassen, wissen wir, daß naturwissenschaftliche Hybris nicht ohne Folgen bleibt.

Nur Adam darf darüber lächeln, daß er vermutlich mehr ist als ein »Geschöpf des Zufalls«, mehr also als ein lächerlicher Widerspruch seiner selbst.

Das triploide Kaninchen

Seit einiger Zeit gibt es auf der Welt ein Lebewesen, das zwar, wie jedes Lebewesen, immer noch von der Natur hervorgebracht wurde, aber einige Eigenschaften hat, die es einem künstlichen Eingriff des Menschen verdankt. Dieser Eingriff hat stattgefunden, ehe dieses Lebewesen auf der Welt war. Es ist das triploide Kaninchen, das 5,5 Kilogramm wiegt und damit genauso schwer ist wie seine beiden Eltern zusammen und entsprechend groß. Man könnte dieses Tier auch das Haeggquist-Bane-Kaninchen nennen nach den beiden schwedischen Biologen, die für die Existenz dieses Tieres verantwortlich sind. Wie problematisch das triploide Kaninchen ist, kann man daraus ersehen, daß man nicht genau sagen kann, ob es eine Erzeugung, eine Entdeckung, eine Schöpfung oder eine Erfindung ist. Der experimentelle Eingriff in die Natur, der hier vorgenommen wurde, stößt in eine Schichttiefe vor, welche über die der Kernspaltung des Atoms hinausgeht. Kernspaltungen kommen in der Natur vor. Was hier im Laboratorium unternommen wurde, kommt in der Natur nicht vor. Das triploide Kaninchen, das ahnungslos und friedlich sein Kohlblatt frißt, hat mit seinem Eintritt in die Welt Probleme akut gemacht, die zwar die Biologen bisher nicht besonders beunruhigt haben, für uns aber von, man könnte sagen, atomarer Bedeutung sind. Es sei erklärt, worum es sich handelt.

Die Erbeigenschaften jedes Lebewesens auf Erden sind in den Chromosomen lokalisiert. Chromosom bedeutet Farbkörper, nach der freilich sehr äußerlichen Eigenschaft der Färbbarkeit dieser Zellelemente. Im Kern jeder Körperzelle findet sich eine bestimmte Anzahl Chromosomen, die ihrerseits die Gene, die Träger der Erbeigenschaften, enthalten. Gestalt und Zahl der Chromosomen sind für jedes Tier und jede Pflanze anders, aber in allen Körperzellen ein und desselben Lebewesens gleich. Dabei sind die jeweiligen Chromosomenformen stets in doppelter Zahl vorhanden. Der eine Chromosomensatz stammt vom weiblichen, der andere vom männlichen Elternteil. Dieser doppelte Chromosomensatz heißt diploid vom griechischen diploos – doppelt. Innerhalb der verschiedenen Arten variiert die Größe des doppelten Chromosomensatzes stark. Bei der Amöbe sind es 6, bei der Taufliege

8, beim Huhn 18, beim Kaninchen 44, beim Menschen 46, beim Schaf 60. Immer sind zwei Chromosome einander formgleich und treten als Paar auf, außer einem Paar, die bei der Geschlechtsbestimmung die entscheidende Rolle spielen und daher auch Geschlechtschromosomen genannt werden. Nur die Keimzellen des Körpers, welche der Fortpflanzung dienen, enthalten nicht die diploide Chromosomenzahl, sondern nur einen Chromosomensatz, also die Hälfte der Chromosomenzahl. Bei der Vereinigung einer männlichen und einer weiblichen Keimzelle, also bei dem befruchteten Ei, ist dann durch die Vereinigung eines männlichen und eines weiblichen Chromosomensatzes die diploide Zahl, die für das Lebewesen charakteristisch ist, wieder erreicht.

Alle Erbvorgänge beruhen auf diesen biologischen Zusammenhängen. Die Tatsache, daß ein einzelnes Chromosom eine Mehrzahl von Genen enthält, ist die Ursache dafür, daß Erbeigenschaften gekoppelt auftreten. Auf die sogenannten Mutationen, spontane Veränderungen der Erbeigenschaften, braucht in diesem Zusammenhang nicht eingegangen zu werden. Sie sind wahrscheinlich quantenphysikalischer Natur.

Alle Züchtungsvorgänge beruhen darauf, die Erbeigenschaften eines Tages durch Mischung von Chromosomensätzen zu verändern. Der Mensch hat schon bisher durch Züchtung Tiere hervorgebracht, welche es so in der Natur nicht gibt. Aber er hat sich dabei immer noch einer Methodik bedient, die die Natur selbst ihm anbietet. Bei dem triploiden Kaninchen liegt die Sache anders. Hier wurde, im Laboratorium, der Samenflüssigkeit eines normalen männlichen Kaninchens eine Dosis von Colchicin, dem Alkaloid der Herbstzeitlose, beigegeben. Das Resultat der Kopulation mit einem normalen weiblichen Kaninchen war ein Tier mit einem triploiden, also dreifachen Chromosomensatz und dem im ausgewachsenen Zustand doppelten Gewicht. Dieses Tier hat also statt der normalen Chromosomenzahl von 44 deren 66. Die Eigenschaft der Gewichtsverdoppelung ist offenbar mit dem triploiden Chromosomensatz gekoppelt.

Die Veränderung der Eigenschaften ist bei diesem neuen Kaninchen nicht durch eine natürliche Mischung von gegebenen Chromosomensätzen erzielt worden, sondern durch einen künstlichen Eingriff, bevor es das Tier, dessen Existenz doch erst mit dem

Augenblick der Befruchtung des Eis begann, überhaupt gab. Das hat es bis dahin noch nie gegeben.
Ein Lebewesen mit einem triploiden Chromosomensatz ist nicht fortpflanzungsfähig. Doch ist es wohl nur eine Frage der Zeit, ein tetraploides Kaninchen hervorzubringen, das 88 Chromosomen hätte und dann aller Wahrscheinlichkeit nach auch wieder fortpflanzungsfähig wäre. Was dieses Tier für Eigenschaften haben wird, kann nicht vorausgesagt, nicht einmal vermutet werden. In der Botanik versteht man sich schon seit längerer Zeit darauf, triploide Gewächse herzustellen. Die triploide Schnellpappel wächst schon überall in der Welt ihrer Holzverwertung beschleunigt entgegen. Hier ist die Methode zum erstenmal auf Säugetiere übertragen worden. In allen Lehrbüchern kann man lesen, daß der Mensch zoologisch zu den Säugetieren gehörte.
Das triploide Kaninchen in seiner scheinbar so harmlosen biologischen Existenz ist philosophisch gesehen ein einziges großes Fragezeichen. Die erste Frage ist, worauf das eigentlich beruht, daß man sagen kann, das sei ein Kaninchen. Noch nie hat es ein solches Tier gegeben. Die Biologen werden sagen, Riesenwuchs und Zwergwuchs ließen sich als Varianten unter ein und dieselbe Art subsummieren. Aber da taucht die Frage auf, wie die Natur es fertigbringt, etwas entstehen zu lassen, was zwar ein Monstrum, aber keine Mißbildung ist. Man stelle sich ein Pferd vor, welches die doppelte Größe eines normalen Pferdes hätte. Die Natur hat die schöpferische Potenz des triploiden Kaninchens von Anfang an besessen, sonst könnte dieses Tier nicht als Lebewesen ins Dasein getreten sein. Die nächste Frage ist die, worin die Künstlichkeit des Experimentes besteht. Schließlich ist der Mensch auch ein Bestandteil der Natur. Ist er das mit allen seinen Möglichkeiten?
Von den Faktoren, die auch sonst Riesenwuchs oder Zwergwuchs hervorrufen können, haben wir das Gefühl, daß sie auf eine »natürliche« Art in Wirksamkeit treten. Die Möglichkeit einer Colchicinbeigabe zur Samenflüssigkeit eines Kaninchens ist auf natürliche Art nie gegeben. Aber die Wirksamkeit des Colchicins als Medikament bei bestimmten Krankheiten des Menschen ist auf »natürliche« Art auch nie gegeben. Ist der Mensch mit seinem Experiment »aus der Natur herausgetreten«?
Mit der Atomkernspaltung ist der Mensch in eine Schicht vor-

gestoßen, die nicht mehr vollständig innerhalb der physikalischen Realität liegt und nur noch durch transphysische Konzeptionen wirklich gedeutet werden kann. Ist der Mensch vielleicht auch hier in eine Schicht vorgestoßen, die nicht mehr vollständig innerhalb der biologischen Realität liegt und auch nur durch transbiologische Konzeptionen gedeutet werden kann? Die philosophische Betrachtung der Problematik der Biologie wird zu nicht weniger erstaunlichen Ergebnissen führen als die der Physik.

Aber während das triploide Kaninchen ahnungslos seine doppelte Kohlportion frißt, stellt es auch noch eine moralische Frage. Und sie, entschieden, ist die dunkelste aller Fragen. Morgen kann das Experiment auf den Menschen übertragen werden. Gibt es dann erst einmal den triploiden Riesenmenschen mit Eigenschaften, die wir noch nicht einmal voraussehen können, wer ist dann für seine Existenz verantwortlich? Die Forscher mögen vor dieser Frage so weit zurückweichen, wie sie wollen. Sie wird heute gestellt, und morgen muß sie beantwortet werden.

Noch vor einem halben Jahrhundert brauchte man sich keine Gedanken darüber zu machen, daß die Ergebnisse der experimentellen Naturwissenschaft keinen moralischen Charakter haben. Heute ist diese Einsicht eines der schwierigsten Probleme unserer Welt geworden. Das, worauf wir warten, ist nicht die Sensation des tetraploiden Kaninchens, sondern eine Antwort auf die Frage nach der Verantwortung der Naturwissenschaft.

Die Mathematik in der Natur

Jedermann kennt die Fabel von dem großen Eisenberg am Rand der Welt, auf dem alle tausend Jahre ein kleiner Vogel sich niederläßt, seinen Schnabel zu wetzen. Wenn der Berg abgewetzt ist, wird eine Sekunde der Ewigkeit vorbei sein. Man kann dieses poetische Bild vor seinem Auge erstehen lassen und darüber lächeln. Es besteht aber kein Zweifel, daß der kleine Vogel beim Wetzen seines Schnabels eine gewisse, wenn auch noch so kleine Menge Eisen tatsächlich abwetzt. Man braucht nur die Frage zu stellen, wie groß die Menge wohl sein möge. Mit dieser Frage hat man den Schritt getan, mit dem man das Land der Poesie verläßt, um das Land der Wissenschaft zu betreten.

Wie groß die Menge ist, die ein Vogel beim Wetzen seines Schnabels von einem Stück Eisen abschabt, kann man durch ein Experiment feststellen. Die Mengen, mit denen die Atomphysik experimentiert, sind kleiner. Wie groß der Berg sein kann, darüber kann man Vermutungen anstellen. Man braucht ihn nicht höher anzunehmen, als es der höchste Berg der Erde ist. Den Rauminhalt dieses Berges kann man berechnen. Da wir wüßten, wieviel der Vogel jedesmal abwetzt, könnten wir genau sagen, wievielmal tausend Jahre es dauern würde, bis der Berg abgewetzt wäre. Dann wüßten wir, wie lang eine Märchensekunde der Ewigkeit ist. Das Erstaunen, welches die Poesie durch ihre liebenswürdige Metapher hervorruft, verwandelt sich unter dem Zugriff der Wissenschaft in eine Zahl. Diese Zahl muß kleiner sein als 10^{79}. Das ist eine Zahl mit 79 Nullen. Denn 10^{79} schon ist etwa die Gesamtzahl aller Moleküle im Universum, und sicherlich doch werden bei jedem Schnabelhieb mehrere Moleküle abgewetzt. Würde der kleine Vogel, statt alle tausend Jahre zum Eisenberg zu fliegen, nur alle zehntausend Jahre kommen, würde die erstaunliche Zahl nur eine Null mehr bekommen müssen.

Die Ewigkeit hat unendlich viele Sekunden. Darüber kann eine Fabel keine Aussage mehr machen. Der Begriff »Ewigkeit« übersteigt auch die Vorstellungskraft der Wissenschaft. Aber die Wissenschaft hat sich den Begriff des unendlich Großen geschaffen. Diese Unendlichkeit der Wissenschaft übersteigt zwar noch immer die Vorstellungskraft des menschlichen Verstandes, nicht aber die Ausdrucksmöglichkeiten der Mathematik. Die erstaunliche Zahl würde einfach 10^{∞}, zehn hoch unendlich, lauten. Das wäre eine 10 mit unendlich vielen Nullen.

Die Wissenschaft der Physik ist der Versuch, im Wunder der Schöpfung Gesetzmäßigkeiten aufzuzeigen und diese mathematisch zu formulieren. Die Anfänge dieses Unternehmens reichen bis in die Antike zurück. Es war die überraschende Entdeckung der mathematischen Bedingtheit der musikalischen Harmonie. Diese Entdeckung wurde schon von der Schule des Pythagoras gemacht. Bei Untersuchungen über die Schwingungen der Saiten fanden die Pythagoraeer, daß zwei angeschlagene Saiten dann harmonisch zusammenklangen, wenn ihre Längen in einem einfachen rationalen Verhältnis zueinander standen. Das bedeutet, daß dem menschlichen Ohr eine Gesamtheit von Tönen, ein Akkord, dann sinnvoll und harmonisch erscheint, wenn in ihm einfache mathematische Relationen verwirklicht sind, obwohl diese Beziehungen dem Hörenden nicht bewußt werden. Heisenberg weist in seinem Essay »Gedanken der antiken Naturphilosophie in der modernen Physik« darauf hin, daß diese Entdeckung einer der stärksten Impulse menschlicher Wissenschaft überhaupt gewesen sei.

Bei der physikalischen Betrachtung des Eisenbergs der Ewigkeit sind wir auf die Merkwürdigkeit gestoßen, daß der menschliche Verstand die Fähigkeit besitzt, durch Zahlen in einer verbindlichen Weise Sachverhalte auszudrücken, die seine Vorstellungskraft übersteigen. Die Zahl 10^{∞} ist, was ihre mathematische Verwendbarkeit anbelangt, von der Zahl 10^{79} im Prinzip nicht verschieden.

James Jeans, der englische Physiker, gibt ein wunderschönes Beispiel für die Bedeutung einer sehr großen Zahl. Was ist eine Temperatur von einer Million Grad Celsius? Wenn man sich einen Körper von der Größe eines Markstücks vorstellt, der die Temperatur von einer Million Grad Celsius hätte, würde dieses kleine Markstück eine solche Hitzeenergie entwickeln, daß alle organische Substanz im Umkreis von dreißig Kilometern in Asche verwandelt würde. Ob der Mensch versuchen wird, auch noch diese Stufe zu erreichen?

Es wurde vorsichtig gesagt, daß wir uns die Zahl 10^{∞} mit unserem Verstand nicht vorstellen können. Damit wurde nicht gesagt, daß es nicht andere Eigenschaften unseres Geistes geben könnte, denen der Begriff der Unendlichkeit zugänglich ist. Für Mystiker ist Unendlichkeit nicht in der gleichen Weise unzugänglich wie für die Vorstellungskraft unserer Intelligenz. Poesie hat die Fähigkeit, die Unendlichkeit dem Gefühl zugänglich zu machen. Wenn Physik den Versuch unternimmt, das Wunder der Schöpfung darzustellen, bedient sie sich der Mathematik.

Die unerhörten und glanzvollen Entdeckungen, welche dem Menschen auf dem Wege der wissenschaftlichen Forschung gelungen sind und weiter gelingen werden, enthalten die große Verführung, anzunehmen, daß es, um der Welt habhaft zu werden, überhaupt keiner anderen Methode als des Gebrauchs des Werkzeuges Verstand bedürfe. Das ist ein Irrtum. Die Natur hat keinen moralischen Charakter. Mathematik und Experiment, die Mittel der naturwissenschaftlichen Forschung, haben ebenfalls keinen moralischen Charakter. Der Verstand, das Werkzeug der naturwissenschaftlichen Forschung, kann auf die Untersuchung moralischer Fragen angewendet werden. Wenn er auf die Untersuchung naturwissenschaftlicher Fragen angewendet wird, trägt er nichts zum Glück des Menschen bei. Doch stehen naturwissenschaftliche Forschung und ihre Ergebnisse auch nicht in Widerspruch zur Moral. Erst ihre Anwendung bringt die Wissenschaft mit moralischen Fragen in Berührung.

Geht man davon aus, daß der menschliche Verstand nicht ausreicht, der Ganzheit der Schöpfung habhaft zu werden, wäre das ein Grund zur Bescheidenheit. Aber diese eine so merkwürdige Eigenschaft des Verstandes, daß wir rechnen können mit Größen, von denen wir uns keine anschauliche Vorstellung machen können, macht diese Bescheidenheit wieder zunichte. Der Mangel an Anschaulichkeit gilt nicht nur für das unendlich Große, sondern auch für das unendlich Kleine. Wir können uns auch ein Atom nicht anschaulich vorstellen. Die Vorstellung, welche die Physik sich vom Atom macht, ist erstens eine Hypothese und zweitens eine

Modellvorstellung, von der wir nicht wissen, wie weit sie der Wirklichkeit entspricht.

In der Mathematik hat der Verstand sich ein Werkzeug geschaffen, mit welchem er über die Grenzen der Anschauung nach oben und nach unten hinausgehen kann. Mit Hilfe der Mathematik ist der Mensch imstande, mit Größen, die im unendlich Großen wie im unendlich Kleinen jenseits seiner Vorstellungskraft liegen, genauso zuverlässig zu rechnen wie mit den einfachen Größen der Algebra des täglichen Lebens.

Dieser Sachverhalt ist rätselhaft und wird es wohl immer bleiben. Die höhere Mathematik ist rätselhaft nicht nur für den Laien. Sie ist auch für die gescheitesten Philosophen ein Problem, das ihnen große Schwierigkeiten bereitet. Es scheint fast so, als ob der Mensch hier noch einmal von einer Frucht der Erkenntnis gegessen habe, die ihm ebenso verboten war wie der Apfel vom Baum im Paradies.

Die Folgen scheinen in diesem Fall die des ersten Sündenfalls zu übertreffen. Während der Mensch es noch immer fertiggebracht hat, im Schweiße seines Angesichts sein Brot zu essen, ist er jetzt in einen Zustand der Gefährdung geraten, den es in dieser Form in der Geschichte der menschlichen Gesellschaft noch nicht gegeben hat. Dieser Zustand ist Grund genug für jedermann, sich darum zu kümmern, wie es dazu gekommen ist. Daß es die höchsten Fähigkeiten des Geistes waren, durch welche der Mensch in diese Lage hineingeriet, macht die Sache nur um so aufregender. Auf der anderen Seite war es gerade die merkwürdige Fähigkeit des Verstandes, mit Hilfe der Mathematik die Grenzen der Anschauung mühelos überschreiten zu können, welche die moderne Physik zu einer Revision ihrer Grundlagen veranlaßte. Eines Tages begnügten sich die exakten Naturwissenschaften nicht mehr damit, die Tatsache, daß sie sich in ihrer Forschung jenseits aller Anschaulichkeit bewegten, einfach hinzunehmen. Die Wissenschaft wurde sich darüber klar, daß der Verzicht auf die Anschaulichkeit etwas Grundsätzliches sei und auch grundsätzlich geleistet werden müsse. Damit wurde die Frage aktuell, was denn diese Wissenschaft überhaupt vollbringen könne. Der Verzicht auf die Anschaulichkeit bedeutet den Verzicht darauf, die Natur wirklich erklären zu können. Hier also taucht eine Grenze exakter Naturwissenschaft auf, und zwar gerade auf dem Weg, der auf das bisherige Ziel hinzuführen schien, das Ziel, die Schöpfung in Zahlen darzustellen.

Im Rahmen dieser Überlegungen kam die theoretische Physik zu Einsichten, welche insofern von Bedeutung sind, als wir in unserem Dasein in der modernen Welt der Technik eher ein Opfer der Wissenschaft als Nutznießer ihrer Fortschritte sind. Diese Probleme sind die echten Probleme unserer Zeit, wenn man die Aufgabe in Angriff nehmen will, das Zusammenleben der Menschen zu gestalten, die Grundlagen zu schaffen für etwas, was mehr ist als nur das Nebeneinander ökonomischer Individuen, etwas, was mehr ist als nur die Einbeziehung des Menschen in Kriegspotentiale, nämlich als die Aufgabe, Grundlagen zu schaffen für eine menschliche Gesellschaft.

Der Verfall der Gesellschaft gehört zu den Folgen der Entwicklung der modernen Technik. Die Technik baut auf den Forschungsergebnissen der exakten Naturwissenschaften auf. Das Mittel der Forschung ist die Mathematik, beginnend mit der Entdeckung der Pythagoraeer, daß die Harmonie der Töne mathematisch bedingt sei, bis zur Schrödingerschen Wellenfunktion, welche nicht etwa das Atommodell beschreibt, sondern welche die überhaupt einzige exakte Darstellung des Atoms ist, von der das Atommodell nur eine sehr annäherungsweise und ungenaue Ersatzvorstellung gibt. Welche Bedeutung haben diese der Natur innewohnenden mathematischen Strukturen?

Als die zweite Hälfte unseres Jahrhunderts gerade begonnen hatte, druckten die Zeitungen der Welt in Handschrift die Grundformel ab, in die Einstein seine neue allgemeine Feldtheorie gefaßt hatte. Der Eindruck dieses Schriftbildes erinnert an das Schriftbild alter Hieroglyphen, magischer Zeichen der Vorzeit, die nur der Weise zu deuten vermag. Es ist nicht mehr der Weise, der eine solche Formel deutet, es ist der Wissenschaftler. Aber selbst für diesen sind die Schwierigkeiten nicht gering. Harold Clayton Urey, Nobelpreisträger für Physik, sagte zu Einsteins neuer Formel: »Wenn ich sie lese, bin ich zunächst nicht imstande, sie zu begreifen.« Ureys Bescheidenheit entspricht auf eine hintergründige Weise einer Bemerkung David Hilberts, des großen Mathematikers, der einmal in seiner sarkastischen Art gesagt hat: »Die moderne Physik ist für die Physiker viel zu schwer!« Die theoretischen Physiker machen sich seit einem halben Jahrhundert Gedanken über die Bedeutung ihrer Wissenschaft, Gedanken über die Grundlagen ihrer Forschung. Die Ergebnisse ihrer Überlegungen werden unsere Welt gründlicher verändern, als selbst die klassische Physik mit ihrem Riesenkind, der Technik, die Welt des Mittelalters verändert hat.

Es wurde erwähnt, welche Rolle die Entdeckung, daß die musikalische Harmonie mathematisch bedingt sei, gespielt hat. Was für ein Geheimnis, dem die Neugier des Menschen da auf die Spur gekommen war! Man bedenke – auf der einen Seite Musik, etwas, was zum Reich der Schönheit, zum Reich der Sinne gehört, etwas, was man genießt; auf der anderen Seite eine mathematische Zahlenrelation, die nichts mit Schönheit zu tun hat, die vollkommen unsinnlich ist, die man nicht genießen, sondern nur mit dem Verstand erfassen kann. Gleichwohl besteht zwischen diesen beiden Dingen ein sinnvoller Zusammenhang. Irgendwie also steckt die Mathematik in der Natur drin. Irgendwie scheint die Natur sich nach der Mathematik zu richten. Die Mathematik ist strengen Gesetzen unterworfen. Die Natur ist von schier unübersehbarer Mannigfaltigkeit. Auf keinen Fall kann es so sein, daß die Mathematik sich nach der Natur richtet. Ihre Gesetzlichkeiten gelten ohne Inhalt. Könnte es also sein, daß die Natur sich nach der Mathematik richtet? Was aber hat die Blume, die auf der Wiese blüht, mit Mathematik zu tun?

Nimmt man an, daß die Natur sich nach der Mathematik richtet, könnte es nur so sein, daß sie Gesetzen unterworfen ist, welche sich mathematisch formulieren lassen. In der Mannigfaltigkeit der Natur müßte ein mathematisches Prinzip verborgen sein, welchem die Vorgänge in der Natur unterworfen wären. Die Aufgabe heißt, dieses Prinzip aufzudecken.

Kenntnis und Beherrschung von Naturgesetzen macht etwas möglich, was dem Menschen von Natur nicht gegeben ist. Wenn man die Gesetzmäßigkeit eines bestimmten physikalischen Ablaufs kennt, kann man die Ausgangssituation immer wieder herstellen und dann mit Sicherheit voraussagen, wie der Ablauf sein wird. Man kann also mit Hilfe der Wissenschaft in einem gewissen Maße Zukunft voraussagen.

In der musikalischen Harmonie drückt die mathematische Struktur etwas vom Wesenskern des Sachverhaltes aus. So liegt der Schluß nahe, daß auch die sinnvolle Ordnung der uns umgebenden Natur ihren Grund im mathematischen Kern der Naturgesetze hat. Doch handelt es sich hier um eine Meinung, für die es noch keinen Beweis gibt. Wie Heisenberg bemerkt, beruht letzten Endes die ganze Naturwissenschaft auf dem Glauben an die sinngebende Kraft mathematischer Strukturen. Der Welt der Erscheinungen, derer wir durch unsere Sinne habhaft werden, muß irgend etwas entsprechen. Nur wissen wir nicht, was das ist. Der mathematischen Struktur dieser Welt, die der Mensch gefunden hat, muß eine Gesetzmäßigkeit dessen, was dahintersteckt, entsprechen. Nur wissen wir nicht, was das ist. Wir können nicht sagen, ob das von der Physik gefundene System einer sinnvollen mathematischen Struktur des Weltalls nun die vollständige Gesetzlichkeit jenes Etwas ist, was dahinter steckt und von dem wir nichts wissen. Einstein hat einmal gesagt: »Insofern sich die Sätze der Mathematik auf die Wirklichkeit beziehen, sind sie nicht sicher, und insofern sie sicher sind, beziehen sie sich nicht auf die Wirklichkeit.« Auf jeden Fall ist aber das auf so vielen verschiedenen Wegen gewonnene Bild dieser sinnvollen mathematischen Strukturen, deren Teile sich immer wieder in der erstaunlichsten Weise ergänzen, in irgendeiner Weise ein Spiegelbild dessen, was als Geheimnis der Schöpfung uns verborgen bleibt.
Die Meinung, daß der mathematische Kern der Naturgesetze der Grund der offenbar sinnvollen Ordnung der Natur sei, ist nicht mehr als eine Annahme. Doch darf man der Vermutung Raum geben, wir könnten mit Hilfe der Naturgesetze eines Teils dessen habhaft werden, was die sinnvolle Ordnung der Natur ausmacht. Wenn die Mathematik der Harmonie etwas über das Wesen der Harmonie aussagt, sagt sie doch nicht alles über sie aus. Sie sagt uns nichts über die Schönheit des Klanges. Sie erklärt etwas über das Zustandekommen dieser Schönheit. Aber die Schönheit einer Musik, ihre Wirkung auf das Gefühl des Menschen, ist einer Erklärung durch Physik nicht zugänglich. Wenn wir also für eine Naturerscheinung das ihr zugrundeliegende Naturgesetz finden, haben wir einen Teil des Geheimnisses der Schöpfung enthüllt, ein anderer Teil bleibt unerklärt und ist durch Naturwissenschaft

nicht zu erfassen. Einstein hat einmal auf die Frage, ob er glaube, daß sich alles auf naturwissenschaftliche Weise werde abbilden lassen, geantwortet, daß das in der Tat denkbar wäre. Aber es hätte keinen Sinn. Es wäre eine Abbildung mit inadaequaten Mitteln, als ob man eine Beethoven-Symphonie als Luftdruckkurve darstellte. Einstein war sehr musikalisch.

Eine Frage ist es, ob für den Menschen jener Teil des Geheimnisses der Natur wichtiger ist, dessen Sinn durch die Auffindung der mathematischen Strukturen enthüllt wird, oder jener, der dem Zugriff des Experimentes, dem Zugriff der Naturwissenschaft entzogen bleibt. Und dies eben ist nicht mehr eine Frage der Physik, nicht mehr eine Frage der Wissenschaft, es ist eine Frage nach dem Sinn des Lebens.

Der Bereich der mathematischen Strukturen, der der antiken Wissenschaft der Pythagoraeer zur Verfügung stand, war klein. Es waren in erster Linie die geometrischen Formen, die zu den Erscheinungen in Beziehung gesetzt wurden. Die griechische Naturwissenschaft suchte nach statischen Gesetzmäßigkeiten. Die moderne Naturwissenschaft hat erkannt, daß nicht die geometrischen Formen das Bleibende sind, sondern die das Werden und Vergehen bestimmenden dynamischen Gesetze. So sucht sie nach der mathematischen Struktur dieser dynamischen Gesetze und findet die unendliche Mannigfaltigkeit des Naturgeschehens abgebildet in den unendlich vielen Lösungen der ein Gesetz formulierenden Gleichung.

Mit Hilfe einer immer mehr verfeinerten mathematischen Methodik ist die Physik in unseren Tagen an die Grenzen des Kosmos und in den Kern des Atoms vorgedrungen. Nicht so sehr die Entdeckungen, die dabei über die Mathematik in der Natur gemacht werden, als vielmehr die Erkenntnisse, die aus diesen Entdeckungen gewonnen werden, sind von Bedeutung. Sie sind die Pfeiler der Brücke, über die der Weg in unsere Zukunft führt.

Noch vor fünfzig Jahren konnte man ein gebildeter Mensch sein, ohne von den Ergebnissen der Naturwissenschaft irgend etwas wirklich zu wissen. Unterdessen hat die Naturwissenschaft unser Leben in damals noch unvorstellbarem Ausmaß verwandelt. Um die Jahrhundertwende schon hatte die klassische Naturwissenschaft die geistige Landschaft, wie sie sich dem gebildeten Europäer etwa um 1832 darstellte, verändert. Nur waren praktische Folgen noch nicht in großem Umfang sichtbar geworden. Hätte man etwa von dem jungen Gerhart Hauptmann erwarten sollen, daß er sich mit Ernst Haeckel in eine Diskussion über die Evolutionstheorie einließe? Fünfzig Jahre später hat Thomas Mann im Dr. Faustus der medizinischen Wissenschaft den Fehdehandschuh hingeworfen. Aber die Medizin war zu hochmütig ihn aufzuheben. Sie ließ ihn, weniger tapfer als weiland Ritter Delorgues, zwischen dem Tiger der Poesie und dem Leuen der Weisheit liegen.

Die Frage also, was für Beziehungen zwischen Naturwissenschaft und Literatur bestehen, ist aktuell. Es wird der Naturwissenschaft nicht »Bildung«, sondern »Literatur« gegenübergestellt. »Literatur« ist ein leidlich konturierter Begriff. »Bildung« ist kaum zu definieren. Findet Naturwissenschaft, eines der wichtigsten Phänomene unserer Welt, in der Literatur den ihr gebührenden Platz?

Der letzte Europäer, der Naturwissenschaft und Literatur zu vereinen gewußt hat und das in einer souveränen Weise, war ein Naturforscher in Weimar, der allerdings schon im Jahre 1832 gestorben ist. Zu seinem hundertsten Todestag brachte Samuel Fischer das später so berühmt gewordene Heft der »Neuen Rundschau« vom April 1932 heraus. Der Ruhm von fünf Nobelpreisträgern liegt über diesem Heft, ein letzter Glanz über einer zum Untergang verurteilten Epoche. Das Heft enthält einen Aufsatz von Gottfried Benn. Aus diesem Essay ausführlicher zu zitieren erscheint berechtigt nicht so sehr, weil Benn selbst diesen Essay für seinen besten gehalten hat, sondern weil er geradezu ein Exempel ist. Hier endlich einmal wird Naturwissenschaft wirklich zum Gegenstand der Literatur. Zu Anfang seines Essays weist der Autor darauf hin, daß in der Großen Weimarer Ausgabe der Werke Goethes die naturwissenschaftlichen Arbeiten vierzehn Bände füllen. Vor einem Menschenalter schon hat Benn das Kernproblem einer geistigen Entwicklung gesehen, die jetzt erst das allgemeine Bewußtsein zu verändern beginnt:

»Es ist aus dem Hellenischen geschöpft, um im Olympischen zu enden, wenn Goethe das höchste Glück des Menschen nennt, das Erforschliche erforscht zu haben und das Unerforschliche ruhig zu verehren. Es ist die antike, die primäre, noch einmal vor der relativierten, der raumneurotisch entarteten Ratio in dieser Kombination von Kausalität und Mythe, die die größte Erkenntnis, die vom Wesen und Kern der Dinge, als für den Menschen erreichbar und erreicht betrachtet. Es ist ein wahrhaft alter und beladener Blick, der die Camera obscura haßt wie das Fernrohr, auf jene Sterne gerichtet, die dann nicht mehr seine Sterne sind, die über seinem Haus, die über seinem Garten.

Er sagt: ›Der Mensch an sich selbst, insofern er sich seiner gesunden Sinne bedient, ist der größte und genaueste physikalische Apparat, den es geben kann, und das ist eben das größte Unheil der neuen Physik, daß man die Experimente gleichsam vom Menschen abgesondert hat und bloß in dem, was künstliche Instrumente zeigen, die Natur erkennen will‹ – das kommt von weither, das ist ptolemaeisch.

Das zielt auf die Gene, die Erbmasse, es sind die Mütter, die Altväter, es ist das Urphaenomen, das entwickelt ein innewohnendes Bild. Auf antiken Tempeln, da wohnen wir und wissen es nicht mehr, wie die Frau in dem Gedicht ›Der Wanderer‹, geboren über Resten heiliger Vergangenheit, die Worte weggewandelt, die Urworte orphisch. Es ist ein Wissenschaftler, der dies denkt, die Stuben vollgestellt mit Wirbeln, Flöten und Gestein, ein Beobachter, exakt wie Faraday, ein Stilist, wo es sein soll, rationalistisch kalt wie Voltaire, der sich dahin wendet. Noch einmal das Archaische, noch einmal das Dasein, das von einem Tag zum anderen sich durchhilft, die Blätter fallen sieht und nichts dabei denkt, als daß der Winter kommt. Noch einmal das Haus und der steingefaßte Brunnen, die Urbeschäftigung auf der Weide und dem Acker, die begleitenden Tiere: Hund und Roß, die Geräte: Ruder, Schaufel und Netz – und dann die Zivilisation. Noch einmal Luna in der großgemessenen Weite, noch einmal die Sterne im alten Raum, noch einmal der Regenbogen, in dem sich ein Gott versöhnte – und

dann die optischen Trivialitäten. Noch einmal die ungetrennte Existenz, der anschauende Glaube, die Identität von Unendlichkeit und Erde, noch einmal das antike Glück am Sein: ›Denn wir sind denn doch auf das höchste Altertum gegründet, und diesen Vorteil wird uns niemand entreißen‹, schreibt er an Schopenhauer. ›Laß uns soviel als möglich an der Gesinnung halten, in der wir herankamen‹, schreibt der fast Achtzigjährige an Zelter. ›Wir werden, mit vielleicht noch wenigen, die Letzten sein einer Epoche, die sobald nicht wiederkehrt‹ – ja, die nicht wiederkehrte. Der Physikalismus siegte, Newton Imperator, Darwin Rex, und die progressive Zerebration, unter welchem Begriff die Anthropologie das Menschheitsschicksal verzeichnet, die noch einmal verhalten hatte bei der Einfalt, der Unschuld und ihrem heiligen Wert, nun rührte sie an des Daseins unendlicher Kette und trug den Fortschritt vor, die intellektualistische Potenzierung des Werdens, die degradative Dezimierung der Genesis und des Seins – das bestimmte Integral des Nihilismus.«
Es ist kein Zufall, daß sowohl der Dichter, welcher zitiert wird, als auch der, welcher zitiert, tiefe Wurzeln ihrer Existenz in der Naturwissenschaft haben. Eine Analyse dieser grandiosen Sätze Benns würde ein Buch füllen. Das Fazit, das man aus seinen Ausführungen ziehen muß, ist, daß es den Menschen als ein ungebrochenes Wesen der Kultur nicht mehr gibt.
Eine weitere Tatsache zeigt, wohin dieses gebrochene, schillernde, gespaltene, schizoide Wesen des Fortschritts, der Zivilisation, der Technik unterdessen geraten ist. Ein moderner Düsenjäger erreicht eine Stundengeschwindigkeit von 3600 km. Nehmen wir an, daß zwei solcher Flugzeuge aufeinander zufliegen, und zwar genau in der gleichen Höhe und Breite, auf derselben geraden Linie also. Genau in der Mitte zwischen beiden ist eine senkrechte Wolkenwand. Das eine Flugzeug fliegt in der Wolke, das andere auf die Wolke zu, ohne daß die Piloten Gebrauch von ihren Radargeräten machen. Sie nähern sich einander mit einer Stundengeschwindigkeit von 7200 km. Das sind in der Minute 120 km, in der Sekunde 2 km. Nehmen wir weiterhin an, daß das eine Flugzeug in dem Augenblick aus der Wolke heraustritt, in welchem das auf die Wolke zufliegende Flugzeug noch 100 m von ihm entfernt ist. Was nun geschieht, ist etwas ganz Unglaubliches. Die

beiden Flugzeuge sind zusammengestoßen, ehe die Piloten einander gesehen haben. Nicht etwa, daß sie den Zusammenstoß nicht vermeiden können, weil die Schrecksekunde zu lange dauert. Sie sind zusammengekracht, ehe sie sich *gesehen* haben. Der Netzhauteindruck braucht, um vom Auge zum Gehirn zu gelangen, länger, als die Flugzeuge brauchen, um zusammenzustoßen.
Der Mensch der modernen Technik kann also nicht einmal mehr dem Tod ins Auge sehen. Er wird, ohne dessen gewahr zu werden, ausgelöscht. Was für eine Art von literarischer Dramatik ist das? Was für eine Art von Tragödie könnte daraus entwickelt werden? Kann so etwas noch Gegenstand von Literatur sein? Soweit Naturwissenschaft in der Literatur auftritt, geschieht das entweder in Form der Science Fiction oder als Aufklärung. Die Science Fiction hat die Eigenschaft, gewöhnlich schon in der dritten Auflage überholt zu sein. Die Aufklärung ist entweder Mystizismus oder Fortschrittsidealismus, das eine wie das andere schon in der ersten Auflage falsche Fragestellungen. Dabei ist es üblich geworden, das Wort »Wissenschaft« als Synonym für »Naturwissenschaft« zu gebrauchen, als ob es nur Naturwissenschaft gebe. In den Liturgien der Naturwissenschaft kommen andere Wissenschaften nicht vor, spielt »die größte Erkenntnis, die vom Wesen und Kern der Dinge« keine Rolle. Aber selbst diese mit Wissenschaft gleichgesetzte Naturwissenschaft ist nur eine willkürliche Fixation eines ganz bestimmten Augenblicks in der Geschichte der Naturwissenschaft, des Augenblicks der vorübergehenden Herrschaft des Materialismus, der Herrschaft einer rein physikalisch-kausalmechanischen Theorie der Welt. Es ist der Glaube an die Endgültigkeit eines bestimmten Systems von Deutungen, das transitorisch einmal vor etwa fünfzig Jahren für wahrscheinlich gehalten wurde. Insofern die materialistische Naturwissenschaft einer der wichtigsten Bausteine des Marxismus-Leninismus ist, gehören die Geheimräte der Naturforschung des 19. Jahrhunderts zu seinen verdienstvollen Begründern. Man muß sich immer wieder klarmachen, daß, als Marx und Engels die sozialistische Theorie schufen, sie auf streng wissenschaftlicher Basis standen, auf der Basis des Kenntnisstandes der Wissenschaft ihrer Zeit. Wie scharfsinnig Friedrich Engels die geisteswissenschaftliche Situation der forschenden Naturwissenschaften zu seiner Zeit durchschaut hat, geht

aus seiner Bemerkung hervor »Gott wird nirgends schlechter behandelt als bei den Naturwissenschaftlern, die an ihn glauben«. Daß die Naturwissenschaft in ihrem weiteren Fortschritt das, was sie damals für wahr hielt, zum alten Eisen geworfen hat, ändert nichts daran, daß andere ihr mehr glauben als sie selbst, und daß diese anderen mit Elan versuchen, das imaginäre wissenschaftliche Weltbild des Fin de Siècle dazu zu verwenden, die Welt realiter nach ihm zu gestalten. In dem Elan liegt die Gefährlichkeit der Sache.

Um die Frage Physikalismus oder Wesenserkenntnis, Evolutionstheorie oder Schöpfung der Entscheidung zuzuführen, sollte man ganz einfach den Zeitgenossen vor die Frage stellen, ob er glaube, daß der Mensch vom Affen abstamme, oder ob er das nicht glaube, oder ob er, wie die meisten Gebildeten unserer Zeit, niemals sich entschließen konnte, darüber eine Entscheidung zu treffen. Man sollte diesen Zeitgenossen weiter fragen, ob er sagen könne, womit seinerzeit die Wissenschaft ihre Ansicht begründete, daß der Mensch vom Affen abstamme. Er wird antworten – mit ihren palaeontologischen Befunden. Und genau das ist falsch. Begründet hat die Palaeontologie das nicht mit ihren Befunden, sondern, was eben wirklich ganz etwas anderes ist, mit ihrer Deutung der Befunde. Die Deutungen sind nicht falsch. Nur sind sie unterdessen überholt.

Die letzte Frage würde lauten, ob ein Mensch, der sich, obgleich das möglich ist, nicht entschließen kann, in Erfahrung zu bringen, ob er vom Affen abstamme oder nicht, ein gebildeter Mensch sei. Die Beantwortung dieser Frage bleibe offen. Aber begänne nun eines Tages einer der jungen Menschen, intellektuell in der Dialektik des Materialismus brillant geschult, mit diesem unserem Zeitgenossen zu diskutieren, würde er hundert Fragen stellen, von denen ihm der Zeitgenosse neunzig nicht beantworten könnte. Würde dieser junge Marxist unseren Zeitgenossen für einen gebildeten Menschen halten?

Literatur ist eine der ältesten Überlieferungen der Menschheit. Sie ist ein autochthones Phaenomen, das keiner Begründung bedarf. Selbst ein »L'art pour l'art« – auch heute noch – bedürfte keiner Begründung. Literatur gehört zu den Dingen, welche den Sinn unseres Lebens ausmachen. Wir dürfen uns ihren Reizen und ihren

Köstlichkeiten in schöner Freiheit hingeben. Diese Freiheit enthält auch die Möglichkeit, daß wir uns um ihre Bedrohung nicht bekümmern. Aber schließlich hat jedermann auch die Freiheit, die Freiheit zu verteidigen. Die Geschichte lehrt uns, daß, die Freiheit zu verteidigen, der Geist eine stärkere Waffe ist als Waffen.
Die Ergebnisse der modernen Physik und ihre erkenntnistheoretische Auswertung durch die Philosophie haben uns in den Besitz eines glänzenden Arsenals von Einsichten und Argumenten gebracht, die es uns möglich machen, auf der Ebene rationaler intellektueller Diskussion die Trostlosigkeit der materialistischen Weltanschauung aus den verwirrten Hirnen zu fegen. Angesichts der Aggressivität des dialektischen Materialismus sollte man auch die Verteidigung mit einem gewissen Elan führen. Wir können damit zu Hause anfangen. Auf den Koppeln der Freiheit weiden eine Menge trojanischer Forscher, für welche der Materialismus noch immer eine Wahrheit ist.
Es ist eine merkwürdige Tatsache, daß, während noch das aeonische Weltbild des Aristoteles bei Dante einen großartigen poetischen Niederschlag fand, die unerhörte Verwandlung des mittelalterlichen Weltbildes durch die Entdeckungen Keplers und Galileis in der Literatur jener Zeit kaum nachweisbar ist. Huizinga in seinem »Herbst des Mittelalters« widmet der Beziehung zwischen Wissenschaft, Denken und Literatur keine Zeile. Doch sagt er einmal: »Alles, was gedacht werden konnte, hatte eine plastische oder bildliche Form angenommen. Das Denken selbst konnte nun zur Ruhe gehen. Die Vorstellung von der Welt war so unbeweglich, so starr geworden wie eine Kathedrale, die im Mondlicht schläft.« Dieser Satz erklärt bis zu einem gewissen Grad das den Entdeckungen Keplers und Galileis gegenüber so schwer verständliche Schweigen der Dichter.
Die Verwandlung unserer geistigen Landschaft durch die Atomphysik ist noch unerhörter und noch tiefergehend. Auf weite Ausschnitte unseres Horizontes ist neues Licht gefallen. Die literarische Reaktion auf diese Verwandlung der Welt ist auch in unserer Epoche nicht bedeutend. Vor vierhundert Jahren stand die Naturwissenschaft außerhalb der festgefügten Welt des Glaubens, und das lange schon, bevor ihre Erforschung Physikalismus geworden war. Heute steht die Welt des Glaubens außerhalb von Natur-

wissenschaft und Technik. Was wohl mag es sein, das sich, da beides zur Welt gehört, über beidem wölbt?
Wenn von Atomphysik die Rede ist, wird gewöhnlich einerseits von der Atombombe, andererseits von der friedlichen Ausnutzung der Atomenergie gesprochen. Aber weder Atombombe noch Atomenergie sind geistige Elemente. Die Atombombe ist ein Politikum. Die Atomenergie ist ein Technikum. Das eine ist so wichtig und so banal wie das andere. Was aber nicht banal ist, sind die erkenntnistheoretischen Einsichten, die sich aus der Atomphysik ableiten lassen.
Die Geltungsbereiche der physikalischen Gesetze sind beschränkt. Unsere Welt ist nicht eine nur physikalisch-mechanische Welt. Die vollständige Ausschöpfung der Erklärungsmöglichkeiten, die eine mechanistisch-kausale Betrachtungsweise der Welt bietet, genügt nicht einmal mehr der Physik, um die Ereignisse im inneratomaren Geschehen zu erklären. Während der Marquis de Laplace noch sagen konnte, daß er, die Welt zu erklären, Gottes nicht bedürfe, während noch der Monismus glaubte, den Beweis erbracht zu haben, daß es Gott nicht geben könne, hat die moderne Physik eingesehen, daß sie für diese Frage nicht zuständig ist, und daß es unmöglich ist, mit den Mitteln der Physik die Nichtexistenz Gottes zu beweisen.
Die Fülle der Konsequenzen, die sich allein schon aus dieser einen Einsicht ergeben, der Einsicht, daß Physik – ihrem Wesen nach – Grenzen habe, ist überwältigend. Wir stehen da erst am Anfang. Wichtig ist weiterhin die Überwindung der Ansicht, daß der Kosmos ein dreidimensionaler euklidischer unendlicher Raum sei. Die Physiker sagen heute, daß der Raum des Universums ein grenzenloser endlicher gekrümmter Raum sei. Die Physiker sind zu ihrem grenzenlosen endlichen gekrümmten Raum durch mathematische Deduktionen gelangt. Merkwürdigerweise haben sie sich bisher damit begnügt. Für die Konsequenzen ihrer eigenen Genialität haben sie sich bisher noch nicht sonderlich interessiert.
Die eine Säule des Gebäudes der klassischen Physik war die Vorstellung von der durchgehenden Gültigkeit des Kausalgesetzes in einem von nun mechanischen Kräften betriebenen Universum. Die andere war die Vorstellung vom ungestuften unendlichen euklidischen Kontinuitätsraum, dem Gefängnis des Menschen. Wie

Samson das Haus der Philister, brachte die klassische Physik, indem sie im Fortgang ihrer Forschung diese beiden Säulen zerbrach, das Haus des großen Irrtums zum Einsturz. Unter den Trümmern begrub sie sich selbst.
Auf diesen Trümmern kann ein neues geistiges Gebäude der Erkenntnis errichtet werden, der Erkenntnis, daß unsere Welt ihrem Wesen nach eine gestufte, hierarchische Welt ist und der Mensch in ihr seinen Ort hat. Was aber mag die Erklärung dafür sein, daß die entscheidende geistesgeschichtliche Umwälzung unserer Zeit, ein wahrhaft saekulares Ereignis, eine Umwälzung, die unsere Welt ebenso gründlich verwandeln wird wie unsere Stellung in ihr, bisher keinen größeren Widerhall in der Literatur gefunden hat?

Das Dilemma der Forschung

Die naturwissenschaftliche Forschung befindet sich sowohl hinsichtlich ihrer Begründung als auch hinsichtlich ihrer Ziele vom Augenblick ihrer Entstehung an in einem eigentümlichen Dilemma. Das ungeheure Quantum von Scharfsinn und Fleiß, von Genie und Beharrlichkeit, welches der Mensch an naturwissenschaftliche Forschung verschwendet hat, muß einen Antrieb haben. Dieser Antrieb ist zunächst nichts weiter als ganz gewöhnliche Neugier.
Es ist schwer zu sagen, was die Eigenschaft Neugier für eine Qualität hat. Kinder sind neugierig. Niemand wird ihre Neugier als ein Minus empfinden, es sei denn, sie spielen mit dem Feuer. Aber die Sprache, diese weise alte Amme unseres Geistes, hat ihre Warnung im Wort niedergelegt. Die Neugier ist eine Gier, ein Affekt also, und zwar ein Affekt, der die Gefahr der Übertreibung enthält, ein Affekt, der beherrscht werden müßte. Dem Kosmos gegenüber ist der Mensch ein Kind. Die Neugier hat das Kind der Schöpfung, das mit dem Kosmos zu spielen begann, in höchste Gefahr gebracht. Lecomte du Noüy sieht den Sinn der Geschichte des menschlichen Geschlechts bis zum Auftreten der modernen naturwissenschaftlichen Forschung im Erwerb des Gewissens. Das Phaenomen Gewissen ist tatsächlich allen Kulturen gemeinsam.

Weil er ein Gewissen hat, bedarf der Mensch für sein Handeln einer Begründung, braucht er moralische Maßstäbe.
Obgleich das Objekt der naturwissenschaftlichen Forschung, die Natur, keinen moralischen Charakter hat, kann der Forscher auf eine Begründung seines Handelns nicht verzichten. Eigentümlicherweise hat das primäre Motiv der Forschung, die Neugier, im Bewußtsein derer, die ihr Leben der Forschung gewidmet haben, kaum je eine Rolle gespielt. Es ist auch nie versucht worden, den Affekt der Neugier zu begründen. Die moralische Begründung für die Tätigkeit der wissenschaftlichen Erforschung der Natur ist niemals auf ihren Antrieb, sondern immer auf ihre Resultate aufgebaut worden. Die Geschichte dieser Begründungen ist eine fast ebenso lückenlose Kette von Niederlagen der naturwissenschaftlichen Forschung, wie ihre Fortschritte eine Kette von Siegen der Neugier sind.
Die Geschichte der Niederlagen begann mit dem Irrtum, daß der Mensch mit Hilfe der Astronomie das Geheimnis der Sphaerenharmonien werde enträtseln können, und schwang sich auf bis zu dem Irrtum, daß das Kausalgesetz zum Dogma gemacht wurde. Die Geschichte dieser Irrtümer ging zu Ende, als die theoretische Physik zum erstenmal Grenzen der naturwissenschaftlichen Forschung entdeckte. Ein Merkmal dieser Grenzen ist, daß der Bereich der moralischen Wahrheiten erst jenseits dieser Grenzen beginnt.
Die naturwissenschaftliche Forschung hat sich in ihren moralischen Begründungen irren müssen. Die Natur, wie schon gesagt, hat ebensowenig einen moralischen Charakter wie die naturwissenschaftliche Methodik. Die Methodik der Naturwissenschaft gründet sich auf Mathematik. Aber Mathematik hat auch keinen moralischen Charakter. Erkenntnisse, die nichts weiter als mathematisch richtig sind, reichen nicht aus, menschliche Handlungen zu begründen. Moralische Begründungen für die Tätigkeit des Forschens konnten also nur Bereichen entnommen werden, die außerhalb der Naturwissenschaft lagen. Dafür standen zwei Wege offen, welche beide beschritten wurden.
Unzweifelhaft bringt naturwissenschaftliche Forschung Wahrheiten ans Licht. Wiederum ist es die weise alte Amme, welche warnt. Sie läßt in diesem Zusammenhang nur einen Plural zu. Es ist eine

dialektische Ungenauigkeit, deswegen, weil die Forschung Wahrheiten ans Licht fördert, zu sagen, sie diene der Wahrheit. Es sind naturwissenschaftliche Wahrheiten, welche Naturwissenschaft zutage fördert. Das Merkmal dieser Wahrheiten ist, daß sie mathematisch richtig sind. Der Versuch, ein naturwissenschaftliches Weltbild zu schaffen, war im Grunde weiter nichts als der Versuch, die Mathematik an die Stelle der Moral zu setzen durch die Behauptung, daß es andere als mathematische Wahrheiten nicht gebe. Diese Behauptung wird heute von keinem vernünftigen Physiker mehr aufrechterhalten. Nur sollten wir nicht vergessen, daß sie von den meisten großen Wissenschaftlern des 19. Jahrhunderts vertreten wurde. Die Wahrheiten, welche Naturwissenschaft zutage fördert, können nicht als moralische Begründung für die Tätigkeit des Forschens dienen.

Der zweite Weg ist dem ersten analog. Auch auf diesem Wege wurde der Versuch unternommen, das Resultat zum Motiv zu machen. Ergebnisse naturwissenschaftlicher Forschung lassen sich praktisch auswerten. Ein Jahrhundert lang hat die Forschung die Illusion vertreten, daß die Auswertung ihrer Ergebnisse von unmittelbarem Nutzen für die Menschheit sei. Atomspaltung und Bakteriologie haben diese Illusion zerstört. Da die naturwissenschaftlichen Erkenntnisse selbst keinen moralischen Charakter haben, war von vornherein nicht zu erwarten, daß ihre praktische Auswertung unversehens einen solchen bekommen werde. Insofern ist nicht einmal die Atombombe etwas prinzipiell Neues. Sie hat nur diesen Sachverhalt in schrecklicher Weise offenbar gemacht.

Ihre Tätigkeit mit ihrem Antrieb, der Neugier, zu begründen, hat naturwissenschaftliche Forschung nie versucht. Ihre Tätigkeit mit ihrem Ergebnis zu begründen, ist mißlungen. Ihre Resultate sind ambivalent. Sie können sowohl zum Guten wie zum Bösen dienen. Es ist durchaus denkbar, daß die Erkenntnisse der naturwissenschaftlichen Forschung und ihre praktische Auswertung ausschließlich dem Ziel eines wirklichen Fortschritts des Menschen dienten. Aber darauf hat die Forschung selbst keinen Einfluß. Das ist ihr Dilemma. Naturwissenschaftliche Forschung ist nicht imstande, mit eigenen Mitteln aus diesem Dilemma einen Ausweg zu schaffen. So steht zu hoffen, daß die Einsicht in diese Unmöglichkeit die

Naturforscher dazu verführen wird, endlich wieder der Philosophie, der Königin der Wissenschaften, ihre Reverenz zu erweisen.

Physik und Materialismus

Wenn man sich ein Bild von der Bedeutung machen will, welche die Physik für das Leben des modernen Menschen hat, muß man sowohl ihre Grundlagen wie ihre Folgen betrachten. Physik ist imstande, mit Hilfe der Mathematik sich sicher in Gebieten zu bewegen, die jenseits der Grenzen liegen, innerhalb derer man sich von den Dingen noch eine anschauliche Vorstellung machen kann. Der Versuch, die Schöpfung in Zahlen darzustellen, führte dazu, daß die Physik gegenüber der Schönheit wie gegenüber der Moral resignieren mußte. Physik ist zwar imstande, sogar Gesetzmäßigkeiten, welche der Harmonie zugrunde liegen, aufzuzeigen. Aber damit wird nicht das Wesen der Schönheit erklärt, sondern nur eine ihrer Voraussetzungen. Ebensowenig ist die Physik imstande, irgendeinen nützlichen Beitrag zu Fragen der Moral zu liefern. Erst jenseits der Grenzen der Naturwissenschaft beginnt das, was für den Menschen in der Vollständigkeit seiner Humanitas von Bedeutung ist.

Die Physik hat das Geschehen in der Natur in ein System sinnvoller mathematischer Strukturen zusammengefaßt. Ohne Zweifel hat der Mensch damit einen der Schleier aufgehoben, welche das alte Bild der Wahrheit verhüllten. Aber hinter dem ersten Schleier fand er einen zweiten. Wir wissen nicht, wie viele Schleier es sind. Wir haben nur eine sehr unbestimmte Vorstellung von dem, was sie uns verhüllen. Irgend etwas in der Natur muß diesem sinnvollen System, welches der Mensch gefunden hat, entsprechen. Welcher Art ist die Sicherheit, mit der das von der Physik entworfene Bild des Kosmos gültig ist?

Man muß hier mit äußerster Vorsicht vorgehen. Schon die Sprache stellt Warnungstafeln auf, deren Mißachtung dazu führen kann, daß man in eine Falle gerät, bevor der Weg der Betrachtung überhaupt beschritten werden konnte. Es ist nicht dasselbe, ob man von der Welt oder vom Kosmos spricht. Kosmos ist keineswegs ein Fremdwort für Weltall. Man kann von Weltschmerz ergriffen werden, aber kaum von Kosmosschmerz. Kosmos ist fast ein Synonym für physikalisches Weltall. Das Weltall aber ist auf jeden Fall mehr als der physikalische Kosmos. Nun ist es glücklicherweise so, daß es kaum eine Wissenschaft gibt, welche sich so sehr um eine genaue Ausdrucksweise bemüht wie die Physik. Wir können daher von der Ausdrucksweise der Physik ausgehen. Das Weltbild der modernen Physik wird heute im wesentlichen dargestellt von der Relativitätstheorie, der Quantentheorie und der Theorie der Wellenmechanik.

Was bedeutet Theorie?

Es ist erstaunlich, wie wenig Leute eine zulängliche Vorstellung davon haben, von welcher Art die Gültigkeit einer naturwissenschaftlichen Erkenntnis ist. Das Ergebnis eines physikalischen Experiments ist noch keine naturwissenschaftliche Erkenntnis. Das Experiment stellt mathematisch meßbare Beziehungen zwischen zwei physikalischen Größen her. Erst die Deutung der Ergebnisse dieser Messungen ist eine naturwissenschaftliche Erkenntnis. Wenn ein Wissenschaftler die Ergebnisse seiner physikalischen Experimente in das vorhandene System von Deutungen einfügen will, versucht er, sie so zu deuten, daß keine Widersprüche zu dem, was schon gilt, entstehen.

Das jeweils vorliegende System von Deutungen ist das, was man »den Stand der Wissenschaft« nennt. Die Deutung neuer experimenteller Befunde wird der Wissenschaft von dem einzelnen Forscher als Hypothese vorgelegt. Damit wird sie zum Gegenstand des Gesprächs der Gelehrten, jenes ehrwürdigen Gesprächs, welches unter den frühen griechischen Philosophen begann und seitdem nicht mehr verstummt ist. Als Hypothese bezeichnet die Physik die Deutung eines Komplexes von physikalischen Experimenten, welche alle durch diese Deutung eine sinnvolle und widerspruchsfreie Erklärung finden. Das Wort Hypothese kommt aus dem Griechischen und bedeutet »Unterstellung«. Jede wissenschaftliche Hypothese ist ein Produkt der schöpferischen Phantasie des Menschen. In der Physik ist sie die Deutung mathematisch gesicherter Ergebnisse ihrer Experimente. Die Hypothese selbst ist nicht mathematisch gesichert. Ist sie einmal aufgestellt, ändert sich die Funktion des Experiments. So, wie die Hypothese die Ergebnisse von physikalischen Experimenten zusammenfassend deutet, kann das Experiment dazu benutzt werden, seinerseits die Hypothese sicherer zu machen. Eine Hypothese, welche alle bekannten experimentellen Tatsachen widerspruchsfrei zu deuten vermag, wird zur Theorie. Aber selbst eine durch Jahrhunderte wissenschaftlicher Forschung gesicherte Theorie gerät ins Wanken, wenn durch das Experiment – zufällig oder mit Absicht – Sachverhalte aufgedeckt werden, die mit der geltenden Theorie durch keine Denkanstrengung in Übereinstimmung zu bringen sind.

Nichts ist erstaunlicher als die intellektuelle Elegance, mit der moderne Forscher eine ehrwürdige Theorie zum alten Eisen werfen, um eine neue aufzustellen, welche keinen anderen Vorzug hat als den, die alten und die neuen experimentellen Befunde wiederum widerspruchsfrei zu vereinen. Dabei kann es vorkommen, daß der Gedanke einer neuen Theorie uralt ist. Die wesentlichen Grundzüge der modernen Atomtheorie sind in der atomistischen Lehre der antiken Philosophen Leukipp und Demokrit schon enthalten in ihrer Überzeugung vom Aufbau der Materie aus kleinsten, unteilbaren Einheiten, den Atomen, denen nicht mehr die gewöhnlichen Qualitäten der Stoffe zukommen. Es ist von Wichtigkeit, sich darüber klar zu werden, daß eine naturwissenschaftliche Theorie keine allgemein verbindliche Wahrheit enthält, welche für alle Zeiten gilt. Noch wichtiger ist, zu wissen, daß die Physik heute von nichts weiter entfernt ist als davon, einen solchen Anspruch zu erheben. Der Verzicht auf diesen Anspruch ist eine der bedeutendsten Veränderungen unseres geistigen Horizonts, welche sich im letzten halben Jahrhundert ereignet hat.

Gewiß strebt die Deutung experimenteller Zusammenhänge im tiefsten Grund dem Ziel zu, das Geheimnis der Schöpfung zu enthüllen. Der Forscher, der einem experimentellen Zusammenhang die Deutung gibt, daß die Sache sich so und so verhalte, hat wohl die Hoffnung, daß seine Deutung sich im großen Zusammenhang als endgültig richtig erweisen möge. Aber das ist nicht mehr als eine Hoffnung. Wie die Geschichte der Physik lehrt, hat sich diese Hoffnung noch niemals erfüllt. Die klassische Physik hat von dieser Hoffnung gelebt. Um das Jahr 1900 glaubte man, daß sie im Begriff sei, sich endgültig zu realisieren. Hätte man unsere heutigen Ansichten um das Jahr 1900 geäußert, wäre man ausgelacht worden. Planck selbst hat gerne erzählt, daß ihm, als er als junger Student in der Wahl seines Faches noch schwankte, ein Ordinarius der Physik vom Studium dieser Wissenschaft abriet, weil es in ihr nichts mehr zu entdecken gäbe.

Die Gelehrten der klassischen Physik waren tatsächlich der Meinung, daß ihre Ergebnisse unumstößlich und allgemeingültige Wahrheiten seien. Nun sind zwar die Ergebnisse der klassischen Physik noch heute gültig. Aber sie sind weder unumstößlich, noch sind sie allgemeingültig. Sie gelten nur für einen bestimmten Bereich und unter bestimmten einschränkenden Bedingungen.

Daß Galilei, als er die Erde als Mittelpunkt des Weltalls entthronte, vor ein Inquisitionsgericht gestellt wurde, während Einstein, als er auf die Sonne als Mittelpunkt des Universums verzichtete, den Nobelpreis bekam, ist im Grunde ganz in Ordnung. Einstein behauptete weniger, als Galilei behauptet hatte. Galilei war der Meinung, daß das, was er entdeckt und in der Behauptung von der Drehung der Erde um die Sonne zusammengefaßt hatte, eine Tatsache wäre. Er wußte nicht, daß seine Behauptung eine Hypothese war. Einstein war bescheidener. Er wußte, daß die Relativitätstheorie eine Hypothese sei. Er war jederzeit bereit, diese Hypothese aufzugeben, wenn sie entweder durch das Experiment nicht bestätigt wurde oder neue Tatsachen gefunden würden, welche mit seiner Theorie nicht gedeutet werden könnten. Gewiß ist der Sachverhalt, daß die Erde sich um die Sonne dreht, eine Art Tatsache, aber nur im Rahmen der klassischen Physik. Galilei hätte höchstens ahnen können – und vielleicht hat er es geahnt! –, daß die klassische Physik als Ganzes eine Theorie darstelle. Einstein hätte eine Verhandlung vor dem Inquisitionsgericht nicht zu scheuen brauchen, wenigstens nicht, wenn die Richter naturwissenschaftlich so gebildete Leute gewesen wären wie die Kardinäle des Inquisitionstribunals, das gegen Galilei verhandelte. Nach der Relationstheorie ist es ohne weiteres möglich, die Erde wieder zum Mittelpunkt zu machen – »zum Bezugspunkt des Systems«, wie die moderne Physik das ausdrücken würde. Das Kalkül der Astronomie wird dann etwas schwierig. Aber man kann sich die Mühe sparen, es durchzurechnen. Das hat schon Ptolemaeus vor zweitausend Jahren getan.

Die klassische Physik war der Meinung, daß es mit ihren Mitteln möglich sei, die Wirklichkeit vollständig zu erfassen und zu beschreiben. Dieser Anspruch ist zur Basis des modernen Materialismus geworden. Der Materialismus beruht darauf, daß er die Realität der klassischen Physik für die einzige Realität hält und ihre Gesetze für allgemeingültig. Bis zum Jahre 1900 befand er sich mit dieser Annahme nicht im Widerspruch zum »Stand der Wissenschaft«.

Die moderne Physik entdeckte, daß die Gesetze der klassischen Physik im unendlich Kleinen nicht mehr anwendbar sind. Sie zeigte damit, daß die klassische Physik Grenzen habe. Damit ist dem Materialismus, der die Allgemeingültigkeit der Gesetze der Physik annimmt, die wissenschaftliche Basis entzogen. Die moderne Physik aber hat sich von vornherein dagegen gesichert, nun etwa ihrerseits eine neue, erweiterte Basis eines neuen, erweiterten Materialismus zu werden. Obgleich sie das System der klassischen Physik durch ein erweitertes System ersetzt, welches die klassische Physik als einen Grenzfall mit einbezieht, ist die moderne Physik weit davon entfernt, für ihr neues erweitertes System, das sowohl den Bereich des unendlich Kleinen wie den Bereich des unendlich Großen umfaßt, den Anspruch auf denselben Grad von Allgemeingültigkeit zu erheben, wie ihn die klassische Physik für ihr begrenztes Gebiet erhob. Die moderne Physik ist sich darüber im klaren, daß das Bild des Kosmos, das sie entworfen hat, hypothetischen Charakters ist und daß dieses Bild sich jederzeit wieder ändern kann. Diese Wandlung in den Grundanschauungen der Physik hat das Bild unserer geistigen Landschaft grundlegend verändert. Betrachten wir die Folgen, welche diese Wandlung in den Ansprüchen der Naturwissenschaft für die Zukunft haben wird!

Die Physik erschien dem Menschen so verlockend, weil er annahm, daß sie das Geschehen der Natur mit den Mitteln des Verstandes erklären könne. Nun hat aber Naturwissenschaft das Geschehen der Natur noch niemals durchgehend erklärt. So wurde die erste Annahme, Physik könne das Geschehen der Natur mit ihren Mitteln erklären, dahingehend ergänzt, daß sie das künftig leisten werde. Der Mensch, der nur das glauben wollte, was bewiesen war, verschaffte sich so die Möglichkeit, gerade das zu tun, was er vermeiden wollte, nämlich zu glauben, was »noch nicht« bewiesen war. Dieses »noch nicht« war die große Illusion des 19. Jahrhunderts. Sie ist heute noch eine Illusion vieler Laien. Wenn in unseren Tagen ein Forscher davon träumt, daß es der Naturwissenschaft einmal gelingen werde, die Schöpfung wirklich zu erklären, weiß er, daß das ein ganz und gar unwissenschaftlicher Traum ist Nicht nur hat die Physik damit, daß sie auf die Anschaulichkeit verzichtete, auf eine »Erklarung« der Natur verzichtet, die Annahme, die Physik könne das Geschehen der Natur mit ihren Mitteln durchgehend erklären, steht in einem unlösbaren Widerspruch zu gewissen Prinzipien, welche die Physik selbst zur Grundlage ihres Systems gemacht hat. Es sei das an einem Beispiel erläutert.

Der Anspruch auf Alleinherrschaft des Weltbildes der Physik ist im 19. Jahrhundert entstanden. Er eigentlich ist das, was den Materialismus ausmacht. Das 19. Jahrhundert hatte noch keine Möglichkeit, gegen diesen Anspruch etwas mit den eigenen Mitteln der Naturwissenschaft zu unternehmen. Gewiß hat auch dieses Jahrhundert schon gescheite und gültige Argumente gegen den Materialismus vorgebracht. Aber jetzt handelt es sich darum, Argumente zu finden, welche der Materialist selbst als verbindlich anerkennen muß. Es handelt sich darum zu zeigen, daß Materialismus heute sogar im Rahmen der Naturwissenschaft ganz und gar unwissenschaftlich ist. Die moderne Physik arbeitet mit statistischen Gesetzmäßigkeiten, mit deren Hilfe sie die Wahrscheinlichkeit physikalischer Ereignisse zu berechnen vermag. Der Wahrscheinlichkeitskoeffizient ist nichts weiter als die Verbindung von Regeln, welche es ermöglichen, die Gesetze des Zufalls mathematisch auszudrücken. Welche Rolle spielt der Zufall in der modernen Physik? Nun, er ist tatsächlich eine ihrer Voraussetzungen. Die moderne Physik geht davon aus, daß im Bereich der Moleküle, Atome und Elektronen Unordnung herrsche. Die Physik hat keinen Beweis dafür, daß in diesem Bereich wirklich ausschließlich der Zufall herrsche. Diese Annahme ist eine Hypothese, welche auf Grund ihrer experimentellen Befunde anzunehmen die Physiker sich genötigt sahen.

Die Annahme von der Herrschaft des Zufalls im Bereich der Mikrophysik ist eine Voraussetzung für die Anwendung des statistischen Denkens. Die Logik zwang dazu, diese neue Mathematik gelten zu lassen. Nun findet man aber bei der Anwendung der Gesetze der Statistik auf den Zufall des Mikrogeschehens als Ergebnis eine bemerkenswerte Harmonie. Die Natur ist wunderbarerweise imstande, durch das Gesetz der großen Zahl aus der Unordnung Ordnung entstehen zu lassen. Dieser Vorgang ist es, der mit der Methodik der Wahrscheinlichkeitsrechnung untersucht wird.

Die statistischen Gesetzmäßigkeiten schließen das mikrophysikalische Geschehen zu einem sinnvollen System zusammen, von welchem wir wiederum annehmen können, daß es dem wirklichen Geschehen in der Natur auf eine uns freilich auch wieder unbekannte Weise entspricht. Die Wissenschaft hat also Grund anzunehmen, daß, auch wenn sie das nicht beweisen kann, die Unordnung wirklich herrsche, weil sie unter dieser Annahme zu einfachen mathematischen Formulierungen des physikalischen Geschehens gelangt. Die Hypothese von der Herrschaft des Zufalls im Bereich des Mikrogeschehens scheint eine Rechtfertigung des Materialismus zu sein. Aber es ist klar, daß diese Annahme eine philosophische Bedeutung hat.

Wir brauchen den Materialisten mit unserem Bedenken, daß es doch wieder nur eine Hypothese ist, auf welcher das System der modernen Physik beruht, nicht zu behelligen. Er wird von vornherein der Meinung sein, diese Annahme habe den Charakter einer Tatsache. Da das immerhin möglich ist und wir das weder beweisen noch widerlegen können, wollen wir dem Materialisten so weit entgegenkommen, daß wir die Hypothese als Tatsache gelten lassen. Der Zufall als Herrscher der Welt – das wäre ein Dogma, an welches der Materialist sogar zu glauben bereit wäre, wenn er es nicht für schon bewiesen hielte!

Was leistet die moderne Physik nun wirklich auf der Grundlage der Hypothese von der Unordnung des Daseins? Mit Hilfe der Physik und ihrer glänzenden Tochter, der Sternphysik, läßt sich ein brauchbares und einleuchtendes Bild der Entstehung des Universums entwerfen. Aber die statistischen Gesetze der Mikrophysik lassen sich nur im Bereich des Anorganischen anwenden. Für den Versuch, auch das organische Leben zu erklären, sind sie nicht zu brauchen.

Die Entstehung des Lebens läßt sich mit den Gesetzlichkeiten der

Mikrophysik nicht erklären. Die Entstehung auch nur des einfachsten Eiweißmoleküls unter der Herrschaft des Zufalls ist mathematisch von einem so hohen Grad von Unwahrscheinlichkeit, daß Eddington die Einführung des Begriffs des »Anti-Zufalls« vorschlug, um die Entstehung wenigstens eines einzigen solchen organischen Moleküls wissenschaftlich vertreten zu können. Eine Berechnung der mathematischen Wahrscheinlichkeit der Entstehung eines organischen Moleküls unter der Herrschaft des Zufalls stammt von Charles-Eugène Guye.

Auch ein einfaches Eiweißmolekül besteht aus einer sehr großen Zahl von Atomen. Guye macht seine Berechnung für ein Molekül, das aus nur 2000 Atomen besteht. Wenn man der Einfachheit halber das Atomgewicht dieser Atome mit 10 annimmt, hat das angenommene Molekül ein Gewicht von 20 000. Diese Zahl liegt wahrscheinlich niedriger als diejenige der einfachsten Eiweißstoffe. Nun zeichnen sich die grundlegenden Moleküle lebender Organismen alle durch eine sehr beträchtliche Asymmetrie aus. Die Asymmetrie wird durch eine Zahl zwischen 0,5 und 1,0 ausgedrückt, wobei 0,5 vollständige Symmetrie und 1,0 vollständige Asymmetrie bedeutet. Je höher die Asymmetrie ist, um so geringer ist die Wahrscheinlichkeit der zufälligen Entstehung dieses Gebildes. Ferner wird angenommen, daß die Atome, welche dieses gedachte Eiweißmolekül bilden, nur zwei Arten angehören, während in Wirklichkeit in der Natur immer mindestens vier Arten vorhanden sind. Das ist also eine Vereinfachung, welche die Wahrscheinlichkeit erhöht. Wie groß ist nun die Wahrscheinlichkeit, daß dieses gedachte Molekül mit seinen 2000 Atomen von zweierlei Arten aus einem absolut ungeordneten Haufen von Atomen bei rein mechanischer oder thermischer Erschütterung durch Zufall entsteht?

Die Wahrscheinlichkeit, daß dieses Gebilde mit dem Asymmetriegrad 0,9 unter diesen willkürlich vereinfachten Bedingungen, die zur Wahrscheinlichkeit beitragen, zustande kommt, wäre, sofern nur der Zufall berücksichtigt wird, $2{,}02 \cdot 10^{-321}$. Die Kleinheit dieser Zahl in der 321. Stelle hinter dem Komma und damit die Kleinheit der Wahrscheinlichkeit der zufälligen Entstehung unseres Moleküls übersteigt alle Vorstellungen. Die Masse, die für das Eintreten einer solchen Wahrscheinlichkeit nötig wäre, würde einen Kugelraum füllen, dessen Radius so groß wäre, daß ihn das Licht erst in 10^{82} Jahren durchmessen könnte. Ein solcher Raum wäre unvergleichlich größer als das Weltall einschließlich der fernsten Sternsysteme, deren Licht uns in einer Zeitspanne erreicht, die weit kürzer ist. Die Sache kommt darauf hinaus, daß wir uns einen Raum vorstellen müßten, welcher 1 Quinquillion Quinquillionen Quinquillionen mal größer wäre als das Weltall der Astrophysik.

Die Wahrscheinlichkeit, daß ein einziges Molekül von so hoher Asymmetrie allein durch Zufall und normale thermische Erschütterung zustande kommt, ist also praktisch gleich Null. Selbst wenn wir fünfhundert Billionen Erschütterungen pro Sekunde annehmen, was der Größenordnung der Lichtfrequenz entspricht, findet man, daß die Zeit, welche durchschnittlich benötigt wird, ein solches Molekül in einer Masse vom Volumen unserer Erdkugel zu bilden, 10^{234} Milliarden Jahre beträgt. Wir dürfen nicht vergessen, daß die Erde wahrscheinlich nicht älter als fünf Milliarden Jahre ist, und daß das Leben erst, nachdem die Erde abgekühlt war, also vor etwa einer Milliarde Jahren, in Erscheinung getreten ist. Andererseits kann der Materialist natürlich darauf beharren, daß die Chance, so gering sie auch sein mag, besteht, und daß es keinen Beweis dafür gibt, daß das seltene Gebilde erst am Ende von vielen Milliarden Jahrhunderten erscheinen werde. Das kann ganz zu Anfang geschehen, schon in den ersten Sekunden. Das wäre nicht nur mit dem Wahrscheinlichkeitskoeffizienten durchaus vereinbar, sondern es wäre möglich, daß die Erscheinung zweimal oder gar dreimal nacheinander aufträte und dann nie wieder. Das Ergebnis wäre ein einziges Molekül oder höchstens deren zwei oder drei.

Dabei handelt es sich noch gar nicht einmal um Leben, sondern nur um einen der Stoffe, aus denen Lebewesen bestehen. Nun ist aber ein einzelnes Molekül wertlos. Es sind hunderte Millionen von identischen Molekülen nötig. Wir würden viel größere Zahlen brauchen, um das Erscheinen einer Reihe ähnlicher Moleküle zu »erklären«, da die Unwahrscheinlichkeit für jedes neue Molekül, nach den Gesetzen der zusammengesetzten Wahrscheinlichkeit, beträchtlich zunimmt. Ließe sich die Wahrscheinlichkeit des Erscheinens einer lebenden Zelle mathematisch ausdrücken, würde die vorhin genannte, schon so phantastisch kleine Zahl immer noch riesengroß erscheinen. Die Aufgabe ist absichtlich vereinfacht worden, um die Wahrscheinlichkeit zu vergrößern. Ereignisse, welche, selbst wenn man sehr viele Versuche, Reaktionen oder Erschütterungen pro Sekunde annimmt, eine unendlich viel längere Zeit als die geschätzte Lebensdauer der Erde benötigen, um nur eine Chance ihres Eintretens zu haben, können wohl, human gesprochen, als unmöglich bezeichnet werden. Auf keinen Fall könnte der Materialist, wenn er auf seiner Meinung beharrte, weiterhin beanspruchen, daß die Annahme solcher ungeheuerlicher Grade von Unwahrscheinlichkeit noch irgend etwas mit Wissenschaft zu tun habe.

Dies war es, was gezeigt werden sollte, daß nämlich die Ansicht, die Welt sei eine physikalische und nichts als eine physikalische Welt, von der modernen Naturwissenschaft selbst aufgegeben wurde. Eine ihrer Voraussetzungen, die Annahme einer absoluten Unordnung am Grunde des Daseins, schließt eine Erklärung der Entstehung des Lebens aus. Der Materialismus, der an dieser Illusion noch festhält, ist nicht einmal mehr ein Glaube, er ist ein Aberglaube, der sozusagen streng unwissenschaftlich ist.

Viele Jahrhunderte hindurch hat der Mensch der Hoffnung angehangen, mit Hilfe der Ratio das Geheimnis der Schöpfung zu enthüllen. Wenn die Erkenntnis, daß Naturwissenschaft diese Aufgabe nicht lösen kann, in das allgemeine Bewußtsein eindringt, wird sich unsere ganze geistige Landschaft verwandeln. Dann wird sich zeigen, ob der Mensch im reißenden Strom der technischen Entwicklung untergehen wird, oder ob der Elan seiner Neugier ihn dazu führen wird, die Alte Große Frage erneut zu stellen und ihre Lösung mit neuen Wissenschaften anzustreben. Eine dieser Wissenschaften wird die des Anti-Zufalls sein. Wer, sofern er ein Mensch ist, könnte dem Drang widerstehen zu fragen, was wohl hinter dem Anti-Zufall sich verbergen mag. Sicherlich sind es nicht Geheimnisse von der Art, die von komplizierten Computern oder brillanten Gehirnen gelöst werden. Es sind Geheimnisse, denen gegenüber der Mensch sich seiner alten Ehrfurcht vor dem Wunder des Lebens erinnern sollte.

Sagte einer, das Leben sei eine Gabe Gottes, wäre er wahrscheinlich erstaunt, klärte man ihn darüber auf, daß er eine tiefe naturwissenschaftliche Weisheit ausgesprochen habe. Da aber diese naturwissenschaftliche Weisheit zugleich eine religiöse Wahrheit enthält, ist sie verdächtig. Hundert Jahre materialistischer Argumentation haben dazu geführt, daß Thesen als gültig akzeptiert werden, nur weil sie »von der Wissenschaft« aufgestellt wurden. Religiöse Thesen dagegen sind suspekt, weil sie »von der Wissenschaft« nicht bewiesen werden können. Grotesk ist, daß die naturwissenschaftlichen Thesen, die ihrem Wesen nach des Beweises durch das Experiment bedürfen, geglaubt werden; für die religiösen Wahrheiten dagegen, die ihrem Wesen nach dem Experiment unzugänglich sind, wird experimenteller Beweis verlangt.
In besonders seltsamer Form tritt diese Voreingenommenheit in Erscheinung, wenn große Männer der Naturwissenschaft, zum Beispiel am Ende einer Festrede, die Harmonie der Mathematik zum Gottesbeweis erheben oder die Existenz Gottes in toleranter Weise als eine Hypothese gelten lassen, hinsichtlich derer man sich einig ist, daß sie auf wissenschaftlich schlüssige Weise nicht mehr so recht zu widerlegen sei. Noch immer lebt das alte Vorurteil, religiöse Wahrheiten müßten, um anerkannt zu werden, naturwissenschaftlich bewiesen sein. Hier enthüllt sich die eigentümliche Lage, in welche die Wissenschaft im Lauf der letzten fünfzig Jahre durch ihren eigenen Fortschritt hineingeraten ist. Der Versuch der klassischen Physik, das Universum vollständig auf mechanistische Weise zu erklären, mußte scheitern. Der Fortgang der physikalischen Forschung hat ergeben, daß eine solche durchgehende mechanistische Erklärung des Weltgeschehens grundsätzlich unmöglich ist.
Die Atomphysik konnte bei ihren Experimenten im Bereich des unendlich Kleinen bis an die Grenzen der physikalischen Realität vordringen. Um weiter denken und weiter forschen zu können, hat sie schon heute eine Reihe von Hypothesen aufgestellt, die metaphysischen, also philosophischen Charakters sind. Die Einsicht, daß das, was in der Natur verwirklicht ist, nicht der dreidimensionale unendliche Kontinuitätsraum der klassischen Physik ist, bedeutet

zwar noch nicht das Ende der physikalischen Forschung, aber es ist hier doch ein Vakuum entstanden, das weder die heute zur Verfügung stehenden Forschungsmittel noch die bisherigen Begriffsbestimmungen der Physik zu bewältigen vermögen.

Kein Gelehrter von Rang wird heute noch viel dagegen einwenden, daß es »jenseits« der Physik Dimensionen geben könne, in denen Gott existiert. Damit ist das alte Vorurteil des Materialismus, nur das sei wahr, was wissenschaftlich bewiesen sei, überwunden. Der Naturwissenschaft steht es, und zwar aus in ihr liegenden konstitutiven und methodologischen Gründen, nicht zu, über diese Dimensionen Aussagen zu machen, zumindest nicht eher, als bis sie die Reichweite ihrer Begriffsbestimmungen geklärt, die Einseitigkeit ihrer Definitionen philosophisch durchschaut hat. Hingegen ist sie durchaus legitimiert, in das Vakuum an den Grenzen der physikalischen Realität vorzustoßen. Da dieses Gebiet aber eben jenseits der physikalischen Realität liegt, da es sich hier um transphysische und subphysische Dimensionen handelt, muß die Physik mit ihren physikalischen Begriffsbestimmungen scheitern. Sie bedarf der Metaphysik. So sind die Theoretiker heute zu Spekulationen übergegangen, die metaphysischen Charakers sind – nur, daß sie sich das noch nicht eingestehen wollen. Wenn Dirac in seiner Löchertheorie von negativer Energie spricht, ist damit im Rahmen der bisherigen Naturwissenschaft nichts mehr anzufangen. Eine Dimension, in der es eine negative Energie gibt, kann nur transphysischer Natur sein.

Das Bemühen, die Zusammenhänge in der Natur verständlich darzustellen, wird durch die wachsende Kompliziertheit der Sachverhalte mehr und mehr erschwert. Die Zusammenhänge sind nicht so einfach, wie sie es zur Zeit der klassischen Physik zu sein schienen. Aber die klassische Physik erfaßte und umfaßte eben nicht das Ganze der Schöpfung, ja nicht einmal das Ganze der Natur. Beim Vordringen über die Grenzen der klassischen Physik hinaus ist alle Simplizität schnell dahin.

Dies scheint eine zu lange Vorrede zu sein, das Problem des Lebendigen zu behandeln. Sie ist aber notwendig, um verständlich zu machen, daß die wissenschaftsgeschichtliche Situation der Biologie nicht anders ist als die der Physik. Tatsächlich ist die moderne Biologie eine der eindrucksvollsten und erfolgreichsten Disziplinen

der gesamten Naturwissenschaft. Die erstaunlichen Erfolge der Medizin unserer Tage – vom Insulin über das Cortison bis zu den Antibiotica, die Erfolge der modernen Chirurgie, die Fortschritte in der Seuchenbekämpfung – beruhen auf Biologie. Das Thema der Biologie ist die Untersuchung der physikochemischen Grundlagen des Lebens. Unser Wissen über diese Grundlagen ist heute von einer solchen Tiefe und Feinheit, daß Gelehrte wie Virchow, Pasteur oder Pawlow, könnten sie in dieses Wissen Einblick nehmen, aus dem Staunen nicht herauskämen. Was aber im Fortschritt der Wissenschaft vom Leben immer rätselhafter wurde, war das Wesen des Lebendigen. Was Leben ist, davon weiß die Wissenschaft heute weniger, als das 19. Jahrhundert zu wissen geglaubt hat. Die Biologie versucht, dem Fortschritt ihres Wissens folgend, immer wieder, das Wesen des Lebendigen zu definieren. Aber dabei gerät sie in Schwierigkeiten, die nur um so größer werden, je weiter die biologischen Erkenntnisse fortschreiten. Die Gründe dafür sind einfach. Die Erfolge von Physik und Chemie haben im Verlauf des letzten Jahrhunderts dazu geführt, daß die Biologie immer mehr eine physikalisch-chemische Wissenschaft wurde. Tatsächlich gibt es kein physikalisches und kein chemisches Gesetz, das nicht auch im lebendigen Organismus gälte, und umgekehrt gibt es keinen Vorgang im organischen Geschehen, der nicht auf der Basis physikalischer oder chemischer Gesetzlichkeiten abliefe. So ist es dazu gekommen, daß die Biologie gar nicht mehr das Leben untersucht, sondern nur die physikochemischen Bedingungsgrundlagen, unter denen Leben überhaupt erst möglich wird.
Daß die biologische Forschung trotz dieser Beschränkung so große praktische Erfolge hat, braucht nicht wunderzunehmen. Schließlich sind die Grundlagen, welche Bedingung für das Zustandekommen von Leben sind, etwas sehr Wichtiges. Aber natürlich muß eine Biologie, die ihre Forschung auf die physikochemischen Bedingungsgrundlagen des Lebens richtet, notwendig ihrerseits auf die gleichen Schwierigkeiten stoßen, in die Physik und Chemie geraten sind. Sie treten in der Biologie deshalb nicht so deutlich in Erscheinung, weil das Arbeitsgebiet der physikochemischen Grundlagen des Lebens noch eine Fülle von ungelösten Problemen enthält. Sie werden erst aktuell, wenn die eigentliche Frage nach dem Wesen des Lebendigen gestellt wird.

Erwin Bünning, Botaniker der Universität Tübingen, hat folgende Definition des Lebens gegeben: »Das Leben im Sinne der experimentellen Biologie ist nichts anderes als die spezifische Gesetzlichkeit, nach der alle beteiligten Faktoren innerhalb und außerhalb des Organismus zusammenwirken. Der Lebensvorgang ist das Resultat des Zusammenwirkens aller dieser gleich notwendigen Elemente.« Das ist das Leben »im Sinne der experimentellen Biologie«. Es ist eine wissenschaftlich einwandfreie Definition. Sie ist richtig, aber man sieht, daß mit dieser Definition für die philosophische Einsicht nichts gewonnen ist. Denn was sind alle beteiligten Faktoren?

Solange man glaubte, das Leben mechanistisch erklären zu können, wurde die Voraussetzung gemacht, daß es andere als physikochemische Faktoren nicht gebe. Wenn nun aber, wie schon ausgeführt, die Physik selber schon aus ihrem klassischen Bezirk in transphysische Dimensionen hineingeriet, ist es eine Illusion zu glauben, die Biologie als eine Wissenschaft der physikochemischen Bedingungsgrundlagen des Lebens könnte ihr philosophisches Dasein in der idyllischen Landschaft der klassischen Physik behaglich weiterführen. Die Schwierigkeiten der Biologie sind eher noch größer als die der Physik.

Die Physik hat es fertiggebracht, die atomare Grenzwelt so weit zu durchdringen, daß sie sie mathematisch und experimentell weitgehend beherrscht. Soweit die Biologie, etwa als Quantenbiologie, in diese atomare Grenzwelt eindringt, wird sie sich auch weiterhin der mathematischen und experimentellen Methoden der Physik erfolgreich bedienen können. Aber die Biologie hat es mit einem Leben zu tun, das mehr ist, als Physik und Chemie erfassen können. Nun ist die Biologie dadurch, daß sie fast ein Jahrhundert lang ihre Bemühungen nur auf die beherrschbaren Grundlagen der Natur gerichtet hat, bis zu einem gewissen Grade wesensblind geworden. Sie bedarf der Philosophie, um sich des Wesens der Dinge endlich wieder bewußt zu werden.

Nun darf man sich das nicht so vorstellen, als ob jenseits der Exaktheit von Physik und Chemie ein Gebiet anfange, das mystisch und dunkel und wissenschaftlicher Durchdringung nicht zugänglich sei. Philosophie ist eine sachliche Wissenschaft, wenn auch ihre Sachlichkeit anderer Art ist als die der Naturwissenschaften. Glücklicherweise nämlich kann man Experiment und philosophische Erkenntnis zueinander in Beziehung setzen. Der erste, der das getan hat, war der Biologe Hans Driesch. Weit weniger erstaunlich, als daß Driesch seine der Naturwissenschaft einen neuen Weg weisenden Experimente schon vor einem Menschenalter gemacht hat, ist daß in diesem Menschenalter Fortschritte auf dem neuen Wege kaum erzielt worden sind.

Driesch machte folgendes Experiment. Er teilte das Ei eines Seeigels in zwei Hälften. Das Ergebnis war, daß aus beiden Hälften je ein neuer vollständiger Seeigel entstand. Die neuen unterschieden sich von normalen Seeigeln nur dadurch, daß sie kleiner waren. Das Genie Drieschs lag aber durchaus nicht in der Veranstaltung eines Experiments, das ein so verblüffendes Ergebnis hatte. Es lag darin, daß er über das Ergebnis seines Experiments nachdachte. Er stellte sich die Frage, was die *causa*, die Ursache, sein könne, die bewirkt, daß aus dem Material des Eies nach der Teilung zwei »richtige« Seeigel entstehen, die in ihrem Bauplan, wenn auch nicht in ihrer Größe, normal sind. Driesch wählte, die Wirkmächtigkeit zu bezeichnen, welche aus dem Ei ein lebendes Wesen und in seinem Experiment nach der Teilung des Eies zwei lebende Wesen entstehen läßt, den Ausdruck »Entelechie«. Er meint damit einen »Werdeplan« des Organismus. Im lebenden Organismus nämlich ist die Materie nicht mehr autonom, sie steht nicht mehr allein unter physikochemischen Gesetzlichkeiten. Mit den physikochemischen Gesetzlichkeiten kann man wohl erklären, wie jeder einzelne biologische Vorgang im lebendigen Organismus verläuft, aber man kann damit nicht erklären, wie ein Wesen zu seiner Form heranwächst. Um den Vorgang der Formbildung zu begreifen, muß man einen Wirkfaktor annehmen, der die physikochemischen Gesetzlichkeiten, unter denen das organismische Geschehen abläuft, steuert.

Das hat Driesch als erster richtig gesehen. Er hat auch richtig gesehen, daß dieser Wirkfaktor selbst nicht physikochemischer Natur sein kann. Er muß überphysischer Natur sein. Denn wenn er als ein materialer physikalisch-chemischer Faktor in der Eizelle drinsteckte, müßte auch er bei der Teilung des Eies mit geteilt werden und es könnten dann, wenn überhaupt etwas, nur zwei halbe Seeigel entstehen. Auf dem Höhepunkt der materialistisch-mechani-

stischen Naturwissenschaft ein materiales physikochemisches Geschehen auf einen überphysischen Wirkfaktor zurückzuführen war ein kühner Gedanke. Es ist aber eben, gemäß den eigenen Ergebnissen der experimentellen Biologie, eine logische Unmöglichkeit, das Lebendige rein mechanistisch, rein physikochemisch zu erklären. Der Wirkfaktor, der das Wachstum, die Formbildung, kurz das lebendige Wesen, in seiner individuellen Existenz bewirkt, ist also auf keinen Fall selbst physikochemischer Natur. Es bleibt, bei sorgfältiger Erwägung der den Sachverhalt bestimmenden Umstände, nichts anderes übrig, als eine überphysische Sphaere anzunehmen, aus der heraus dieser Faktor das physikochemische Geschehen umfaßt und bewirkt. Da das Leben wirklich stattfindet, muß diese überphysische Sphäre real vorhanden sein. Die Annahme eines überphysischen Lebensprinzips ist ein Vorstoß in neue Gebiete wissenschaftlicher Erkenntnis. Schon die unmittelbaren Folgen, die sich ergeben, sind bedeutend. Es gibt nämlich nicht nur diese einfache Entelechie eines Seeigels oder distinkter einzelner Organismen. Jede solche Entelechie muß ihrerseits einen Ermöglichungsgrund haben, aus dem heraus sie ihre schöpferische Potenz bezieht. Es gibt eine ganze Hierarchie von solchen entelechial wirksamen Prinzipien, die durchaus exakt voneinander unterschieden werden können. Und nicht nur das, auch der physikochemische Unterbau, in den hinein die Entelechie wirkt, zeigt sich, wenn man ihm mit der gleichen Methode der realontologischen Ausdeutung der experimentellen Befunde zuleibe geht, als zielursächlich geschöpft, auferbaut und gehalten. Diese Überlegungen führen tief in die Geheimnisse der schöpferischen Natur hinein.
Die physikalische Ebene hat nichts von ihrer Realität verloren. Nur wird sie jetzt, nachdem ein Jahrhundert des Irrtums sie mit der Realität an sich ineinsgesetzt hatte, in ihrer Einordnung in die Hierarchie des Seins, an ihrem wahren Ort in Sicht gebracht. Man kann noch nicht sagen, wohin der Weg der Erkenntnis den Menschen, der die reale Existenz überphysischer Seinssphaeren auf wissenschaftlich exakte Weise erkannt hat, noch führen wird. Vielleicht gibt es von diesen neuen Sphaeren aus Zugang zu einem Grad der Erkenntnis, in der es eine naturwissenschaftlich weise Hypothese wäre, anzunehmen, daß das Leben eine Gabe Gottes sei.
Die Argumente der Philosophie grollen am Horizont der Natur-

wissenschaft als eine Kanonade von Valmy: »Hier und heute beginnt eine neue Epoche der Geistesgeschichte und wir können sagen, wir sind dabeigewesen!« Es kann nicht zweifelhaft sein, daß der große Weimarer Naturforscher diese geistesgeschichtliche Wende mit größerem Wohlwollen betrachten würde, als er die Stabilisierung der physikalischen Welt durch Newton betrachtet hat. Es bedurfte eines Zeitraums von anderthalb Jahrhunderten, ehe es klar wurde, daß Goethe mit seinem klassischen Mißtrauen gegen die klassische Physik so unrecht nicht gehabt hat.

Wende der Zeit

Das 20. Jahrhundert begann mit der Entdeckung des Radiums durch Marie Curie. Der Mensch betrat das Zeitalter der Atomphysik. Die Atomphysik hat nicht nur seine äußere Welt, sie hat auch seinen geistigen Horizont in einer Weise verwandelt, wie sich das seit Galilei nicht mehr ereignet hatte. In einem doppelten Sinn ist es eine Wende der Zeit. Die Zeit selbst hat nicht mehr die Dignität, die die klassische Physik ihr zugeschrieben hatte. Es ist bemerkenswert, daß es wiederum eine Frau ist, die am Ende der von Marie Curie in Gang gesetzten Phase der modernen Physik einen Weg in die Zukunft weist. Es ist Hedwig Conrad-Martius, die einen groß angelegten Versuch unternommen hat, mit den Mitteln wissenschaftlicher Metaphysik die Bedeutung der Ergebnisse der modernen Physik klarzustellen.

Die philosophische Situation der modernen Physik ihren eigenen Ergebnissen gegenüber ist höchst eigentümlich. Das Begriffsschema, mit dem die Naturwissenschaft arbeitet, stammt aus der Zeit der klassischen Physik, und die Philosophie, die für neue Ergebnisse neue Begriffe zu bilden vermöchte, ist ein Gebiet, dessen Beherrschung sich nicht jeder Physiker zu eigen machen kann. Für die Philosophie wiederum ist die Physik ein eigenes und noch dazu höchst schwieriges Fach. So haben die Philosophen sich um die experimentellen Ergebnisse der modernen Physik noch wenig gekümmert. Die metaphysischen Versuche der Physiker waren philosophisch wenig befriedigend.

Die Unvereinbarkeit der Entdeckungen, die auf der physikalischen Ebene gemacht wurden, mit von anderen Wissenschaften erarbeiteten Einsichten auf der einen Seite, die Erfolge der Physik in der Beherrschung der Natur auf der anderen Seite haben die Physiker dazu geführt, auf eine Einordnung in eine nicht von naturwissenschaftlichen Denkkategorien bestimmte Hierarchie zu verzichten. Die »Demut vor den Tatsachen« bezog sich nur auf physikalische und nicht auf geistige Tatsachen. Man begnügte sich damit, die physikalischen Tatsachen festzustellen und zueinander in mathematische Relationen zu setzen. Dieses Unterfangen war in höchstem Maße erfolgreich. So verlor man ganz und gar den Blick dafür, daß es doch irgend etwas geben müsse, was das Sein dieser physikalischen Ebene, die doch so überwältigend wirklich ist, seinerseits ermögliche. Während man das Kausalitätsprinzip, nach welchem »alles, was geschieht, etwas voraussetzt, woraus es nach einer Regel folgt«, für das tragende Prinzip dieser physischen Welt erklärte, hörte man merkwürdigerweise da zu fragen auf, wo es sich um die *causa* handelte, die diese Welt selbst konstituiert.
Die Experimente beim Studium des Verhaltens der Letztelemente führten die Forschung an Grenzen, die in transphysische Bezirke hinüberweisen. Wenn durch das Experiment festgestellt wurde, daß die Letztelemente der Materie keine raumzeitliche Kontinuitätsbahn mehr besitzen, nützte es nichts, daß es gelang, die energetischen Umsätze, die sich dabei abspielen, mathematisch darzustellen und sogar rechnerisch richtig vorauszusagen. Man mußte fragen, was das bedeutet, daß die Letztelemente ein Verhalten zeigen, das zu allen bisherigen Vorstellungen von Raum und Zeit in einem unüberbrückbaren Gegensatz steht.
»Das glänzende Scheingerüst von Raum und Zeit«, wie Eddington es formulierte, brach zusammen. Dieser unser Raum, unser bequemer unendlicher Kontinuitätsraum, in den alles naturwissenschaftliche Geschehen sich so glatt einordnen ließ, hat plötzlich Löcher bekommen. Auch ist dieser unendliche Kontinuitätsraum nicht nur nicht der einzig mögliche, sondern nicht einmal der einzige faktisch vorhandene Raum. Mit den Lichtquanten einerseits, Elektronen, Positronen, Neutronen andererseits, ist die Physik auf Dimensionen gestoßen, die mit einer anderen Räumlichkeitsart, als unser Raum sie besitzt, zusammenhängen müssen.

Die theoretischen Physiker haben keinen Augenblick gezögert, diese Probleme anzugehen. Was ihnen gelungen ist – eine geradezu wunderbare Leistung! –, ist die mathematische Bewältigung der neuen Entdeckungen. Der philosophischen Bewältigung dagegen stand im Wege, daß die Physiker im allgemeinen der Meinung sind, der im Lauf der Jahrhunderte so bewährte naturwissenschaftliche Begriffsapparat stelle den einzigen und absolut maßgebenden für eine wissenschaftliche Auslegung des natürlichen Weltseins und Weltgeschehens dar. Aber dieses Begriffsschema ist entstanden im Rahmen der physikalischen Ebene, auf welcher die Forschung sich seit Galilei bewegte. Auch seine Weiterbildung blieb auf dieser Ebene, während das erweiterte Schema dieselbe doch als ihr Objekt hätte umfassen müssen. So muß dieses Begriffsschema da, wo Galileis Physik aufhört, notwendig versagen. An dieser Grenze zwischen Physik und Metaphysik ist die Forschung gerade angelangt.

Es war die Quantentheorie, die, durch allgemeinen Consensus der Physiker in der ganzen Welt zur Lösung sonst unlösbarer Probleme akzeptiert, die alten Konzeptionen von Raum, Zeit und Kausalität als nicht mehr allgemeingültig aufzeigen konnte. Diese Begriffe, die nicht nur unserem täglichen Leben und Handeln, sondern der ganzen modernen Naturwissenschaft bis zu ihren grandiosen Leistungen in Forschung und Technik zugrunde liegen, sind eminent philosophische Größen. So sind es die Physiker und Mathematiker, die, am Rande ihrer Weisheit angekommen, nunmehr die so vernachlässigte Philosophie zu Hilfe rufen müßten. Aber sie rufen nicht! Dieselben Leute, die mit bewunderswertem wissenschaftlichem Mut in ihrer eigenen Disziplin jede nicht mehr stichhaltige Formulierung, selbst wenn sie gestern noch alle Welträtsel zu lösen schien, über Bord werfen, schlagen sich in manchmal geradezu naiver Weise mit den von der Naturwissenschaft selber ihrer eigenständigen Gültigkeit entleerten Begriffen herum, um sich ihre neuen Resultate zugänglich zu machen. In dieser von Spannung erfüllten wissenschaftlichen Situation tritt der Glücksfall ein, daß der Physik von der Philosophie her Hilfe kommt. 1949 veröffentlichte Hedwig Conrad-Martius ihre »Naturwissenschaftlich-metaphysischen Perspektiven«. Was in dieser äußerlich bescheidenen Publikation von nur fünfundachtzig Seiten mitgeteilt wird, ist der Entwurf eines dem Objekt der Untersuchung angemessenen Begriffsapparates. Die Autorin erscheint dabei als eine bevollmächtigte Eminenz der alten Majestät der *Philosophia perenis.* Ausgestattet mit dem Rüstzeug der Phaenomenologie und Scholastik und mit dem, was sie als Ontologin, als Vertreterin der Seinslehre der Philosophie, in Jahrzehnten erarbeitete, hat sie Naturwissenschaft als Fach studiert. So sind die Tatsachen, welche die moderne Physik gefunden hat, für sie ebenso gegeben wie für jeden anderen. Die Deutungen dagegen, welche die Physik ihren Befunden gibt, werden von ihr als Philosophin einer unerbittlichen ontologischen Kritik unterzogen. Aber es ist mehr als nur Kritik, was die *Philosophia perennis* zu leisten vermag. Nachdem die begriffliche Unzulänglichkeit der bisherigen metaphysischen Deutungen der Physik aufgezeigt worden ist, wird nach den Wirkmächtigkeiten gefragt, nach den konstituierenden Kräften und Dimensionen, die die Natur überhaupt erst erstellen. Und diese Frage wird beantwortet.

In klarer Konzeption entsteht eine Kosmogonie, die die experimentellen Befunde der modernen Physik unter metaphysischen Aspekten zu einer strengen hierarchischen Ordnung zusammenschließt. Die Welt ist nicht jener tödlich langweilige unendliche Kontinuitätsraum, den die klassische Physik uns so lange einzureden versucht hat. Die Welt hat offenbar ein Oben und ein Unten, und zwar ein absolutes Oben und ein absolutes Unten, wobei diese Dimensionen freilich transphysischer, wenn auch nicht ideeller oder gar psychischer Art sind, sondern von einer nun eben metaphysischen Faktizität. Es wird dann, und das in voller Übereinstimmung mit den experimentellen Ergebnissen der modernen Physik, gezeigt, wie die Natur aus diesen transphysischen Dimensionen heraus sich konstituiert. Die Naturwissenschaft wird zurückgeholt in eine Gesamtschau, die ihrerseits von diesen letzten und neuesten mathematisch-physikalischen Feststellungen in Weiten geführt wird, die den menschlichen Geist befähigen, die Entdekkungen der modernen Naturwissenschaft an ihrem wahren Ort in der Hierarchie des Seins einzuordnen. Das Ergebnis von vielen Jahren Denkarbeit wird mit einer solchen sachlichen Praezision vorgetragen, daß die Naturwissenschaft nicht wird umhinkönnen, diese Thesen zur Kenntnis zu nehmen.

Wir sind die Zeitgenossen der Auseinandersetzung zwischen einer Atomphysik, deren Theorie aus der Antike stammt, und einem metaphysischen Begriffsschema, das seine Wurzeln in der Scholastik hat. Da die Physiker eine Theorie aus der Antike übernommen haben, können sie nichts dagegen einwenden, von Argumenten aus der Scholastik bekämpft zu werden. Neue Bereiche, derer die Physiker mit den ihnen zur Verfügung stehenden Mitteln rechnerisch nicht Herr werden, bewältigen sie mit neuen Mathematiken. Hier stehen sie vor einem Bereich, für den sie eines neuen Denkschemas bedürfen. Die *Philosophia perennis* bietet es ihnen an. Naturwissenschaft gewinnt damit geisteswissenschaftlichen Rang. Sie findet den Anschluß wieder an eine Überlieferung, die um so sicherer in die Zukunft führen wird, je weiter sie in die Vergangenheit zurückzugehen bereit ist.

Zwei Zitate

I. »Das meiste dessen, was heutzutage am stärksten unter dem Namen Wissenschaft (besonders Naturwissenschaften) floriert, ist gar nicht Wissenschaft, sondern Neugier. Alles Verderben wird zuletzt von den Naturwissenschaften kommen.«

Kierkegaard. Tagebücher. 1846

II. »Wir haben es satt, uns das billige Geschwätz von der Daemonie der Technik weiter anzuhören, das uns immer wieder vorgesetzt wird von Leuten, die von der Technik nichts verstehen, und von Romantikern, die der guten alten Zeit nachtrauern. Wenn sie nur eine Woche lang mit den hörigen Bauern und den Kleinbürgern des Mittelalters leben müßten, wären sie für alle Zeiten geheilt und würden den Segen der Technik preisen.«

K. W. Wagner. 1950

Als Søren Kierkegaard 1846 voraussagte, daß alles Verderben zuletzt von den Naturwissenschaften kommen werde, war das Jahrhundert der Technik gerade angebrochen. Als K. W. Wagner 1950 den Vorschlag machte, den Segen der Technik zu preisen, standen die Erfahrungen dieses Jahrhunderts zur Verfügung. Beide Zitate haben den Vorteil, von Autoritäten zu stammen. Kierkegaard hat als Philosoph das Denken unserer Zeit entscheidend beeinflußt. K. W. Wagner war Professor, Dr. Dr.-Ing. h. c. und Präsident des Deutschen Verbandes technisch-wissenschaftlicher Vereine. Die beiden Zitate widersprechen einander nicht genau. Kierkegaard spricht von den Naturwissenschaften, K. W. Wagner von der Technik. Es wäre sicher ein schwieriges Unterfangen, die Richtigkeit der Prophezeiung Kierkegaards für die gesamten Naturwissenschaften nachzuweisen. Insofern aber die Technik im wesentlichen die Anwendung der Forschungsergebnisse zweier naturwissenschaftlicher Disziplinen, der Physik und der Chemie, ist, bleibt der Widerspruch in seiner vollen Schönheit bestehen.

Wollte man nun dem hörigen Bauern des Mittelalters den freien Menschen gegenüberstellen, der im Atomschutzkeller zitternd darauf wartet, daß der Segen der Technik von oben kommt, wäre das in der Tat ein billiges Geschwätz. K. W. Wagner hätte diese Erwiderung vermutlich nicht entgegengenommen. Er teilte seine Gegner in Ignoranten, die von Technik nichts verstehen, und Romantiker, die der guten alten Zeit nachtrauern. Aber Kierkegaard, der nichts von einer Technik verstehen konnte, die es noch nicht gab, und der keinesfalls je des sentimentalen Begriffs der guten alten Zeit sich bedient hat, ist auch sein Gegner. Die Diskussion über das Wesen der Technik und ihre Bedeutung für unsere Welt ist nicht mehr nur Sache der Spezialisten. Die Auswirkung der Technik ist kein technisches Problem mehr. Sie ist unterdessen auch ein soziologisches Problem des Menschen geworden.

Die, welche nach den Erfahrungen eines Jahrhunderts vom Segen der Technik nicht mehr überzeugt sind, Romantiker zu nennen, mag angehen. Zur Gesellschaft dieser Romantiker zu gehören, ist jedenfalls sehr ehrenvoll. Sie reicht von Alexis Carrel und Ortega y Gasset über Lord Rutherford und Charles Lindbergh bis Lecomte du Noüy. Den Romantikern zu unterstellen, daß sie alle der guten alten Zeit nachtrauerten, ist eine dialektische Ungenauigkeit. Sicher ist, daß man, wenn man Äußerungen der gescheitesten Leute unserer Zeit mit einer solchen Ungenauigkeit als billiges Geschwätz abtut, statt eines Argumentes sich zu bedienen, einem

Affekt zum Opfer gefallen ist. Immer deutlicher stellt sich heraus, daß fast jeder Fortschritt der Technik in seiner Anwendung ein Eingriff in Zusammenhänge ist, dessen zunächst unbezweifelbaren Vorteilen nach kürzerer oder längerer Zeit ein unvorhergesehener Schaden folgt. Als Beispiel diene die erstaunliche Entwicklung der Agrikultur durch Chemie und Biologie. Den Fortschritten im Kampf gegen den Hunger folgt nach hundert Jahren das Phaenomen der Erosion der Erde. Wir wissen, daß fast jeder Fortschritt der Naturwissenschaft die Möglichkeit des Fortschritts zum Verderben enthält. Von der Hygiene führt der Weg zum Bakterienkrieg und nach der Entdeckung der Atomenergie war jedenfalls die Bombe eher gebrauchsbereit als irgendein Apparat, mit dessen Hilfe der Mensch aus der neuen Entdeckung menschenwürdigen Nutzen hätte ziehen können.

Der Verteidiger der Technik wird erwidern, sie sei ihrem Wesen nach weder gut noch böse und es sei nicht Schuld der Technik, daß ihre Erfindungen, die so viel Segen stiften könnten, so oft dem Verderben dienten. Mit diesen beiden Behauptungen hat der Verteidiger recht. Schon der Hammer konnte ebensogut dazu benutzt werden, Eisen zu schmieden, wie dazu, einen Schädel einzuschlagen.

Das Problem ist anders gelagert. Der ambivalente Charakter der Technik kann nicht bestritten werden. Die Existenz der Atombombe kann nicht geleugnet werden. Der Verteidiger der Technik wird zugeben müssen, daß technische Erfindungen nicht von vornherein segensreich sind. Sie enthalten nur die Möglichkeit einer humanen Anwendung. Aber die Technik, welche weder gut noch böse ist, ist ohne Bezug zur Moral. Die Moral steckt nicht in dem Hammer, sondern in dem Menschen, der ihn führt. Die Technik bedarf einer moralischen Instanz, welche eine Kontrolle über ihre Anwendung zum Nutzen des Menschen ausübt.

Die Entwicklung der Technik schreitet mit anonymer Großartigkeit voran. Der Mensch hat die moralische Kontrolle über die Anwendung ihrer Fortschritte verloren. Die Frage, welche das erste Zitat an das zweite stellt, lautet: Ist die Technik imstande, mit ihren Mitteln eine moralische Regie zu konstituieren, welche es möglich macht, den Segen, den sie zu bringen vermöchte, vor dem Fluch zu schützen, welchen sie tatsächlich gebracht hat?

Es sei um die große Freundlichkeit gebeten, den Romantikern, die von der Technik nichts verstehen, diese humane Frage auf eine humane Weise zu beantworten.

Macht und Humanität

Das 19. Jahrhundert erscheint im Hinblick als das zivilisierte Jahrhundert kat'exochen, und doch entwickelte sich aus ihm die Anarchie der Humanitas. In die Mitte dieses großen Jahrhunderts fällt der Schnittpunkt zweier Entwicklungslinien, die bei ihrem Zusammentreffen eine Epoche hervorbrachten von einem Glanz, wie ihn die Welt seit der Zeit des Kaisers Augustus nicht mehr erlebt hatte. Die eine dieser beiden Entwicklungen ist der Aufstieg von Naturwissenschaft und Technik, die andere der offensichtliche Zerfall der aus Antike und Christentum hervorgegangenen abendländischen Zivilisation.
Als die Naturwissenschaft in die Welt des Mittelalters einbrach, war noch in keiner Weise zu übersehen, was dieser Vorgang bedeutete. Die Physik entwickelte eine Wirklichkeit, die außerhalb der Sphaere des Glaubens lag. Zweifellos war das eine neue Stufe der Entfaltung des Menschen. Ihre Möglichkeiten haben ihn so fasziniert, daß er, mit beispiellosem Leichtsinn, all das preiszugeben bereit war, was er sich in früheren Stadien seiner Geschichte mit so viel Schweiß, Blut und Tränen erworben hatte.
Die als Fortschritt empfundenen Entdeckungen der Naturwissenschaft müssen für den Gebildeten in der Mitte des 19. Jahrhunderts eine Faszination gehabt haben, von der wir uns kaum noch eine Vorstellung machen können. Solange man nicht wußte, welche Folgen diese Entdeckungen haben würden, war es doch gewiß eine großartige intellektuelle Ergötzung, an der Erweiterung des Weltbildes teilzunehmen. Doch ist es bis in unsere Zeit hinein ein Merkmal humanistischer Bildung geblieben, Naturwissenschaft als eine Angelegenheit zweiten Ranges zu betrachten. In diesem Hochmut steckt als Kern die Einsicht, daß es keine Entfaltung des Menschen zu einer höheren moralischen Stufe gibt, welche durch Naturwissenschaft geleistet werden könnte. Die großen Naturwissenschaft-

ler des 19. Jahrhunderts fühlten sich noch immer verpflichtet, dem Humanismus ihre Reverenz zu machen. Erst unser Jahrhundert schenkte der Welt die Erscheinung des naturwissenschaftlichen Fachmanns, des Spezialisten, der der Philosophie glaubte entraten zu können. Diese Spezies ist indessen schon wieder altmodisch geworden. Die führenden Köpfe der theoretischen Physik sind auf dem besten Wege, mit Hilfe der Philosophie Theoretiker auch der Erkenntnis zu werden.

Die Anfälligkeit für Tatsachen, die Bereitschaft, sich gerade von den Tatsachen, welche die Physik schafft, faszinieren zu lassen, ist das Zeichen einer eigentümlichen Schwäche des westlichen Geistes. Sie ist ein unmittelbarer Ausdruck dafür, an welcher Stelle die zweite Entwicklungslinie, die in der Mitte des 19. Jahrhunderts die steil aufsteigende Linie des naturwissenschaftlichen Fortschritts kreuzte, angekommen war. Die zweite Linie ist die steil abstürzende Kurve des Glaubens. Mit ihr stürzten die Überlieferungen der Antike, des Christentums, der Humanität unaufhaltsam ins Ungewisse.

Am Schnittpunkt der beiden Kurven ergab sich jene unwiederholbare Epoche des Glanzes der Zivilisation, in welcher Balzac und Helmholtz, Garibaldi und Moltke, George Sand und Pasteur, Turgenjev und Karl Marx, Renoir und Bunsen, Jacob Burckhardt und Heinrich Hertz, Dunant und Edison Zeitgenossen waren. Ob der Einbruch der Physik in die Welt der Offenbarung ein Symptom dafür ist, daß der Mensch im Glauben schwach geworden war, wird sich kaum entscheiden lassen. Die Zähigkeit, mit der der Glaube an die Offenbarung seine Position Jahrhunderte lang verteidigt hat, spricht nicht für Schwäche.

Glaube und Naturwissenschaft trafen sich nicht an einem imaginären Punkt der Geschichte, sondern in der Brust jedes einzelnen. Den Widerspruch zwischen Glaube und Fortschritt kann man in jeder bedeutenderen Biographie der Zeit wiederfinden. Der Humanist Goethe konnte den Widerspruch zwischen Naturwissenschaft und Humanität lösen. Er schuf eine im Gegensatz zur klassischen Physik stehende Naturwissenschaft. In dieser humanen Naturwissenschaft ist es dem Menschen möglich, die Integrität seiner Person zu wahren, während die klassische Naturwissenschaft auch den Menschen zum Objekt macht und ihn damit seiner Würde als Person beraubt. Bis zur äußersten Zerreißprobe spielten sich die Spannungen der Epoche in Strindberg ab. Während er in seinem Laboratorium mit einer skurrilen Mischung von Magie und Chemie der Natur das Geheimnis des Goldes zu entreißen versuchte, enthüllte er in dem Schreibzimmer nebenan die ganze Problematik einer Welt, in der sich die alten Bindungen, die die Anarchie so lange zu bannen versucht hatten, eine nach der anderen in Katastrophen auflösten.

Die moderne Naturwissenschaft hat die Möglichkeit entdeckt, mit Hilfe des Experiments Macht über die Natur zu gewinnen. Die Annahme, jede Erweiterung dieser Macht bedeute eo ipso einen Gewinn, war eine Illusion. Die Welt, in der der Fortschritt sich abspielte, lebte in Wirklichkeit von der Zähigkeit gerade jener Überlieferungen, welche durch den Fortschritt zerstört wurden. Um 1850 schien das alles nicht bedrohlich. Der Zusammenbruch der Tradition hatte erst begonnen. Jeder einzelne der großen Naturforscher des 19. Jahrhunderts, die die Macht des Menschen über die Natur erweiterten, war noch immer ein Träger der Humanitas, ein Forscher, der der Wahrheit zu dienen glaubte. Daß es eine Wahrheit war, die sich ein halbes Saekulum später als Irrtum herausstellen sollte, konnte niemand wissen außer Propheten wie Kierkegaard, auf die kaum jemand hörte. Gegen Ende des Jahrhunderts wurde es große Mode, Atheist zu sein.

Die Macht ist ein zweischneidiges Schwert. Solange die Zivilisation intakt war, schien die Möglichkeit des Bösen nicht gefährlich. Im Rahmen einer Welt, in der die Humanitas das Ideal war, dem alle nachstrebten, durfte man immer annehmen, daß man es in der Hand habe, wie man die Macht verwenden wolle. Vor allem durchschaute man nicht, daß der Fortschritt der Wissenschaft mit dem alleinigen Glauben an die Wahrheiten der Physik jenen Materialismus herbeiführen mußte, der es fast dazu gebracht hätte, die Humanitas aller ihrer Grundlagen zu berauben. Wissenschaft als Ersatzglaube richtet noch mehr Unheil an als ihre Resultate.

Daß der Mensch im Kern krank war, kann man daraus ersehen, daß mit dem Abklingen des Biedermeier in Europa die Fähigkeit, Stil zu bilden, mit einem Schlag aufhörte. Um 1850 begannen die großen Scheußlichkeiten in Architektur, Malerei und Dichtung.

Die Kunst wurde esoterisch, eine Angelegenheit der Wenigen, der Bewahrer, der Elite. Es ist der gleiche Zeitpunkt, zu dem die Überlieferung der Humanitas an Kraft verlor. Noch wahrte Heuchelei eine Zeitlang die äußeren Formen. Dann zerbrach auch sie. Es wurde Methode, schändliche politische Systeme mit alten ehrwürdigen Namen zu benennen. So wurden wir die Zuschauer, die Teilnehmer und schließlich die Opfer jenes allmählich schon historisch gewordenen Vorgangs, daß politische Macht sich von den antiken und christlichen Überlieferungen mit brutaler Offenheit endgültig lossagte.
Der Kampf zwischen Macht und Humanität hatte, im gleichen Jahrhundert, in dem Galilei und Kepler geboren wurden, begonnen mit der Disputation von Salamanca vor Kaiser Karl v. zwischen dem Pater Bartholomé de las Casas, der die Menschenrechte der Indios verteidigte, und dem Doctor Juan Ginés de Sepulveda, der die Dialektik der Macht vertrat. Was im 20. Jahrhundert die Dialektik der Macht zu verteidigen hat, ist nicht mehr die Idee des Heiligen Römischen Reiches, nicht mehr der Glanz der Krone des Allerchristlichen Königs, nicht mehr das Banner der Freiheiten der Magna Charta, es ist nur noch der von Napoléon Bonaparte geschaffene Sacro egoismo der Nationen, der Europa, trotz der Einheit seiner Zivilisation, einem Zustand der Zerstücklung ausgeliefert hat, welcher dem Mittelalter unbekannt war. Die Politik im 19. Jahrhundert hatte einen krummen Rücken. Jacob Burckhardt meint, Macht sei böse an sich. Welche Beweise hat das 20. Jahrhundert dafür erbracht! Es ist die Idee der Demokratie, daß Macht, welche das Böse ist, zu beschränken sei. Es ist eine bescheidene Idee. Sie entbehrt der Brillanz, mit der Macht seit je Massen zu blenden wußte. Demokratie ist, was sie seit den goldenen Tagen unserer Jugend, seit den Tagen von Hellas immer schon war, die einzige Form von Macht, die sich mit Humanität verträgt.

Das Alte Testament

Jahreszahlen der Geschichte haben von jeher als trocken und langweilig gegolten, obwohl sie doch großartige oder schreckliche Ereignisse anzeigen, die nach Jahrhunderten noch ihre Wirkung auf uns ausüben. Macht sich einer nun gar daran, die Geschichte eines Buches in Jahreszahlen zu erläutern, scheint es, als ob nur noch Papier raschle, als ob das eine lebensferne Studierstubenangelegenheit sei. Wenn aber der Leser seine Bibel in die Hand nimmt, dieses Buch, das auf die Geschichte der Menschheit einen Einfluß ausgeübt hat wie kein anderes auf der Welt, und sich fragt: »Wie alt ist eigentlich die Bibel?«, wird er entdecken, daß er darüber ziemlich wenig weiß.

Nun ist es sicher, daß es wichtiger ist, was einer aus der Bibel weiß, als was er über sie weiß. Aber die Bibel enthält die Offenbarungen der christlichen Religion. Und diese Bibel ist gedruckt vor drei, vor zehn, vor hundert Jahren. Die Ereignisse, welche die Bibel schildert, liegen dreitausend Jahre und weiter zurück. Worauf beruht die Sicherheit der Überlieferung? Woher wissen wir, daß alle diese so lange vergangenen und noch immer so lebendigen Ereignisse uns in der richtigen Weise überliefert sind? In der Bibel steht, daß Gott mit Abraham gesprochen habe. Das ist viertausend Jahre her, und des Lesers Bibel ist vielleicht zehn Jahre alt! So ist es wohl doch eine wichtige Sache, einmal zu fragen: »Wie steht es um die Überlieferung?« Das Mittelalter hat sich über diese Frage keine Gedanken gemacht. Von Jahrhundert zu Jahrhundert wurde der Text der Bibel von Manuskript zu Manuskript immer wieder abgeschrieben. Diese Textübertragungen waren sorgfältig und genau. Außerdem waren sie schön. Alte handgeschriebene Bibeln sind oft mit kostbaren Miniaturen geschmückt. Die Mönche, welche die Abschriften machten, hatten immer nur jeweils ein Manuskript vor sich liegen, von dem sie vielleicht wußten, wer es abgeschrieben hatte; aber schon das Manuskript, von dem diese Abschrift stammte, hat der Schreiber meist nicht mehr gekannt. Bis zu Gutenberg zurück ist die Überlieferung zuverlässig. Von den ersten Lutherbibeln, die er gedruckt hat, sind eine ganze Anzahl Exemplare in den großen Bibliotheken der Welt erhalten geblieben. Die letzten vierhundert Jahre machen uns also, was die Sicherheit der Überlieferung angeht, keine Sorgen.

Wie alt mag das hebraeische Manuskript gewesen sein, aus dem Luther übersetzt hat? Was war das für ein Text? Von Luther aus gesehen war es gar kein sehr altes Buch.

Es war die Ausgabe des Alten Testaments von Gerson Ben Moshe Soncino, erschienen in Brescia bei Ben Asher im Jahre 1494, also knapp ein Menschenalter, bevor Luther sich an die Übersetzung machte.

Zu Luthers Lebzeiten noch erschien in Venedig die Ausgabe des Jakob Ben Chajim. Er war ein Flüchtling aus Tunis, der später zum christlichen Glauben übertrat. Die Ausgabe beruht auf Handschriften des 13. und 14. Jahrhunderts und galt bis in die Neuzeit als die beste der vorliegenden Editionen. Die Gelehrten haben unterdessen eine Biblia Hebraica geschaffen, die hauptsächlich auf ein um mehrere Jahrhunderte älteres Manuskript zurückgeht, den Mustercodex des Aaron Ben Moshe ben Asher, der bis 1947 in der Synagoge von Aleppo aufbewahrt wurde. Bei antijüdischen Ausschreitungen wurde der Codex unter Verlust eines Viertels seines Umfangs gerettet. Er wird heute in der Universität Jerusalem behütet. Manuskripte, die weiter zurückgingen als ins 10. Jahrhundert nach Christi Geburt, waren bis zum Ende des vorigen Jahrhunderts nicht bekannt. Hebraeische Manuskripte des Alten Testaments sind deshalb etwas Seltenes, weil sie von den Rabbinern nicht aufgehoben, sondern, um sie vor Entheiligung zu schützen, in zeremonieller Weise der Erde anvertraut wurden. Durch einen Glücksfall sind uns eine Anzahl solcher Manuskripte erhalten geblieben. Im Jahre 1890 wurden an der Synagoge von Alt-Kairo Reparaturarbeiten vorgenommen. Diese ursprünglich dem heiligen Michael geweihte Kirche war seit 882 Synagoge. Bei den Arbeiten entdeckte man eine Geniza, die zugemauert war. Die Geniza ist von alters her der Aufbewahrungsraum der Synagoge für die Thorarollen, die den Pentateuch enthalten. Vielleicht war es bei irgendeiner Belagerung oder einem Aufstand, daß ein frommer Rebbe die heiligen Schriften vor der Profanierung schützen wollte. Darüber mag er gestorben sein. Die zugemauerte Geniza wurde vergessen. Sie hat uns eine größere Zahl Manuskripte aus dem 6. bis 9. nachchristlichen Jahrhundert erhalten. Hier sind wir etwa anderthalbtausend Jahre in der Überlieferung zurück. Selbstverständlich fragt man sich nunmehr, wie weit wir damit noch von der Zeit der ersten Niederschrift entfernt sind.

Man nimmt heute allgemein an, daß die erste Niederschrift des Pentateuch, der fünf Bücher Mose, etwa im 10. oder 9. Jahrhundert vor Christi Geburt erfolgte, also zur Zeit der Könige, und daß eine gewisse Endgültigkeit des Textes der Thora und der Propheten zur Zeit des Esra, also nach der Rückkehr aus der Babylonischen Gefangenschaft, erreicht war. Doch ist zum Beispiel das Buch Daniel, der jüngste Teil des Alten Testaments, vermutlich erst um 164 vor Christi Geburt verfaßt worden. Wie aus den zahlreichen hebraeischen Überlieferungen die Sammlung entstand, die wir heute das Alte Testament nennen, darüber ist historisch nicht viel bekannt. Wir wissen nur mit einer gewissen Sicherheit über ein Datum Bescheid, das der Synode von Jamnia, um 90 nach Christi Geburt. Auf dieser Synode wurde der uns heute vorliegende Kanon des Alten Testaments festgesetzt.

Was hat das Studium der hebraeischen Bibeltexte aus der Geniza von Kairo ergeben? Die Manuskripte stammen, wie gesagt, teilweise noch aus dem 6. Jahrhundert nach Christi Geburt. Es waren also Texte, die etwa tausend Jahre älter waren als der Text des Ben Moshe aus dem Jahre 1494. Wie genau war die Überlieferung in diesen tausend Jahren gewesen? Bei einer so diffizilen Frage muß man die Antwort sorgfältig erwägen. Es ist eine heilige Schrift, und da kann schon ein einziger Irrtum von schwerwiegender Bedeutung sein. So soll diese Frage nicht theologisch, sondern literarisch beantwortet werden. Bei einer großen Zahl von Textabweichungen im einzelnen war die Überlieferung erstaunlich genau geblieben. Philologen und Theologen hatten das erwartet.

Mit der Festlegung des Kanon durch die Synode von Jamnia war die Achtung vor der überkommenen Textüberlieferung gewachsen. Die Soferim, die Schriftgelehrten, bemühten sich um Feststellung und Sicherung eines einwandfreien Wortlauts. Es entstand die Masora. Das ist das hebraeische Wort für Überlieferung. Zunächst war die Masora mündlich, vom 3. Jahrhundert nach Christi Geburt an auch schriftlich. Die Masoreten, »die Überlieferer«, haben in jahrhundertelanger wissenschaftlicher Arbeit ihren authentischen Wortlaut festgesetzt. Außerdem haben sie das Hebraeische, das ursprünglich nur in Konsonanten geschrieben wurde, mit einer Punktation, einem in Punkten ausgedrückten System von Vokalen, versehen. So verdienstvoll das war, wissen wir freilich auch, daß die Masoreten, nach Festsetzung eines authentischen, seit damals für das Judentum gültigen Wortlauts, in philologischem Hochmut Manuskripte anderen Wortlauts vernichtet haben.

Um also zu erfahren, wie weit der hebraeische Text der Masoreten der rabbinischen Überlieferung mit dem ursprünglichen Text des Alten Testaments, wie er auf der Synode von Jamnia festgesetzt wurde, übereinstimmt, nützen die Manuskripte aus der Geniza von Kairo noch nichts. Um hier weiterzukommen, gab es zwei Wege und eine Möglichkeit. Der erste Weg war der Vergleich mit dem Samaritanischen Pentateuch, der zweite der Vergleich mit der ersten griechischen Übersetzung des Alten Testaments, der Septuaginta. Die Möglichkeit war die Entdeckung älterer und früherer Manuskripte.

Diese Möglichkeit ist in einer ganz unvorhersehbar großartigen und überraschenden Weise Wirklichkeit geworden. Im Jahre 1902 wurde der Papyrus Nash publiziert. Er gehört der Universitätsbibliothek von Cambridge. Papyri waren seit den ältesten Zeiten in Aegypten das Schreibmaterial. Seit den Feldzügen Alexanders des Großen und der Errichtung der Ptolemaierdynastie in Aegypten durch Ptolemaios I., den Feldherrn Alexanders des Großen, war die offizielle Sprache in Aegypten griechisch. Hebraeische Papyri in Aegypten sind darum selten, so groß die Zahl der Papyri ist, die der Wüstensand unserer wissenschaftlichen Neugier bewahrt hat.

Der Papyrus Nash wird in das zweite Jahrhundert datiert, also vor die Zeit der schriftlichen Masora. Freilich enthält der Papyrus Nash nur die Zehn Gebote und das »Höre Israel, der Herr unser Gott ist ein einiger Herr und du sollst den Herrn, deinen Gott,

liebhaben von ganzem Herzen, von ganzer Seele, von allem Vermögen«. Das ist aus dem Deuteronomium, dem 5. Buche Mose, Kapitel 6, Vers 4 und 5, als Moses vor seinem Tod noch einmal dem Volke Israel die Gebote vom Berge Horeb erklärt. Die Niederschrift des Papyrus erfolgte kaum viel später als hundert Jahre, nachdem Jesus mit diesem Vers dem Schriftgelehrten antwortete, der ihn gefragt hatte, welches das vornehmste Gebot von allen sei. Markus berichtet diese Szene im 12. Kapitel seines Evangeliums.
Hundert Jahre sind nicht viel. Es wäre das, auf unsere Zeit bezogen, etwa das Jahr 1860. Briefe seines Großvaters oder Urgroßvaters aus dieser Zeit mag mancher von uns noch in seinem Schreibtisch bewahren. Aber die Entdeckung des Papyrus Nash war nur ein Anfang. Es sollte viel aufregender kommen. Im Jahre 1947 fanden Beduinen in einer schwer zugänglichen Höhle am Toten Meer Buchrollen, die, in Leinen eingeschlagen, gegen die Feuchtigkeit mit Pech geschützt, in Krügen lagerten. Diese komplizierte Form der Aufbewahrung mag sonderbar erscheinen. Aber nicht nur, daß sie uns diese kostbaren Rollen erhalten hat, sie ist uralt. Jeremia, nachdem er, nach der Rückkehr aus Babylon, den Acker gekauft hat, befiehlt dem Baruch: »Nimm diese Briefe, den versiegelten Kaufbrief samt dieser offenen Abschrift und lege sie in ein irdenes Gefäß, daß sie lange bleiben mögen.« Das treue Festhalten an altmodischen Gewohnheiten der Vorfahren vermag zuweilen großen Nutzen für die Nachfahren zu stiften! Die Rollen aus der Höhle am Toten Meer enthalten unter anderem den Propheten Jesaja, Stücke aus Daniel, einen Kommentar zu Habakuk. Aus der Art der Schriftführung ist mit Sicherheit zu schließen, daß es sich um Schriften vormasoretischer Zeit handelt. Es ist wahrscheinlich, daß sie sogar aus vorchristlicher Zeit stammen.
Weitere Fragmente wurden 1949 gefunden und neuerdings sind noch einmal Rollen entdeckt worden. Unglücklicherweise haben die Beduinen begriffen, welche außerordentlichen Werte diese Schriftrollen darstellen. So verbergen sie sie zunächst sorgfältig irgendwo in der Wüste. Eine Jagd, die Reiter der Arabischen Legion auf eine Gruppe von Beduinen veranstalteten, von denen man wußte, daß sie Schriftrollen gefunden hatten, »verlief im Sande«. So mag manches vorläufig verschwunden sein. Da diese Dinge viel Geld wert sind, werden sie aber wieder auftauchen.

Der Veröffentlichung der Schriftrollen geht eine äußerst minutiöse und zeitraubende Arbeit voraus. Millimeter für Millimeter müssen sie abgerollt werden. Im Museum in Jerusalem wird eine aus Kupferfolie bestehende, beschriebene Rolle der allerjüngsten Funde am Toten Meer aufbewahrt. Die Fachleute meinen, daß es eine Arbeit von Jahren sei, diese Rolle erst einmal so auseinanderzufalten, daß man sie werde lesen können. Eine der beiden Rollen aus dem Fund am Toten Meer ist veröffentlicht. Sie besteht aus siebzehn aneinandergenähten Lederstreifen, auf die in vierundfünfzig Kolumnen alle sechsundsechzig Kapitel des Jesajatextes geschrieben sind. Dieser Text, der also ungefähr siebenhundert Jahre älter ist als die Texte aus der Geniza in Kairo, enthält zwar zahlreiche Abweichungen in der Wortwahl, in der Grammatik und vor allem in der Rechtschreibung, aber es finden sich keine größeren Textverschiedenheiten, weder an Zusätzen, noch an Auslassungen, noch an Umstellungen. Der Prophet Jesaja selbst hat etwa um 700 vor Christi Geburt gelebt. Nun kann man es nicht beweisen, aber es ist eine erlaubte Annahme, daß ein Verderb des Textes in der alten Zeit nicht wahrscheinlicher ist als in einer späteren Epoche, die das Erbe der Väter, die heiligen Schriften der Propheten, noch immer mit einer solchen Treue bewahrte.

Ein weiteres wichtiges Argument für die Zuverlässigkeit literarischer Überlieferungen in alten Zeiten ist die Tatsache, daß es, der Kostbarkeit des Schreibmaterials wegen, eine weitverbreitete Sitte war, Texte auswendig zu lernen. Daß ein Theologe oder einfach auch nur ein frommer Mann ganze Kapitel der Bibel, oder ein Humanist ganze Gesänge der Ilias auswendig konnte, war sogar bei uns noch vor zwei Generationen nichts Ungewöhnliches. Unter den Mullahs des Islam gibt es noch heute manchen, der den ganzen Koran auswendig kann.

Der Prophet Mohammed hat die Juden »das Volk des Buches« genannt. Tatsächlich spielt der Respekt vor dem Geschriebenen eine überragende Rolle im jüdischen Geistesleben. Ihre Schriftgelehrten sind die ersten großen Philologen in der Geschichte dieser Wissenschaft, die ersten, die sich nicht nur für den Inhalt eines Werkes interessierten, sondern die erkannten, was Text als solcher für eine gewaltige Bedeutung habe. Die moderne Textkritik

ist auf ihrer bewundernswerten wissenschaftlichen Vorarbeit aufgebaut, auch wenn Ziele und Aufgaben der hebraeischen Schriftgelehrten von damals natürlich andere waren als die der heutigen Philologie.
Welche Überraschungen die Archaeologie uns noch bieten wird, ist nicht vorauszusehen. Da die alten Hebraeer auch schon in früheren Zeiten, wie aus einer Stelle bei Jeremia zu schließen ist, auf Leder geschrieben haben, ist es möglich, daß unter glücklichen Umständen noch ältere Dokumente biblischer Handschriften gefunden werden könnten. Wir wissen also nun, daß wir einen Text des Alten Testaments vorliegen haben, der nur wenig von dem abweicht, der zu Jesu Zeiten bei seinem Volk in Gebrauch war.
Für die Thora, den ältesten Teil des Alten Testaments, gibt es ein weiteres Zeugnis der Zuverlässigkeit der Überlieferung. Als die Samaritaner sich vom Volke Israel trennten, nahmen sie als einziges heiliges Buch die Thora mit. Wann die Trennung stattgefunden hat, ist nicht genau bekannt. Ein späterer Geschichtsschreiber berichtet, die Samaritaner hätten von Alexander dem Großen die Erlaubnis erhalten, ihren Tempel auf dem Heiligen Berge Garizim in Palaestina zu errichten. Das wäre dann also um 330 vor Christi Geburt gewesen. Ihren Pentateuch haben die Samaritaner über die Jahrhunderte bewahrt. Das Volk, dem der barmherzige Samariter angehörte, ist offenbar zäh und äußerst konservativ gewesen. Es hat bis in unsere Zeit hinein gelebt. Noch im Anfang unseres Jahrhunderts haben die Samaritaner ihre Feste unter einem Hohenpriester abgehalten, dessen Amt in einer Familie des Stammes Levi erblich war. Jedes Jahr zum Passahfest wurden, streng nach dem Gesetz Mose, sieben Passahlämmer geopfert. Dieses Ritual hatte sich seit Alexander dem Großen unverändert erhalten. Ihr heiliges Buch, der Samaritanische Pentateuch, ist, da die Samaritaner von den Juden streng getrennt lebten, außerhalb des Einflusses der hebraeischen Schriftgelehrten geblieben. Er dürfte also die Form darstellen, die im 4. Jahrhundert vor Christi Geburt, als also die Trennung der Samaritaner von den Juden mit Sicherheit als schon vollzogen angenommen werden darf, die Thora, die fünf Bücher Mose, hatte.
Die Frage der Übereinstimmung des Textes des Samaritanischen Pentateuch mit dem der Thora, den fünf Büchern Mose des Vol-

kes Israel, ist etwas komplizierter. Zwar stimmen sie im wesentlichen überein. Schon im 4. Jahrhundert muß es gemeinsame Formen der Überlieferungen gegeben haben. Auf der anderen Seite zeigt der Text des Samaritanischen Pentateuch doch etwa sechstausend Abweichungen von dem masoretischen Text, der unserer Bibel zugrunde liegt. Die Abweichungen sind überwiegend stilistischer und orthographischer Art, aber sie zeigen, daß es einen kanonischen, einen festgelegten Text um diese Zeit noch nicht gegeben hat. Wir müssen, um das Jahr 200 vor Christi Geburt, eine zweite kanonische Stufe annehmen, die die Festlegung der Form der heiligen Schriften, wie sie nach der Rückkehr aus der Babylonischen Gefangenschaft vorgenommen worden war, ergänzt hat. Ein Altes Testament in dem Sinn, wie wir das Wort heute gebrauchen, dürfte es also erst seit dem Beginn des 2. Jahrhunderts geben. Nur der Text der Thora dürfte schon mit dem Ende der Babylonischen Gefangenschaft, also um das Jahr 538 vor Christi Geburt, abgeschlossen gewesen sein.
Die Abweichungen des Samaritanischen Pentateuch von dem mittelalterlichen Masoretentext der jüdischen Überlieferung ist noch aus einem anderen Grund von Bedeutung. Etwa zweitausend der sechstausend Abweichungen, die der Samaritanische Pentateuch gegenüber dem jüdischen Text hat, finden sich auch in der Septuaginta, der ersten griechischen Übersetzung des Alten Testaments. Septuaginta ist das lateinische Wort für die Zahl sieben. König Ptolemaios II. Philadelphos von Aegypten, 285–247, war der Mäzen, der diese griechische Übersetzung für die Bibliothek von Alexandreia anfertigen ließ. So wenigstens lautet die Überlieferung. Dieser König muß ein sympathischer Fürst gewesen sein. Eine Portraitbüste von ihm im Museum in Alexandreia zeigt einen vornehmen, gescheiten, wohlwollenden Herrn, über dessen Antlitz ein liebenswürdiges Lächeln spielt. Er hatte Eleasar, den Hohenpriester in Jerusalem, um eine Übersetzung des Alten Testaments gebeten. Eleasar ließ die Übersetzung von zweiundsiebzig Gelehrten, nämlich sechs aus jedem der zwölf Stämme Israels, in zweiundsiebzig Tagen in Alexandreia herstellen. Jeder der zweiundsiebzig Gelehrten übersetzte den ganzen Text für sich allein. Als die Gelehrten aus ihrer Klausur heraustraten, ihre Manuskripte abzuliefern, seien sie alle wörtlich gleich gewesen. Diese Legende

zeigt, welche Bedeutung in der aufgeklärten und gebildeten Epoche des frühen Hellenismus der Genauigkeit eines Textes beigemessen wurde.
Sicher ist, daß der Text der Septuaginta von verschiedenen Übersetzern stammt. Und jedenfalls ist das Werk der Übersetzung zur Zeit des Ptolemaios Philadelphos begonnen und vielleicht auch von diesem der Gelehrsamkeit gegenüber freigebigen Fürsten unterstützt worden. Der Anlaß zur Übersetzung war wohl ein praktisches Bedürfnis der großen und wohlhabenden jüdischen Gemeinde von Alexandreia. Ihre tägliche Umgangssprache war das Griechische. Viele von ihnen hatten ihr Hebraeisch vergessen.
Daß es Übereinstimmungen zwischen dem Text des Samaritanischen Pentateuch und der Septuaginta gibt, welche vom Text der masoretischen Überlieferung abweichen, beweist, daß es im 3. vorchristlichen Jahrhundert noch immer verschiedene Versionen von Texten gegeben haben muß, welche später von den Masoreten zugunsten des von ihnen festgelegten Textes ausgemerzt wurden. Die Veröffentlichung des Alten Testaments in griechischer Sprache im Alexandreia des 3. Jahrhunderts war ein literarisches Ereignis höchsten Ranges. Die Auswirkungen auf Dichtung und Literatur des Hellenismus waren bedeutend. Sehr schön sagt Hadas einmal: »Wie glühendes Erz ergoß sich die Sprache der Propheten in die Prosa des Hellenismus.« Sie hat manches verbrannt, aber aus der Asche erblühten neue Kostbarkeiten.
In der Geschichte des Christentums hat die Septuaginta eine große Rolle gespielt. Eine Fülle von Handschriften dieser Übersetzung sind erhalten geblieben; die ältesten vollständig erhaltenen Manuskripte der Septuaginta stammen aus dem 4. Jahrhundert nach Christi Geburt. Doch gibt es Papyri sogar aus vorchristlicher Zeit. Einer der berühmtesten ist der Papyrus Greek 458 der John Rylands Library in Manchester, der aus der Mitte des 2. Jahrhunderts vor Christus stammt. Eines seiner Fragmente enthält die Stelle aus dem 5. Buch Mose, Kapitel 26, Vers 17: »Dem Herrn hast du heute zugesagt, daß er dein Gott sei, daß du wollest in allen seinen Wegen wandeln und halten seine Gesetze, Gebote und Rechte und seiner Stimme gehorchen.«

Das Jahr 1859 ist durch zwei literarische Ereignisse ausgezeichnet, welche in gleicher Weise Aufsehen erregten. So entgegengesetzt ihre Wirkungen waren, sie betrafen dasselbe Thema, das Verhältnis des Menschen zur Schöpfung. In diesem Jahr 1859 starb Clemens Fürst Metternich, der auf dem Wiener Kongreß das 18. Jahrhundert noch einmal hatte aufleben lassen. Geboren wurden in Berlin Kaiser Wilhelm II., in Prag der Philosoph Edmund Husserl, die das 20. Jahrhundert einleiten sollten. Während Rußland den Kaukasus eroberte, wurde von Holland die Sklaverei aufgehoben. Bunsen und Kirchhoff schufen die Theorie der Spektralanalyse. Marx veröffentlichte die »Kritik der politischen Ökonomie«.

Das alles ist Vergangenheit. Die beiden literarischen Ereignisse des Jahres 1859 dagegen sind unverändert aktuell. Das eine war das Erscheinen eines gelehrten naturwissenschaftlichen Werkes »On the Origin of Species by Means of Natural Selection, or the Preservation of Favoured Races in the Struggle of Life – Über die Entstehung der Arten durch natürliche Auslese, oder die Erhaltung bevorzugter Rassen im Kampf ums Dasein«. Das andere Ereignis war die Entdeckung einer Bibelhandschrift im Kloster der heiligen Katharina am Berge Horeb an der Stelle, wo einst Moses die Stimme Gottes aus dem Brennenden Dornbusch vernommen hatte.

Die Entdeckung der Bibelhandschrift, des Codex Sinaiticus, durch Konstantin v. Tischendorf, den glänzenden Gelehrten und Kenner der frühen Dokumente der Christenheit, und das Buch des genialen englischen Naturforschers Charles Darwin haben die Welt mehr verändert als die vielfältigen kriegerischen Ereignisse jener Zeit. Es war kein schlechtes Jahrhundert, in dem die Wirkung von Büchern sensationeller und tiefergehend war als die Wirkung von Schlachten. Das 19. Jahrhundert unternahm den Versuch, ein naturwissenschaftliches Weltbild zu schaffen. Den Kosmos mechanisch-physikalisch und das Leben in ihm biologisch deuten zu wollen erschien als ein aussichtsreiches Unternehmen. Darwins Theorie über die Entstehung der Arten war ein wichtiger Beitrag zu dem Versuch, die Herkunft des Menschen naturwissenschaftlich zu erklären. Dieser Versuch wandte sich notwendig gegen den Bericht im 1. Buch Mose von der Erschaffung des Lebens auf Erden.

Es hat nahezu hundert Jahre gedauert, bis gezeigt werden konnte, daß die Theorie Darwins die überlieferte Geschichte der Schöpfung nicht zu ersetzen vermag. Die christliche Religion mit ihrem Glauben an die Erschaffung der Welt durch Gott sah sich in die Verteidigung gedrängt. Der jüdische Philosoph Philon, zehn Jahre vor Christi Geburt in Alexandreia geboren, hat gesagt, alles, was im Alten Testament stehe, sei Wahrheit, und alles, was Wahrheit sei, stehe im Alten Testament. Die frühen Kirchenväter hatten den Versuch unternommen, diese Behauptung für die ganze Bibel als richtig zu beweisen. Dieser alte, in seiner Einfachheit so schöne Satz konnte im 19. Jahrhundert nicht mehr aufrechterhalten werden. Wissenschaftlicher Spott ergoß sich über den Glauben. Blättert man in den theologischen Schriften des 19. Jahrhunderts, ist es zuweilen geradezu rührend zu sehen, wie die Theologen bescheiden versuchten, aus der Überlieferung der Bibel das hinwegzuinterpretieren, was dem »Stand der Wissenschaft« zu widersprechen schien. Nichts von dem, was 1859 »der Stand der Wissenschaft« war, wird heute für eine gültige Wahrheit gehalten mit der einzigen Ausnahme der Theorie des historischen Materialismus. Doch ist auch diese Theorie nicht mehr ein Gegenstand des Wissens. Sie muß geglaubt werden!

Die durch den Angriff der Naturwissenschaft auf die Wahrheit der Bibel in die Verteidigung gedrängte Theologie des 19. Jahrhunderts sah sich vor die Notwendigkeit gestellt, ihre Quelle einer wissenschaftlichen Textkritik zu unterziehen. Mochte das gläubigen Christen noch so sehr als unfromm, hoffärtig, ja als sündhaft erscheinen, es war unmöglich, dem naturwissenschaftlichen Gegner mit seinen faszinierenden Theorien kampflos das Feld zu überlassen. Für den christlichen Glauben bestand keine unbedingte Notwendigkeit, den Bibeltext unter eine wissenschaftlich-kritische Lupe zu nehmen. Im Kampf gegen den Materialismus wurde das unerläßlich. Die wissenschaftliche Textkritik der Bibel hatte ein glänzendes Resultat.

Der erste Akt der biblischen Textkritik war die Untersuchung der Zuverlässigkeit der Quellen, die Erforschung von Alter und Echtheit der Handschriften, auf welche sich der kanonische Text der Bibel stützt.

Der Text des Alten Testamentes lag, als das Christentum in die Geistesgeschichte der Antike eintrat, im wesentlichen fest. Die Entstehung des Neuen Testaments war ein sehr komplizierter Vorgang, der die Entwicklung des Christentums in erheblichem Umfang beeinflußt hat. Es ist nicht angängig, zwischen dem religiösen Wert des Alten und dem des Neuen Testaments Unterschiede zu machen. Das Alte Testament war ein wesentlicher Bestandteil der geistigen Welt Jesu und der Apostel. Augustin hat einmal gesagt: »Das Neue Testament liegt verborgen im Alten Testament und das Alte Testament tut sich kund im Neuen Testament.« Das Neue Testament enthält etwa zweihundertfünfzig Zitate aus dem Alten Testament und etwa neunhundert mehr oder weniger deutliche Anspielungen auf dasselbe.

Das Neue Testament ist eine Auswahl aus einer Anzahl früher heiliger Schriften. Es gibt apokryphe Evangelien, die nicht in den Kanon aufgenommen worden sind. Man kann zwei Zeitpunkte angeben, die für seine Entstehung wichtig sind. Am Ende des 2. Jahrhunderts nach Christi Leben auf Erden lag die Idee des Neuen Testaments fest. Die Festsetzung des Kanons in der Form, die er heute hat, fällt in das Ende des 4. Jahrhunderts. Es war gerade die Vielfalt der Lehren in den frühen Jahrhunderten, welche die sich bildende Kirche zwangen, einen kanonischen Text festzulegen. Die Festlegung fällt zusammen mit dem in der Christenheit sich durchsetzenden Glaubensbekenntnis des Konzils von Nicaea.

Wir haben keine sichere Kenntnis davon, wann die vier Evangelien niedergeschrieben wurden. Das älteste ist wahrscheinlich das Evangelium des Markus. Man kann aber mit Sicherheit gewisse Daten festlegen, zu denen es die Evangelien gegeben haben muß. Das ist zunächst einmal das Jahr 185, in welchem Irenaeus von den vier Evangelien so selbstverständlich spricht wie von den vier Winden oder den vier Himmelsrichtungen. Um diese Zeit lagen also die heute kanonischen Evangelien schon fest. Dieses Datum hat man weiter in die Vergangenheit zurückschieben können. Es stellte sich heraus, daß etwas, was lange Zeit als Mangel des Textes galt, Beweiskraft für sein Alter hatte. Wir haben zahlreiche Zeugnisse dafür, daß gebildete Hellenen das Griechisch des Tex-

tes des Neuen Testaments als literarisch armselig betrachteten. Die Ursache für diesen Abstand zwischen dem Griechisch des Neuen Testaments und dem klassischen Griechisch, welches die an den großen Philosophen geschulten Gebildeten immer noch beherrschten, war einfach. Textvergleiche mit profanen griechischen Schriften der gleichen Zeit haben ergeben, daß die Verfasser des Neuen Testaments nicht den Ehrgeiz hatten, klassisches Griechisch zu schreiben. Sie schrieben das Griechisch der Umgangssprache, die Koine, die sich in den drei oder vier Jahrhunderten seit Aristoteles natürlich verändert hatte. So haben Sprachanalysen des nicht in das Neue Testament aufgenommenen Evangelium Petri ergeben, daß dieses auf keinen Fall später als 140 nach Christi Geburt niedergeschrieben sein kann, daß es aber wahrscheinlich früher ist. Das Griechisch dieses Evangeliums ist das profane Griechisch, welches am Ende des 1. Jahrhunderts gesprochen wurde. Und dieses Evangelium Petri nimmt Bezug auf die vier anderen Evangelien. Es besteht heute kaum noch ein Zweifel darüber, daß die Evangelien nicht später als fünfzig bis sechzig Jahre nach Christi Tode niedergeschrieben wurden. Wenn man heutige Jahreszahlen einsetzt, würde das bedeuten, die Niederschrift der Evangelien ist von den Ereignissen durch keine größere Zeitspanne getrennt, als Ereignisse aus den Jahren 1910–1920 von uns. Die an und für sich schon höchst törichte Vermutung, die Evangelien seien Fälschungen, von listigen Klerikern in späteren Zeiten verfaßt, wird damit vollends als absurd erwiesen.
Es sei noch auf zwei frühe Überlieferungen hingewiesen, die im kanonischen Text nicht vorkommende Worte des Herrn mitteilen. Die eine Sammlung wurde im Jahre 97 nach Christi Geburt von Clemens von Rom herausgegeben, die andere von Polycarp, Bischof von Ephesos, etwa 112 nach Christi Geburt. Wir haben auch Stützen für die Annahme, daß das Matthäusevangelium schon am Beginn des zweiten Jahrhunderts, also zur Zeit Polycarps, in Antiocheia christlichen Gelehrten bekannt war.
Wie alt sind die Dokumente selbst? Wie nahe rückt die Zeit der Niederschrift der frühesten uns erhaltenen Dokumente an die Zeit ihrer ersten Niederschrift heran? Die Gesamtzahl der Manuskripte des Neuen Testaments, die wir besitzen, ist eindrucksvoll. Wir verfügen über ungefähr einhundertsiebzig Papyrusmanuskripte

und Fragmente, die meisten im trocknen Sand Aegyptens ausgegraben; ferner über zweihundert Manuskripte und Fragmente in der frühen sogenannten Uncialschrift und über zweitausendvierhundert Manuskripte in der späteren Minuskelschrift. Das früheste Fragment eines Manuskripts des Neuen Testaments, das wir besitzen, ist ein höchst eindrucksvolles Dokument. Es ist der berühmte Papyrus Rylands Greek Nr. 457. Er ist ein kleines, unscheinbares, auf beiden Seiten beschriebenes Papyrusblatt von der Größe einer Handfläche, das einige Worte aus dem Evangelium Johannis enthält. Es wurde 1935 in der John Rylands Bibliothek in Manchester entdeckt. Es befand sich unter einer Anzahl Papyri, die im Jahre 1920 in Aegypten erworben worden waren. Die Datierung kann aus Vergleichen mit anderen profanen Papyri und aus dem Stil der Handschrift erschlossen werden. Der Papyrus stammt aus der ersten Hälfte des 2. Jahrhunderts. Er ist also kaum mehr als fünfzig Jahre jünger als die erste Niederschrift des Evangelium Johannis!

Grenfell und Hunt gruben in Oxyrhynchos in Aegypten im Jahre 1896 einen Papyrus aus. Dr. Hunt betrachtete ihn und sein Auge fiel auf das Wort καρφος – kárphos, was Splitter heißt. Sogleich fiel dem bibelfesten Engländer das Wort ein aus Matthäus 7, 3–5 vom Splitter in des Bruders Auge. Der Papyrus enthielt Worte Jesu, die in dieser Form im Neuen Testament nicht vorkommen und vermutlich zu einem verlorengegangenen Evangelium gehören. Der Papyrus stammt aus dem 3. Jahrhundert.

Im Jahre 1931 wurde eine Sammlung von Papyri entdeckt, die nach Chester Beatty, dem Gelehrten, der sie erworben hatte, genannt wird. Sie stammt wahrscheinlich aus der Bibliothek einer christlichen Kirche. In ihr enthalten ist der vollständige Text der Briefe des Apostels Paulus. Die Datierung ist auf das Jahr 200 nach Christi Geburt anzusetzen. Dieses Manuskript ist hundert Jahre jünger als die erste Sammlung der Briefe des Paulus und nicht mehr als hundertfünfzig Jahre jünger als ihre erste Niederschrift.

Die ältesten mehr oder weniger vollständigen Manuskripte der ganzen Bibel sind Alexandrinische Manuskripte aus dem 4. Jahrhundert nach Christi Geburt. Sie gehören zu den kostbarsten Büchern, die es auf der Welt gibt. Das am längsten bekannte dieser Manuskripte ist der Codex Vaticanus. Er war schon im Besitz der Vatikanischen Bibliothek, als im Jahre 1475 ihr erster Katalog aufgestellt wurde. Napoléon, dieser gebildete Räuber, nahm das Manuskript 1809 mit nach Paris. Es war ein Tübinger Theologe, Leonhard Hug, der als erster das Alter des Codex erkannte. 1815 kehrte das ehrwürdige Buch in den Vatikan zurück. Seiner wissenschaftlichen Bearbeitung wurde es zugänglich, nachdem 1890 ein photographisches Faksimile veröffentlicht worden war.

Das zweite große Bibelmanuskript aus Alexandreia ist der Codex Alexandrinus des British Museum in London. Er ist etwa fünfzig Jahre später als der Codex Vaticanus niedergeschrieben. Sir Thomas Roe, Botschafter Seiner Britischen Majestät bei der Hohen Pforte, brachte ihn 1628 nach London mit als Geschenk des Patriarchen Cyrill Lucar von Konstantinopel an Karl I. König von England. Seit 1757 wird der Codex im British Museum aufbewahrt.

Der dritte der berühmten Codices ist der schon erwähnte Codex Sinaiticus. Nach einigen komplexen juristischen Transaktionen überreichte Tischendorf das Manuskript dem Zaren Alexander III. von Rußland. Im Jahre 1933 wurde der Codex für zwei Millionen Goldmark von den Russen nach England verkauft. Er befindet sich heute ebenfalls im British Museum. Er war eine der großartigsten Manuskriptentdeckungen in der Geschichte der Wissenschaft. Die textkritische Auswertung und der Vergleich mit anderen Manuskripten, die Tischendorf in jahrelanger Arbeit selbst durchführte, gab der Textkritik der Bibel eine breite und solide Basis. Eine große Zahl bedeutender Gelehrter haben der Fortführung dieser Arbeit ihr Leben gewidmet. Das Ergebnis ihres wissenschaftlichen Elans, ihrer philologischen Akribie und ihres Fleißes war die Erkenntnis einer über die kühnsten Erwartungen hinausgehenden Genauigkeit in der Überlieferung des biblischen Textes.

Selbstverständlich finden sich in den nahezu dreitausend Manuskripten des Neuen Testaments eine große Zahl von Textvariationen. Aber der größere Teil dieser Variationen ist geringfügigen Charakters. Es ist eine wissenschaftliche Tatsache, daß substantielle, den Sinn betreffende Abweichungen für nicht mehr als ein Tausendstel des ganzen Textes des Neuen Testaments festgestellt wurden. Die theologische Wissenschaft kann mit gutem

Gewissen sagen, daß wir in unseren Bibeln eine Überlieferung vor uns haben, die über fast zweitausend Jahre hinweg den originalen Text des Neuen Testaments aus der Zeit seiner ersten Abfassung im wesentlichen bewahrt hat.

Die enge zeitliche Nachbarschaft der ältesten uns erhaltenen Manuskripte des Neuen Testaments zu ihren Originalen ist erstaunlich genug. Sie wird aber noch erstaunlicher, wenn wir sie in Vergleich setzen zu den uns überlieferten klassischen Autoren. Bei den meisten Werken der klassischen Literatur der griechisch-römischen Welt sind wir abhängig von Manuskripten, deren älteste dem 9. bis 11. Jahrhundert nach Christi Geburt angehören. Die Texte der Klassiker sind durch eine Zeitspanne von tausend Jahren von ihren originalen Niederschriften getrennt. Niemand verfällt vernünftigerweise auf die Idee, große Zweifel in die Echtheit der klassischen Texte zu setzen. Für die Deutung der Bibel ist es von Wichtigkeit, daß ihre philologische Überlieferung so zuverlässig ist.

Diese Zuverlässigkeit in der Weitergabe des Textes der Heiligen Schrift ist eine scharfe Waffe im Streit der Geister um den Sinn des Weltgeschehens. Zwischen Moses und uns spannt sich eine auf vielen Pfeilern ruhende Brücke der Überlieferung, die, wie ein Aquaedukt, das Quellwasser der Offenbarung bis in unsere Tage hinein den Menschen bringt.

Der Widerspruch

Als Kaiser Karl v. am 25. Oktober Anno Domini 1555 vor den versammelten Reichsständen in Brüssel in einem feierlichen Staatsakt seine Abdankung vollzogen hatte, waren seine letzten Worte: »Und nun, Ihr Herren, beachtet es nicht weiter, wenn mir altem, müden Manne jetzt die Tränen kommen ...« Höchste Würde und höchste Menschlichkeit in einem Atemzug, so nahm das Mittelalter Abschied von Europa. Wie die Wolken, die die Nacht schon heraufsendet, von den Strahlen der untergehenden Sonne vergoldet werden, war die Trauer dieses Abschieds noch einmal von imperialem Glanz.
Der Ritter, als den Tizian uns Karl v. nach der Schlacht von Mühlberg gemalt hat, ist noch ein mittelalterlicher Held, Enkel der Herzöge von Burgund, Nachfahr des heiligen Georg, der auszog, den Drachen zu töten. Der alte Mann, der im Kloster von San Jeronimo de Yuste sitzt, dieser Mönch der Macht, umgeben vom Luxus kostbarer flandrischer Gobelins und den schönsten Bildern, welche die europäische Malerei hervorgebracht hat, ist ein Mann der Skepsis, der Toleranz, der Resignation – ein moderner Mensch. Seine Biographie reicht von dem Tage, da die Katholischen Majestäten, Ferdinand, König von Aragon, und Isabella, Königin von Kastilien, seine Großeltern, die Mauren aus Granada vertrieben, bis zu dem Tage, an dem das *Organon Orbis Coelestis* von Kopernikus veröffentlicht wurde. Mit der Vertreibung der Mauren aus Spanien wurde der siebenhundert Jahre alte Kampf entschieden, den das Christentum gegen den arabischen Versuch der Eroberung der Welt hatte führen müssen. Mit dem *Organon Orbis Coelestis* begann die Geschichte der modernen Naturwissenschaft, die, mit dem Teleskop vom Mount Palomar, die menschliche Neugier eine Milliarde Lichtjahre ins Weltall hinausprojiziert hat.
Auf eine eigentümliche Weise ballen sich die Ereignisse, die die Vergangenheit beenden und die Zukunft in Gang setzen, in diesem halben Jahrhundert zwischen der Entdeckung Amerikas und

dem Reichstag von Augsburg. Als Jüngling noch hat Karl v. in der Kathedrale von Salamanca seine Andacht verrichtet vor einem Kreuz, das aus dem ersten Gold geschmiedet ist, welches Columbus aus Amerika mitgebracht hatte. In seinem Alter war das Gold der Neuen Welt ein Währungsproblem geworden. Als Jüngling studierte er Aristoteles, am Ende seiner Regierungszeit Akten der Inquisition.

Dies alles mag der alte Mann in San Yuste erwogen haben, während sein Blick über die Täler der Sierra de Gredos schweifte, in denen die Menschen wohnten, deren Geschick ihm so lange anvertraut gewesen war. Zuweilen auch mag sein Auge auf das Bild gefallen sein, das Tizian von der Infantin Isabella von Portugal gemalt hatte, der Herrin seines Herzens, Tochter König Manoels des Glücklichen, unter dem Vasco da Gama ausfuhr, Afrika zu umsegeln und den Seeweg nach Indien zu eröffnen, Mutter Philipps II., unter dem Spaniens Herrlichkeit sich neigen sollte, eine der schönsten Frauen, die je über diese Erde gewandelt sind. Nur fünfunddreißig Jahre alt ist sie geworden.

Das Jahr 1900 ist dem Jahre 1500 historisch verwandt durch eine Häufung von Ereignissen, die Vergangenheit beenden und Zukunft in Gang setzen. Was um 1500 in Gang gesetzt wurde, hatte um 1900 seine Bestimmung erfüllt. Was um 1900 in Gang gesetzt wurde, ist unsere Zukunft. Wenn um 1500 das allgemeine Zeitgefühl das eines Endes war und alle jene, deren Herz an den alten Überlieferungen hing, glaubten, resignieren zu müssen, wissen wir heute, daß es doch noch einmal einige Jahrhunderte weitergegangen ist. Man kann von diesen Jahrhunderten nicht sagen, daß sie eine Fellachenzeit der Welt gewesen seien. Wenn heute das Zeitgefühl wiederum das eines Endes ist, wäre es, in Analogie zur Zeit um 1500, vielleicht ganz gescheit, wenn diejenigen, deren Herz heute an den alten Überlieferungen hängt, die Frage stellten, welches die Elemente unserer Epoche sind, die in die Zukunft weisen.

Eine Antwort auf diese Frage zu versuchen, ist vielleicht nicht ganz unberechtigt, wenn man in Betracht zieht, daß dasjenige Element, welches den hauptsächlichsten Beitrag zur Welt der Moderne geleistet hat, die experimentelle Naturwissenschaft, sowohl in dem, was sie einmal bedeutet hat, wie in dem, was sie einmal

bedeuten könnte, Mißverständnissen ausgesetzt ist, welche, so schwerwiegend sie schon für die Vergangenheit waren, für die Zukunft noch verderblicher werden könnten.
Die meisten der Folgen, die die experimentelle Naturwissenschaft in der Welt gehabt hat, werden sich nicht mehr beseitigen lassen. Aber es erscheint nicht aussichtslos, das zu beseitigen, was aus den Mißverständnissen entstanden ist, welchen Wissenschaft ausgesetzt ist, seit es sie gibt. Die Mißverständnisse sind weniger bedeutungsvoll durch die Tatsachen, die durch sie in unserer Welt geschaffen wurden, als durch die Verwirrungen, die sie Jahrhunderte hindurch in den Köpfen angerichtet haben.
Was weiterhin dazu ermutigt, den Geist unserer Zeit einer Betrachtung zu unterziehen, ist die Tatsache, daß seit der Geburt der experimentellen Naturwissenschaft unter der Regierung Kaiser Karls v. bis in unsere Zeit der scheinbar nicht mehr aufzuhaltenden Anarchie hinein das erstemal der Mensch in der Lage ist, Wesen und Bedeutung seiner Errungenschaften zu durchschauen.
Den Anstoß zu einer neuen Betrachtungsweise der Welt verdanken wir einer Generation genialer Physiker, die in den letzten fünfzig Jahren eine Reihe von erstaunlichen Entdeckungen machten. Zunächst waren auch diese Entdeckungen Fortschritte der Physik. Aber das ist nicht das Wesentliche an ihnen. Das Denken der Physiker wurde durch ihre eigenen Entdeckungen zu einer Art von Einkehr genötigt. Wider ihren Willen sahen die Physiker sich dem Problem gegenüber, die Grundlagen des Experiments, das Wesen der physikalischen Gesetze, das Wesen experimenteller Naturwissenschaft überhaupt einer Betrachtung zu unterziehen. Sie gerieten dabei zunächst in unüberbrückbar erscheinende Widersprüche zu den Überlieferungen der klassischen Physik. Als im Beginn des naturwissenschaftlichen Zeitalters Widersprüche zwischen biblischer Offenbarung und klassischer Physik auftauchten, verzichtete die Wissenschaft auf die Offenbarung. Als die Widersprüche zwischen klassischer und moderner Physik auftauchten, konnte man nicht mehr verzichten. Man mußte nachdenken. Durch eine eminente Denkleistung sind diese Probleme heute in den Bereich einer Lösung gerückt. Dabei hat sich etwas ereignet, was für die Zukunft der Welt von großer Bedeutung ist. Es hat sich herausgestellt, daß Naturwissenschaft ihrem Wesen nach

etwas ganz anderes ist, als man so viele Jahrhunderte lang geglaubt hat.

Die Welt unserer Zivilisation wird zu einem wesentlichen Teil von Wissenschaft bestimmt. Aber es sind nicht nur die Tatsachen, durch die die Wissenschaft die Welt der Moderne schuf. Von noch größerer Bedeutung für den Geist unserer Zeit sind die Deutungen, welche die Wissenschaft ihren eigenen Entdeckungen gab, und die allgemeinen philosophischen Aspekte von Wesen, Wert und Aufgabe der Wissenschaft, welche sich aus diesen Deutungen ergab.

Die Wandlungen in den Grundlagen der Naturwissenschaft betreffen nicht nur die Naturwissenschaft, was eine Sache der Fachleute wäre, sondern auch ihre Bedeutung für die Welt. Die Wandlungen in ihren Grundlagen werden die Naturwissenschaft verändern, die Wandlungen ihrer Bedeutung werden den Geist unserer Zeit verändern.

Diese Veränderung geht mit einer erstaunlichen Langsamkeit vor sich. Noch immer ist die Neugier des Menschen nach außen gerichtet. Nachdem er bis zu einer Entfernung von 10^6 Lichtjahren in das Universum vorgedrungen ist, stellt er sich die Aufgabe, die Entfernung von 10^7 Lichtjahren zu erreichen. Das natürlich steht ihm frei. Nur ist es ein beklagenswerter Irrtum zu glauben, in der siebenten Potenz moderner zu sein als in der sechsten.

Seit hundert Jahren ist die Wissenschaft das Idol des modernen Menschen. Sie hat ihm das leichtgemacht. Ein überzeugendes System rationaler Argumente ersparte ihm die Anstrengung, glauben zu müssen. Es schien sogar, als ob dieses System den Glauben überflüssig mache. Jetzt hat die Naturwissenschaft selbst entdeckt, daß ihr System rationaler Argumente auf einer Reihe von Annahmen aufgebaut war, die nicht mehr zu halten sind. Wer heute noch an Wissenschaft glaubt, wie seit vierhundert Jahren an Wissenschaft geglaubt wurde, versucht, eine Bequemlichkeit zu retten, welche die Wissenschaft selbst vor einer Generation aufgeben mußte. Er reitet noch aus, mit der Lanze einen Drachen zu töten, den die Wissenschaft selbst schon längst im Zoo ihrer Irrtümer hinter Gitterstäbe gebracht hat. Dieser Ritter ist nicht einmal mehr ein Don Quichotte, sondern nur noch ein Pécuchet. Er kämpft nicht mehr für alte Wahrheiten, sondern für alte Irrtümer.

Das Bemerkenswerte an den Wandlungen in den Grundlagen der Naturwissenschaft ist, daß die Ansprüche, die die Naturwissenschaft aufgeben mußte, gerade die sind, auf denen ihre Autorität beruhte. Noch bemerkenswerter ist, daß sie mit ihren neuen Einsichten eine Autorität aufbauen kann, von der sie selbst vor fünfzig Jahren noch nicht einmal hat träumen können. Sehen wir zu, was gespielt wird!

Als der Mensch sich auf den Weg der Forschung begab, begann er das aufregendste Abenteuer seiner Geschichte. Inmitten dieses Abenteuers leben wir. Die portugiesischen und spanischen Seefahrer, die um die Wende des Jahres 1500 zur Erforschung der Welt aufbrachen, hatten von ihren Zielen doch wenigstens eine Vorstellung, so phantastisch auch immer sie gewesen sein mag. Was die Forschung im Lauf von vier Jahrhunderten erreichen sollte, war im Augenblick des Aufbruchs in keiner Phantasie vorstellbar.

Angesichts des Grades von Anarchie, den der Mensch auf dem Wege der Forschung unterdessen erreicht hat, erhebt sich die Frage, ob es ein Irrweg war. Das Urteil zu fällen, naturwissenschaftliche Forschung sei ein Irrweg des Menschen, setzt eine Autorität voraus, die keinem Zweifel ausgesetzt ist, daß Wissenschaft ihr unterworfen sei. Sonst wäre das Urteil kein Urteil, sondern nur eine gewöhnliche Meinung, die für niemanden verbindlich wäre. Die Religion hat den Anspruch, eine solche Autorität zu sein, immer aufrechterhalten. Die Wissenschaft hat diese Autorität zunächst gelten lassen, dann bezweifelt, dann abgelehnt. Versuchen wir herauszufinden, wie es damit steht. Daß ein isolierter Froschmuskel durch einen elektrischen Reiz zu einer Kontraktion veranlaßt wird, ist ein »matter of fact«, das als solches nicht im Widerspruch zur Schöpfung stehen kann. Im Widerspruch zur Schöpfung stehen nur die Vorstellungen, die wir uns über die Bedeutung dieses physikalischen Vorgangs gebildet haben. Die ganze überwältigende Fülle von Tatsachen, welche die Wissenschaft entdeckt und hervorbringt, hat es als Möglichkeit von Erschaffung der Welt an gegeben. Keine dieser Tatsachen kann ein Widerspruch zu den Gesetzen der Natur sein. Die Gesetze, von denen hier gesprochen wird, sind nicht die Naturgesetze, die der Mensch bisher formuliert hat, sondern die Gesetze, nach denen die Natur selbst sich richtet.

Wir verstehen alle, was gemeint ist, wenn man sagt: »Die Natur richtet sich . . .« Aber das schon ist eine Aussage, die mehr enthält, als wir wissen oder gar beweisen können. Wir haben keinen Beweis dafür, daß es ein vollständiges System von Gesetzen, nach denen die Natur sich richtet, überhaupt gibt. Es spricht sehr vieles dafür, und bisher jedenfalls wurde nichts gefunden, was gegen diese Annahme spräche. Das System von Gesetzlichkeiten, welches die Physik aufgestellt hat, ist von einer so wunderbaren Geschlossenheit und Einfachheit, daß es mindestens in höchstem Grade wahrscheinlich ist, daß es in der Natur ein System gibt, dem das von der Physik gefundene in irgendeiner Weise entspricht.

Naturwissenschaftliche Forschung als solche kann kein Irrtum sein. Aus was für einem Grund sollte der Mensch es sich versagen, auf eine Welt, die doch so und so von Anfang an beschaffen war, einen Verstand anzuwenden, dem die Möglichkeit, experimentell zu forschen, auch von Anfang an gegeben war. In seiner wissenschaftlichen Forschung hatte der Mensch zunächst nur Tatsachen und Zusammenhänge entdeckt, die als solche oder als Möglichkeiten immer vorgegeben waren, mit einem Verstand, welcher die Fähigkeit, solche Tatsachen und Zusammenhänge zu entdecken oder hervorbringen, immer enthalten haben muß, auch wenn vielleicht erst ein bestimmter Zustand der Entfaltung erreicht sein mußte, bevor der Mensch dazu gelangte, diese Fähigkeit anwenden zu können. Auf der anderen Seite kann kein Zweifel darüber herrschen, daß die Situation von heute, in der nur noch wenige Zoll uns vom Abgrund der vollständigen Anarchie, oder sogar vom Untergang unseres Planeten trennen, aus Tatsachen und Möglichkeiten entstanden ist, welche die naturwissenschaftliche Forschung geschaffen hat. Wo liegt der Fehler?

Er kann nicht in der naturwissenschaftlichen Forschung als solcher liegen, die nur Möglichkeiten realisiert, die seit Erschaffung der Welt gegeben waren. Er kann auch nicht in den Eigenschaften des wissenschaftlichen Verstandes liegen, der ein integrierender Bestandteil der Schöpfung ist. Auf der anderen Seite sind wir in dem Abenteuer des Menschen, die Welt durch die Ratio der Wissenschaft zu erobern, an der bemerkenswerten Stelle angekommen, an der wir, von unserem Untergang bedroht, diesem Widerspruch nicht länger ausweichen können.

Das Erstaunliche ist, daß es dieser Phase äußerster Gefährdung
bedurfte, damit der Mensch der Möglichkeit, diesen Widerspruch
aufzulösen, überhaupt habhaft werden konnte. The glorious un-
certainty of life – das ist der Aspekt, unter dem wir stehen! Die
Geschichte lehrt uns, daß in der Gefahr dem Menschen die Fähig-
keit gegeben ist, tapfer zu sein. Vor den Toren des Paradieses,
welche der Engel mit dem Flammenschwert hinter unserem Rük-
ken schloß, begann die Geschichte der Tapferkeit des menschlichen
Herzens. Sie ist noch nicht zu Ende.

Die Goldenen Schalen

Das Licht einiger vor kurzem vom Teleskop auf dem Mount Palo-
mar entdeckten Sternnebel hat seine Quelle vor einer Milliarde
Jahren verlassen. So lange hat es gebraucht, ehe es von seinem
Ursprung bis zu uns gelangte. Damit sind wir Augenzeugen eines
Vorgangs, der sich abgespielt hat, als die Erde noch wüst und leer
war. Da wir das Licht mit eigenen Augen sehen, erhebt sich die
Frage, ob wir noch »Zeitgenossen« des Augenblicks der Entsen-
dung dieses Lichts sind. Eine solche Frage ruft im Bewußtsein eines
modernen Menschen kein besonderes Erstaunen hervor. Dieser
moderne Mensch ist einer Betrachtung wert. Stößt der Mensch auf
einen Zusammenhang, der »über seinen Verstand geht«, ist er be-
reit, in Erstaunen zu geraten. Sein Erstaunen löst sich auf in dem
Augenblick, in dem er eine Erklärung in die Hand bekommt, die
es ihm ermöglicht, das, was er in die Hand bekommen hat, zu »be-
greifen«.
Welcher Art ist der Anspruch, den der Mensch befriedigt haben
will? Worin besteht das Wesen einer Erklärung, die das Er-
staunen, eine schöpferische Fähigkeit des Menschen, in die Befrie-
digung des Begreifens verwandelt? Von dem Tag an, da sein
Bewußtsein erwachte, sah der Mensch sich einer Fülle von Er-
scheinungen gegenüber, für die er keine Erklärung hatte. Die
Sprache erlaubt uns, ohne daß jemand dafür eine Rechtfertigung
verlangt, zu sagen, das menschliche Bewußtsein »erwachte«. Nach
dieser Ausdrucksweise müßte es das menschliche Bewußtsein schon

vor seinem Erwachen gegeben haben, und zwar offenbar in »schlafendem« Zustand. So schwer wir uns dieses Wesen, dessen Bewußtsein noch schlummerte, vorstellen können, es war nicht merkwürdiger als ein Säugling. Mit Selbstverständlichkeit nehmen wir an, daß das menschliche Bewußtsein von Anfang an das Bedürfnis gehabt habe, die Fülle der Erscheinungen, die sich ihm bot, erklären zu wollen. Es ist überflüssig zu spekulieren, ob dieses Bedürfnis zu einem früheren oder späteren Zeitpunkt auftauchte. Das Bedürfnis, die Welt erklären zu wollen, ist nicht eine Eigenschaft des Menschen, welche er ebensogut haben wie nicht haben könnte; sie ist ein integrierender Bestandteil seines Wesens, eines der Elemente, die den Menschen ausmachen, ihn konstituieren.

Was unterscheidet die Art, wie der Mensch sich mit seiner Umwelt auseinandersetzt, von der Art, wie das Tier das tut? Was ist das spezifisch Menschliche an diesem Vorgang? Die Analogien zwischen dem Dasein der höheren Säugetiere und dem des Urmenschen gehen ziemlich weit. Das Leben eines Höhlenbären war von dem Leben eines Höhlenmenschen nicht sehr verschieden. Sogar neugierig war der Bär. Auch der Bär sammelte Erfahrungen, war listig, war in der Lage, gewisse Kausalzusammenhänge zu entdekken und in seiner Erinnerung aufzubewahren, fürchtete Blitz und Donner und verteidigte seine Jungen. Das, was den Urmenschen vom Bären unterschied, war das Bedürfnis nach einer Erklärung der Erscheinungen. Der Bär machte Erfahrungen immer nur insoweit, als er dazu gezwungen wurde.

Der Mensch hat das Bedürfnis, seine Erfahrungen zu erweitern. Hielte ein Skeptiker uns vor, daß das eine wilde Behauptung sei, für die es keinerlei Beweis gebe, so könnten wir ihm nur antworten, daß der Beweis diese seine Skepsis sei. Irgendwann muß das menschliche Denken, das in der Meinung unseres Skeptikers endet, angefangen haben. Die Welt zu »begreifen« beginnt der Säugling mit seinen kleinen Pfötchen schon in der Wiege.

Wir sind aber nicht darauf angewiesen, den Skeptiker durch seine Skepsis ad absurdum zu führen. Unsere Vorfahren haben uns ein überaus eindrucksvolles Zeugnis hinterlassen. Schon der Neandertaler hat seine Toten begraben und zuweilen, wie in der Grabstätte der Kindergrotte bei Menton in Frankreich, die Toten sogar vereinigt. Flache Steine wurden aufgeschichtet und so gegeneinandergelehnt, daß sie Gesicht und Kopf der Toten schützten. Aus diesen Funden dürfen wir etwas schließen, was noch über unsere Feststellung von dem Bedürfnis des Menschen, die Erscheinungen der Welt zu erklären, hinausgeht. Aus den Steinen, die dieser frühe Mensch über den Köpfen seiner Toten aufrichtete, können wir etwas entnehmen über den Anspruch, den der Mensch durch seine Erklärung der Erscheinungen der Welt erfüllt sehen will. Wenn es für ihn ein Reich der Toten gab, ist es offenbar »der Sinn des Lebens«, nach dem der Mensch schon in den frühesten Anfängen seines Bewußtseins zu fragen begann.

Nun ist es an uns, skeptisch zu sein. Auf dem Bedürfnis des Menschen, dem Leben einen Sinn zu geben, beruht alle Kultur der Geschichte. Der Inhalt dieser Behauptung ist nicht, daß das Leben einen Sinn habe. Ihr Inhalt ist, daß das Bedürfnis, dem Leben einen Sinn zu geben, ein integrierender Bestandteil des Wesens Mensch ist. Wiederum ist es die Weisheit der Sprache, die uns erlaubt zu sagen, daß der Mensch seinem Leben einen Sinn geben könne. Welche Macht, die er da beansprucht!

Die Feststellung, daß der Neandertaler seine Toten begraben hat, ist eine Behauptung der Vorgeschichte. Den modernen Menschen befriedigt diese Erklärung der Wissenschaft. Die Funde überzeugen ihn. Aber was ihn befriedigt, sind nicht die Tatsachen. Was ihn befriedigt, ist der Zusammenhang, den die Wissenschaft durch ihre Deutung zwischen Tatsachen und ihrem Sinn herstellt. Ein solcher Zusammenhang ist um so befriedigender, je einfacher und einleuchtender er ist. Sicher ist, daß die Wissenschaft hier eine Voraussetzung macht, die zu beweisen sie uns schuldigt bleibt. Sie setzt voraus, daß ein Sinn da sein müsse. Diesen Sinn beweist sie uns nicht durch die Funde, sondern durch das Einleuchtende ihrer Deutung, durch die Evidenz, die sie dem Zusammenhang durch ihre Deutung gibt. Den Beweis für die Evidenz, also den Beweis für ihren Beweis, erbringt sie nicht. Dafür ist sie jederzeit bereit, auf eine Deutung zu verzichten und eine andere Deutung anzunehmen, die noch einleuchtender ist, deren Evidenz noch überzeugender ist. Auch für die Wissenschaft ist es die Evidenz eines Zusammenhanges, was sie veranlaßt, gerade diesen anzunehmen und keinen anderen. Einen Beweis für die Evidenz hat keine Wissenschaft bisher erbracht. Es ist nicht unbedingt sicher, daß alle Fachgelehrten der Wissenschaft von der Natur sich über diese philosophische Nuance immer völlig klar sind.

Der Sachverhalt ist von Wichtigkeit. Hier nämlich liegt eine Ursache der Mißverständnisse, denen die Naturwissenschaft seit dem Tag ihrer Entstehung ausgesetzt war und immer noch ausgesetzt ist. Wo dogmatischer Übereifer einer wissenschaftlichen Beweisführung den Charakter absoluter Gültigkeit zuspricht, steckt in dieser Behauptung immer die Praemisse drin, der Beweis für die Evidenz sei erbracht.

Die Wissenschaft selbst erhebt einen solchen Anspruch nicht. Sie ist bereit, andere Deutungen zu diskutieren in jedem Augenblick, in dem neue Tatsachen oder neue Überlegungen die Evidenz ihrer bisherigen Deutungen zweifelhaft erscheinen lassen. Diese Skepsis ihren eigenen Grundlagen gegenüber ist die Voraussetzung für wissenschaftlichen Fortschritt überhaupt. Immer dann, wenn diese Skepsis durch ein Dogma ersetzt wird, tritt ein Stillstand der Forschung ein, und das Dogma wird zum Ausgangspunkt eines mächtigen Systems von Irrtümern.

Vermutlich ist der menschliche Verstand so beschaffen, daß der Beweis für die Evidenz grundsätzlich nicht geführt werden kann. Die neueren Entdeckungen der Theoretischen Physik haben diese Vermutung einem hohen Grade von Gewißheit nahegebracht. Betrachten wir ein Beispiel! Auf einem Acker zieht ein Mensch mit dem Pflug eine Furche. Hinter ihm her laufen Hühner und picken die Regenwürmer auf. Diesen Vorgang beobachtet ein Forscher, der auf irgendeinem fernen Stern sitzt und einmal in seinem langen Forscherleben das Glück hat, diesen einzigen Blick auf die Erde werfen zu dürfen. Der Blick dieses Forschers entspricht unserem Blick auf den Neandertaler, sofern wir noch die Annahme machen, daß der ferne Forscher kein überirdisches Wesen sei, sondern einen menschlichen Verstand habe. Herrschten auf diesem fernen Stern irdische Verhältnisse, würde also auch dort geackert und gäbe es auch dort Hühner, würde der Forscher seinen Sterngenossen verkünden, daß auf dem von ihm beobachteten Planeten »Erde« Wesen lebten wie auf ihrem eigenen Stern.

Die Steine über den Schädelresten der Neandertaler beweisen, daß Steine aneinandergelegt worden sind. Daß das bedeute, daß der Neandertaler seine Toten begraben habe, schließen wir in Analogie zu dem Vorgang, daß auch wir unsere Toten begraben. Einen Beweis dafür gibt es nicht. Warum wir diese Erklärung annehmen, warum sie uns befriedigt, hat nur den Grund, daß diese Erklärung sich vor allen anderen möglichen Erklärungen dadurch auszeichnet, daß sie durch ihre Einfachheit einleuchtet. Das Vorliegen der Analogie zwischen dem Neandertaler und uns, daß wir beide Tote »begraben«, hat keine Beweiskraft für die Behauptung, daß die aneinandergelegten Steine begraben bedeuten. Diese Analogie erhöht nicht die Beweiskraft, sondern das Einleuchtende, die Evidenz der von der Wissenschaft unter vielen Möglichkeiten gewählten Deutung der Tatsache der aneinandergelegten Steine. Fällt nämlich die Analogie weg, entfällt sogleich auch das Einleuchtende der gewählten Deutung.

Nehmen wir an, unser ferner Sternforscher gehörte einer Klasse von Wesen an, die zwar einen menschlichen Verstand hätten, aber sonst unter ganz anderen Bedingungen lebten als die Bewohner unseres Planeten, dergestalt daß es auf dem fernen Stern weder Äcker noch Pflüge noch Hühner noch Regenwürmer gäbe. Was wird er über den ackernden Menschen und die Regenwürmer pikkenden Hühner für Feststellungen machen können?

Ein so und so beschaffenes Wesen, für uns der Mensch, geht hinter einem Apparat, für uns der Pflug, über eine so und so gestaltete Oberfläche, für uns der Acker. Andere Wesen, für uns die Hühner, picken wieder andere Wesen, für uns die Regenwürmer, auf und verschlingen sie. Bis hierher hat der Sternforscher nur Tatsachen beschrieben. Solange er sich damit begnügt, macht er keinen Fehler. Da er aber einen menschlichen Verstand hat, wird er sich nunmehr daran machen, diesen Vorgang zu deuten. Er wird die Erklärung geben, der Bewohner der Erde ziehe Furchen, damit seine Hühner Regenwürmer zu fressen haben.

Dies ist eine wissenschaftliche Feststellung. Sie widerspricht keiner einzigen beobachteten Tatsache. Sie erklärt einen komplizierten Zusammenhang auf eine einleuchtende und einfache Weise. Und sie braucht noch nicht einmal falsch zu sein. Vielleicht war gerade der Mensch, den der Sternforscher zu beobachten das Glück hatte, ein Hühnernarr in Texas, der tatsächlich nichts weiter vorhatte, als seinen Hühnern endlich einmal wieder Regenwürmer zu beschaffen.

Der Versuchung zu widerstehen, vom Aspekt unseres Sternforschers aus eine astrale Anthropologie zu entwickeln, ist nicht leicht. Flaubert hat dieser Möglichkeit nicht widerstehen können. Die Konfrontation von Bouvard und Pécuchet mit der Wissenschaft des 19. Jahrhunderts ist eine Konfrontation der Beschränktheit mit der Ratio. In unserer astralen Anthropologie würden die Hühner die Rolle aegyptischer Gottheiten spielen und sogar die Regenwürmer noch der Symbolik der chthonischen Mächte dienen.
Wie das Phaenomen des auf dem Acker eine Furche ziehenden Menschen mehrere Deutungen zuläßt, ist auch das Phaenomen der vom Neandertaler über den Köpfen der Toten aneinandergelehnten Steine mehrerer Deutungen fähig. Es kann bedeuten, daß er seine Toten begraben habe. Es könnte sich aber, zum Exempel, auch um einen Ritus handeln, durch den der Geist der Toten, der gefürchtet wurde, festgehalten werden sollte. Was wir wissen, ist also sehr wenig. Aber doch ist es etwas mehr als bloß die Kenntnis der Tatsachen. Die Tatsachen müssen etwas bedeuten. Die Steine sind durch eine bewußte Handlung in dieser bestimmten, sich mehrfach wiederholenden Weise über den Köpfen der Toten aneinandergelehnt worden. Diese Handlung muß ein Motiv gehabt haben. Diesem Motiv hat irgendein Sinn zugrunde gelegen. Diesen Sinn suchen wir herauszufinden.
Wenn wir zu unserer Frage zurückkehren, welcher Art der Anspruch sei, den der Mensch befriedigt haben wolle, müssen wir feststellen, daß wir immer noch die Neandertaler Frage stellen. Mit unseren Vorfahren verbindet uns die gleiche Neugier, die Frage nach dem Sinn des Lebens. Wir bezweifeln, daß der Neandertaler die Frage gelöst hat. Ob der Neandertaler davon zu überzeugen wäre, daß wir die Frage gelöst hätten, ist nicht minder zweifelhaft. Die Fragestellung ist die gleiche geblieben, nur die Methoden, mit denen der Mensch versucht hat, die Frage nach dem Sinn des Lebens zu beantworten, haben sich gewandelt. Für den Neandertaler mußte eine Erklärung, welche das schöpferische Erstaunen in die Befriedigung, es begriffen zu haben, verwandeln konnte, andere Eigenschaften haben, als eine solche Erklärung für den modernen Menschen haben muß. Im frühen Stadium des menschlichen Bewußtseins ließ sich die Frage nach dem Sinn des Lebens durch eine magische Deutung der Zusammenhänge der Er-

scheinungen beantworten. Der moderne, von Aberglauben freie Mensch verlangt den wissenschaftlichen Beweis.
Die beiden Methoden, die Frage nach dem Sinn des Lebens zu beantworten, unterscheiden sich auf eine eigentümliche Weise. Die magische Deutung bietet immer ein lückenlos geschlossenes System. Die Methodik des wissenschaftlichen Beweises hingegen ist der Vorgang einer durch Veränderungen fortschreitenden Vervollständigung. Die magische Deutung ist also viel befriedigender. Der moderne Mensch, der so unerbittlich entschlossen ist, nur das zu akzeptieren, was Wissenschaft beweisen kann, ist nicht darüber im Zweifel, daß das, was zu akzeptieren er bereit ist, noch innerhalb seines Lebens zufolge neuer Beweise, welche die alten außer Kraft setzen werden, seine Gültigkeit verlieren kann. Die meisten Menschen, die im Zeitalter der Wissenschaft leben, versuchen, des Vorteils, den nur die magische Deutung haben kann, gleichwohl habhaft zu werden. Sie glauben an Wissenschaft, ohne zu wissen, welcher Art ihre Voraussetzungen sind. Ist dann in ihrem Leben der Zeitpunkt gekommen, an welchem sie mit dem Denken aufhören, fixieren sie den gerade vorliegenden Status der Wissenschaft zu einem Gerinnungsprodukt, das sie unter der Bezeichnung »Weltanschauung« auch anderen aufzunötigen gewöhnlich entschlossen sind.
Tatsächlich gibt es nur eine sehr kleine Zahl von Menschen, die wirklich das Recht haben, sich moderne Menschen zu nennen. Es sind jene, welche sowohl die Problematik in den Grundlagen jeder Wissenschaft als auch die Fragwürdigkeit der jeweils erreichten Ergebnisse in ihrem Bewußtsein gegenwärtig haben. Das wissenschaftliche Bewußtsein eines modernen Menschen spannt sich über die Welt wie ein Regenbogen, von dem niemand weiß, wo er die Erde berührt. Daß es nicht möglich ist, dies aufzuzeigen, ist kein Beweis dafür, daß es den Regenbogen nicht gibt. Gehen wir auf die Suche nach der Fee, die das Geheimnis besitzt, das Geheimnis der Goldenen Schalen, in denen der Regenbogen auf Erden ruht!

Wir könnten uns damit begnügen, wie jene Hühner hinter dem Pflug herzulaufen, mit dem die Wissenschaft ihre Furche durch den Geist unserer Zeit zieht, um die Regenwürmer der Resultate aufzupicken. Aber das ist Sache der Spezialisten. Hinter dem Pflug läuft noch ein Knabe her, der flinken Auges und flinker Hand die Mäuse der Erkenntnis fängt, die aus der aufgebrochenen Erde springen, um damit die Katze zu füttern, die alte Katze der Neugier, die zu Hause hinter dem Ofen liegt und schnurrt. Die naturwissenschaftliche Forschung hat sich bei ihrem Beginn kein Ziel gesetzt. Die Anarchie, zu der sie geführt hat, muß von Anfang an in ihr dringesteckt haben. Die erste Maus sogleich entsprang, und erst in unserer Zeit ist sie wieder eingefangen worden.
Als die Forschung ihre ersten Schritte tat, geschah das im Rahmen einer Welt, die für den Menschen einen befriedigenden Sinn hatte. Dieser Sinn entstammte der Überlieferung, welche mit dem Buche Genesis beginnt. In diese Welt brach die naturwissenschaftliche Forschung ein mit Erkenntnissen, die in dem System der Überlieferung keinen Platz zu haben schienen. Die Welt wurde gespalten in einen Bereich gläubiger Überlieferungen und einen Bereich naturwissenschaftlicher Erkenntnisse. Um 1500 beginnt dieser Vorgang. Im 20. Jahrhundert scheint die Spaltung vollständig und endgültig geworden zu sein.
Neues im Bewußtsein des Menschen tritt ohne Übergang in Erscheinung. Dem Vorgang kommt das gleiche Merkmal zu, das die wichtigste Entdeckung der modernen Physik über das Verhalten der Natur auszeichnet, das Merkmal der Diskontinuität, des übergangslosen Sprungs, wie er sowohl für das Verhalten der einfachsten Bausteine der anorganischen Natur, der Elektronen, charakteristisch ist, als auch für das Verhalten der kompliziertesten Bausteine der organischen Natur, der Gene. Wir haben keine Veranlassung, uns über einen solchen Vorgang der Diskontinuität in der Entwicklung des Menschen zu wundern. Er gehört zu den Kunstgriffen der Natur und ist vielleicht weniger erstaunlich als der analoge Vorgang der Diskontinuität, der im Bewußtsein eines unserer Vorfahren zum ersten Male den Gedanken auftauchen ließ, daß der Tote eine Seele habe, die weiterlebe. Es ist immer

ein einzelnes Gehirn, in dem der Vorgang eines solchen diskontinuierlichen Sprungs, eine solche geistige Mutation, vor sich geht. Darum ist es mehr als ein Spleen, wenn Wissenschaftler mit soviel Sorgfalt um die Priorität eines neuen Gedankens bemüht sind. Wir nennen einen Menschen, in dem die schöpferische Entfaltung des Bewußtseins einen solchen Fortschritt macht, ein Genie. Auf eine hintergründige Weise bedient sich die Sprache des gleichen Wortstamms für den Ursprung sowohl wie für das Ergebnis des Vorganges. Das Genie entspringt der Mutation eines Gen.

Was war das Neue, das um 1500 im Bewußtsein des Menschen auftauchte und wie ein Blitz weite Gebiete erhellte, die bisher in Dunkelheit gelegen hatten? In einer Welt, als deren wesentliches Merkmal die moderne theoretische Physik die Diskontinuität festgestellt hat, entsteht in einem diskontinuierlichen Sprung des Bewußtseins der Gedanke der Kontinuität. Das Bewußtsein, das bisher nur Zusammenhänge magischer oder magisch-religiöser Art kannte, entdeckt wieder, was schon die Antike gewußt hatte, daß es in der Natur Zusammenhänge gibt, die sich mit den Mitteln der Mathematik messen, mit den Begriffen der Mathematik zu Gesetzen formulieren, mit der Methode des physikalischen Experimentes wiederholen lassen. Dieser ganze Bereich erweist sich als ein ungebrochenes Kontinuum, welches das ganze Universum zu durchdringen scheint.

Das Faszinierende und darum so Verführerische an dieser Entdekkung war vielleicht nicht so sehr die Großartigkeit des neuen Aspektes als vielmehr die Überraschung über die Geheimnislosigkeit der neuen Methodik. Die Anwendung der Mathematik auf die Erscheinungen der Natur ist eine Möglichkeit des menschlichen Verstandes. Nachdem der Mensch das Prinzip dieser Methodik entdeckt hatte, fand er zu seiner Überraschung, daß sie den Möglichkeiten seines Verstandes auf eine erstaunliche Weise entsprach. Er fand ferner, daß diese Methodik sich zu einem Werkzeug von außerordentlicher Leistungsfähigkeit entwickeln ließ. Auch stellte er fest, daß die Fähigkeiten, die erforderlich waren, dieses Werkzeug zu gebrauchen, ihm von Anfang an zur Verfügung standen. Die Mutationen, die es ermöglichten, die naturwissenschaftliche Ratio zu entdecken, führten zur Erfassung bis dahin unbekannter Kenntnisse über die Welt. Der Mensch schritt nicht auf dem Weg weiter, welchen er bisher genommen hatte. Es war nicht ein Fortschritt in der bisherigen Entwicklung. Es war eine Erweiterung seines Wesens. Der Mensch stellte zunächst nicht die Frage, die er bisher immer gestellt hatte, die nämlich nach dem Sinn. Mit einem Elan ohnegleichen wandte er sich dieser Erweiterung seines Bewußtseins zu. Die Frage nach dem Sinn, die alte Neandertaler Frage, tauchte erst auf, kam ihm erst »in den Sinn«, nachdem der Bereich des Neuen so weit erforscht war, daß man eine ungefähre Vorstellung von seinen Grenzen gewonnen hatte. Die Grenzen des um 1500 entdeckten Bereichs des menschlichen Verstandes konnten erst in unseren Tagen abgesteckt werden.

In der Geschichte des Menschen ist das erste große Phänomen der Entfaltung seines Geistes das Auftreten des Gewissens. Das wichtigste Merkmal des Gewissens ist, daß der Mensch sich mit seinen Instinkten nicht mehr in Einklang befindet. Es stellt ihm Aufgaben, die durch Instinkte nicht nur nicht zu lösen sind, sondern meistens im Gegensatz zu ihnen stehen.

Diese Aufgaben hat der Mensch zu lösen versucht mit Mitteln, von denen wir wenig wissen, in einem Ablauf, in dem die Ehrfurcht des Neandertalers vor seinen Toten schon ein sehr spätes Ereignis ist. Die ältesten uns überlieferten Zeugnisse des menschlichen Gewissens sind Gesetzestafeln, mit denen der Mensch den Versuch unternahm, seinen ihm von Natur gegebenen Instinkten Fesseln anzulegen.

Die Entdeckung des wissenschaftlichen Bewußtseins war eine Erweiterung des Wesens Mensch. Aber der Bereich, der entdeckt und erobert wurde, hatte keinen Zusammenhang mit dem Bereich, den das Bewußtsein seit der Entdeckung des Gewissens erobert hatte. Was entdeckt wurde, war eine Methodik. Es stand im Belieben des Menschen, auf welches Ziel er sie richten wollte. Aber es ist klar, daß er erst die Methodik erforschte, ehe er ihr ein Ziel setzte. So war die naturwissenschaftliche Forschung den alten Aufgaben des Gewissens gegenüber zunächst planlos.

Naturwissenschaftliche Erkenntnisse haben magischen Deutungen gegenüber einen Vorteil. Sie lassen sich beweisen mit dem höchsten Grad von Evidenz, der zur Verfügung steht, der Evidenz der Mathematik. Nur ist die Richtigkeit dieser Beweise eine untergeordnete Art von Richtigkeit. Man kann mit den Mitteln der Naturwissenschaft keiner einzigen der Forderungen, die das Gewissen an den Menschen stellt, habhaft werden. Mit der Evidenz der Mathematik kann man keinen einzigen Satz der Moral weder beweisen noch widerlegen. Goethe sagt: »Was hat denn der Mathematiker für ein Verhältnis zum Gewissen, was doch das höchste, das würdigste Erbteil des Menschen ist, eine inkommensurable, bis ins Feinste wirkende, sich selber spaltende und wieder verbindende Tätigkeit? Und Gewissen ist's, vom Höchsten bis ins Geringste.«

Die ersten der modernen Forscher im Zeitalter Kaiser Karls v. waren der Meinung, daß ihre Anstrengungen dem Preis der Schöpfung dienten. Aber als sich, schon wenige wissenschaftliche Generationen später, herausstellte, daß die Ergebnisse der Naturwissenschaft mit dem Buche Genesis nicht in Übereinstimmung zu bringen waren, geschah eigentlich nichts. Als die Forschung dem Problem nicht länger ausweichen konnte, wählte sie von den beiden Möglichkeiten der Hybris, die ihr zur Verfügung standen, die gefährlichere. Sie unternahm nicht den Versuch, die Überlieferung zu beweisen. Sie griff sie an. Sie stellte die Neandertaler Frage. Sie unternahm es, mit ihren Mitteln die Welt zu deuten.

Mit diesem Versuch ist ein überraschendes Ergebnis erzielt worden. Es stellte sich heraus, daß die Naturwissenschaft zu einer solchen Leistung prinzipiell nicht fähig ist. Ihrem Bereich untersteht alles, was bewiesen werden kann. In dem Augenblick, in dem sie diese ihre Basis verläßt, muß sie scheitern, deswegen, weil man mit dem geometrischen Kalkül der Aufgaben des Gewissens, der Probleme der Moral nicht habhaft wird.

Die Irrtümer der modernen naturwissenschaftlichen Weltsysteme liegen nicht in den mit den Mitteln der experimentellen Forschung gewonnenen Ergebnissen, sondern in ihrer Deutung. Unser Ziel ist nicht mehr, die Neandertaler Frage durch autochthone Systeme zu beantworten. Das Ziel ist, zu zeigen, daß es kein Ergebnis der Naturwissenschaft gibt, welches die Aufgabe zu lösen vermag, den Menschen mit den Forderungen seines Gewissens in Einklang zu bringen. Die Welt wünscht darüber belehrt zu werden, auf welcher Basis die Verantwortung ruht, von der die Forschung getragen wird, wenn sie es unternimmt, ihren Weg in eine auch ihr unbekannte Zukunft fortzusetzen.

Das alte Siegel

Jedes Rezept, das ein Arzt zu verschreiben sich anschickt, beginnt mit einer Überlieferung, welche das ehrwürdige Alter von fünftausend Jahren hat. Welcher Arzt erinnert sich nicht jenes leisen Schauers der Ehrfurcht, der ihm, dem cand. med., über den jungen wissenschaftlichen Rücken lief, als er im pharmakologischen Kolleg das erstemal ein Rezept verfaßte! Erhaben stand die Göttin der Maximaldosis vor seinem Auge. Das Komma an der falschen Stelle – und die Sache war entweder von lächerlicher Wirkungslosigkeit oder ein Mord! Welchen Arzt überkommt nicht zuweilen, wenn er am Bett eines Kranken zum Rezeptblock greift, auch nach zwanzig Jahren der Gewohnheit noch ein leises Gefühl der Dankbarkeit gegen die Götter, die ihm die Macht verliehen, des Menschen Schmerz mit einem Federstrich zu beseitigen. Es ist ein ironisches Merkmal der zeitlosen Aufgabe des Arztes, daß nach zweitausend Jahren christlicher Nächstenliebe jedes Rezept mit einer Anrufung des Gottes Jupiter anfängt. Das Rp. des Rezeptes ist nicht, wie meistens angenommen wird, eine Abkürzung von »Recipe«, dem lateinischen Befehl an den Apotheker: »Nimm . . .«. Es ist das alte astrologische Zeichen des höchsten Gottes in Chaldaea, wie es im grauen Altertum noch vor der Erfindung des Alphabets verwendet wurde. Von den Chaldaeern übernahmen die Griechen es als Zeichen des Zeus, von den Griechen übernahmen es die Römer als Jupiterzeichen. Es war Krinas, ein Arzt zur Zeit des Kaisers Nero, der das Jupiterzeichen als Anfang des Rezeptes allgemein einführte. Damals, zur Zeit der Christenverfolgungen, war es in Rom Christen verboten, ärztliche Praxis auszuüben. Noch bis zur Zeit des Kaisers Julian, also bis in 4. Jahrhundert hinein, gab es ein Lehrverbot für christliche Lehrer an den medizinischen Fakultäten. Krinas führte das alte Zeichen wieder ein, die Gleichschaltung der Ärzte mit der römischen Staatsreligion zu demonstrieren. Ursprünglich eine Konzession an den Terror Neros, ist das Jupiterzeichen, zusammen mit der Schlange Aeskulaps, zum Symbol eines

Standes geworden. Daß eine so moderne wissenschaftliche Handlung, wie es die Abfassung eines Rezeptes ist, durch ein so altes magisches Zeichen eingeleitet wird, ist eine hintergründige Angelegenheit. Man erwäge, was sich abspielt! In dem Augenblick, in dem der Arzt das Rezept ausschreibt, wird die Grenze zwischen Diagnose und Therapie überschritten. Es ist die Grenze zwischen zwei Schlachtfeldern.

Auf dem Schlachtfeld der Diagnose steht der Arzt allein. Die ungeordnete Mannigfaltigkeit der Symptome, die er vorfindet, wenn er ans Lager des Patienten tritt, muß er ordnen und klären. Er muß zu den Symptomen, die er vom Patienten erfährt, alle die hinzufinden, von denen der Kranke nichts weiß. Diese Symptome muß er unter ein Krankheitsbild, das er selbst noch nicht kennt, subsummieren. Er ist wie ein Mann, der im Dschungel einen Baum finden muß, ohne die Richtung zu kennen, in welcher der Baum steht. Zweifellos vermitteln die meisten ganz unverständlichen Maßnahmen, welche der Arzt vornimmt, dem Patienten eine Ahnung von dem Geheimnis, das es hinsichtlich seiner zu entschleiern gilt. Hat der Arzt im Dschungel seinen Baum gefunden, kommt der Patient nicht auf den Gedanken, über ein Wunder zu staunen, welches sein Leben retten wird. Er will nur den Namen des Baumes wissen. Nennt man ihm dann eine so schöne Diagnose wie »pericarditische Pseudoleberzirrhose«, ist er ziemlich glücklich. Und weil er irgend etwas von »Pseudo« vernommen hat, wird er nachher im Lexikon herausfinden, daß es keinesfalles etwas Ernstes sein kann.

Auf dem Schlachtfeld der Therapie braucht der Arzt die Hilfe seines Patienten. Er braucht sie nötiger, als ein Patient je begreifen wird. Umnebelt von einer Fülle magischer Vorstellungen, der Sünden sich erinnernd, welche er begangen hat, zernagt von Mißtrauen, gepeinigt von Dämonen, an die er ja immer noch lieber glaubt als an die kühle Ratio der Wissenschaft, gibt es kaum ein ungeeigneteres Objekt für eine rationale Therapie als dieses verzagte und ungläubige Symptomenbündel, für das der Arzt sein Rezept auszuschreiben sich anschickt. So tut der alte Therapeut, der seine Tradition über Virchow, Paracelsus, Krinas und Hippokrates bis auf die Chaldaeer zurückführt, recht daran, die Wohltaten der wissenschaftlichen Ratio damit einzuleiten, daß er gegen

den magischen Nebel, gegen das Mißtrauen, gegen die Dämonen Jupiter anruft mit dem alten Siegel ♃.
Das alte Siegel ♃ ist die Brücke zwischen Diagnose und Therapie, das Zauberzeichen, welches von dem von Generationen von Gelehrten gesammelten ungeheuren Stoff des Wissens dem Patienten jene dreißig Milligramm zuführt, welche ihn von seinem Leiden befreien werden.

Welt und Umwelt

Eine einzelne Ameise ist ein Nichts. Ein Termitenvolk schon vermag einen Palast zu zerstören. Heuschrecken können ein Land verwüsten. Die Vermehrungsfähigkeit von Insekten ist so ungeheuerlich, daß sie die Welt des Menschen zerstören könnten. Warum geschieht das nicht? Von den vielen erstaunlichen Geheimnissen ist eines der erstaunlichsten ihre Fähigkeit, sich selbst im Gleichgewicht zu halten. Jedes Lebewesen hat ungefähr so viele Feinde, wie erforderlich sind, um seine Zahl innerhalb einer Schranke zu halten, die das Gleichgewicht nicht stört. Vermehrt sich durch einen Eingriff des Menschen in das Gleichgewicht eine Spezies über ihre Schranken hinaus, vermehren sich ihre Feinde. In einer neuen Regulation müssen dann die Feinde auf ihren »natürlichen« Bestand zurückgeführt werden. Zur vollständigen Wiederherstellung des ursprünglichen Gleichgewichts sind meistens eine ganze Reihe weiterer Ausgleiche erforderlich.
Es bedarf nicht der Annahme übernatürlicher Faktoren, diese Regulationen zu erklären. Obgleich sie geradezu den Eindruck von Vernünftigkeit machen, lassen sie sich da, wo man sie im einzelnen verfolgen kann, aus den in der Natur gegebenen Bedingungen erklären. Hin und wieder hat der Mensch versucht, solche Bedindungen für seine Zwecke auszunützen. Ein Beispiel dafür ist die Bekämpfung der in Australien eingeschleppten Agave, die sich zu einer Plage entwickelt hatte, durch Einführung eines Insekts, das ein natürlicher Feind dieser Pflanze ist. Nachdem wissenschaftliche Hybris gerade begann, stolz auf das Gelingen ihrer künstlichen Regulation zu sein, stellte sich heraus, daß nunmehr an den Relik-

ten der toten Agaven die Känguruhs zugrunde gehen. Wird in ein Gleichgewicht der Natur massiv eingegriffen, treten Störungen auf, welche die Natur selbst nicht mehr zu regulieren imstande ist. Als man am Anfang unseres Jahrhunderts aus wirtschaftlichen Gründen in manchen Ländern begann, reine Nadelwälder anstelle des natürlichen Mischwaldes aufzuforsten, entwickelten sich Forseulenepidemien, die die Natur selbst nicht ausgleichen konnte. Indem man die Laubbäume aus dem Wald verbannte, beraubte man die natürlichen Feinde der Forseule, die Vögel, ihrer Brutstätten. Die von ihren Feinden befreite Forseule vernichtete den neuen, gewissermaßen künstlichen Wald.
Insofern der Mensch an der Natur teil hat, ist auch er den Gesetzlichkeiten des Gleichgewichts unterworfen. Seine Feinde, von den Raubtieren bis zu den Mikroorganismen, sind natürliche Feinde. Andererseits ist der Mensch der natürliche Wirt des Erregers der Malaria, des Plasmodium Malariae. Dabei begnügt sich dieser anspruchsvolle Organismus noch nicht einmal mit dem einen Wirt, dem Menschen, er beansprucht noch einen zweiten, die Mücke Anopheles. Außerhalb dieser beiden Lebewesen, Mensch und Mücke, ist Plasmodium Malariae nicht existenzfähig. Es würde aus der Natur verschwinden, wenn entweder der eine oder der andere Wirt, also entweder der Mensch oder die Mücke, ausgerottet würden. Im Gleichgewicht der Natur ereignet sich dergleichen nicht. In großen geologischen Epochen allerdings sind ganze Formenkreise zugrunde gegangen. Die Welt der Saurier ist von der Erde verschwunden. Diesen Vorgang können wir heute aus den Bedingungen von Klima und Entwicklung verstehen. Was sich naturwissenschaftlich nicht erklären läßt, ist, daß in den aufeinanderfolgenden und, wie man heute weiß, durchaus nicht kontinuierlich auseinander sich entwickelnden Formenkreisen eine sich aufstufende Rangordnung zum Ausdruck kommt. Die Welt des Menschen, eigentlich sogar schon die der Säugetiere, ist offenbar von höherem Rang als die Welt der kambrischen Würmer. Wenn die Natur im Lauf der Erdgeschichte das Verschwinden unzähliger Arten zuließ, und wenn sogar das Verschwinden des Menschen ihre erhabene Unbewußtheit nicht berühren würde, scheint es doch, als ob das nicht der Sinn der Sache sei.
Als biologisches Lebewesen gehört der Mensch in das Gleichge-

wicht der Natur hinein. Sein Bewußtsein ragt über die Natur hinaus. Man darf hier nicht in den Fehler verfallen, zu dem die zur Spezialisierung gezwungene Naturwissenschaft neigt, den biologischen Aspekt des Menschen als etwas von seinem Bewußtseinsaspekt Getrenntes zu betrachten. Auch sind diese beiden Sphaeren nicht aneinandergefügt wie Bauklötzchen. Sie durchdringen und bedingen einander. Wenn ein Plasmodium Malariae von einem Menschen Besitz ergreift und ihn zu seinem Wirt macht, ist das ein von der Natur vorgesehenes Ereignis. Es ist auch nicht anzunehmen, daß die Natur für bestimmte ihrer Geschöpfe eine Vorliebe hat. Die Natur fragt nicht danach, ob die Malariamücke einen König oder einen Bettler sticht. Vom Standpunkt des Plasmodium Malariae aus ist der Mensch nicht mehr als ein morscher Baumstumpf, in dem ein Insekt seine Nahrung findet. In der Anophelesmücke ruft das Plasmodium Malariae keine Symptome hervor. Eine von Malaria infizierte Mücke scheint in ihrem Wohlbefinden nicht beeinträchtigt zu sein. Im Menschen dagegen ruft das Plasmodium eine Reihe von Erscheinungen hervor, die seine Lebensfähigkeit beeinträchtigen. Im Rahmen des Gleichgewichts der Natur ist das aber etwas durchaus Natürliches, etwas Gegebenes. Diese Beeinträchtigung, die womöglich zur Zerstörung des Lebewesens Mensch führt, ist, biologisch gesehen, nichts Anormales. Fast könnte man sagen, daß die Natur als solche Infektionskrankheiten nicht kennt.

Es gibt sowohl kranke Pflanzen wie kranke Tiere und schließlich kranke Menschen. In nichts zeigt sich deutlicher die Sonderstellung des Menschen in der Natur als in dem Unterschied der Bedeutung, die Krankheit für diese drei Stufen von Lebewesen hat. Die Medizin nennt alle Erscheinungen, die das Wohlbefinden des von der Malaria befallenen Menschen stören, pathologisch. Hier hat die medizinische Wissenschaft ein Wort geschaffen, das den Kern des Problems trifft. Pathologie heißt Wissenschaft vom Leiden. Eine Pflanze offenbar leidet nicht. So wäre eine »Pflanzenpathologie« ein sprachlich falscher Begriff. Es ist aufschlußreich, daß die Wissenschaft, obwohl sie dazu imstande wäre, keine Methoden der Behandlung einzelner Pflanzen entwickelt hat. Den Begriff des »Pflanzenarztes« gibt es nicht. Man behandelt den Tabak, das Getreide, die Ulme. Aber eine Ähre ist kein Patient, nichts was leidet, eben kein patiens. Eine Tierpathologie natürlich gibt es, da Tieren die Möglichkeit gegeben ist zu leiden. Hektor, der die Staupe hat, ist Patient. Nur ist Hektors Leiden für ihn ohne Sinn. Es bedeutet für die Natur nichts, daß Hektor kläglich zugrunde geht, nur damit das Staupevirus weiter existieren kann.

Daß das Lebewesen Mensch zugrunde geht, damit das Lebewesen Plasmodium Malariae existieren kann, bedeutet für die Natur auch nichts. Es ist nicht einmal von vornherein gegeben, daß das etwas für den Menschen bedeute. In den östlichen Religionen, die an Seelenwanderung glauben, ist das eine Lebewesen soviel wert wie das andere. Ein frommer Buddhist tötet keine Laus, nicht einmal dann, wenn er weiß, daß sie ihn mit Fleckfieber infizieren könnte. Für ihn ist die Laus so gut ein Geschöpf, wie er selber eines ist. Es erhebt sich hier die ironische Frage, ob dieser fromme Aspekt auch für die Amöbe gilt. Vermutlich würde der Buddhist entsetzt sein, machte man ihm klar, daß er mit jedem Schluck Wasser Millionen infusorischer Geschöpfe vernichtet.

Tatsächlich ist die Vorstellung, daß das Pathologische, das also, was Leiden macht, eine Störung, etwas Anormales sei, ein Ausfluß der Überzeugung vom Wert des Menschen als Individium. Für das Individium als Wert gibt es in der Natur keine biologischen Entsprechungen. Aber diese Setzung berechtigt den Menschen, das Plasmodium Malariae zu vernichten oder die Malariamücke auszurotten, damit der Mensch leben kann. Mit dieser Setzung des Menschen als Individuum werden biologisch natürliche Erscheinungen aus dem Rahmen des Gleichgewichts der Natur herausgehoben. Damit wird die Krankheit zu einem humanen Faktor und ihre Bekämpfung eine Aufgabe. Auf eine faszinierende Weise entspricht der Aufgabe, die Bedrohung des Menschen durch das Leidenmachende zu bekämpfen, seine Fähigkeit, diese Aufgabe zu lösen. Hier hat des Menschen Intelligenz wahrhaft beispiellose Leistungen vollbracht.

Die Erfolge von Biologie und Medizin haben zwei Dinge in den Hintergrund gedrängt. Krankheit ist ein natürliches Ereignis. Krankheit hat im Rahmen der Natur Funktionen, die durchaus nicht nur negativen Charakters sind. Es ist noch etwas anderes und viel Wichtigeres vergessen worden. Entsprechend dem höheren Rang des Menschen gegenüber der Pflanze und dem Tier hat auch Krankheit beim Menschen einen höheren Rang. Während die Pflanze an ihrer Krankheit nicht einmal leidet, während das Leiden des Tiers für das Tier keinen Sinn hat, ist der Mensch befähigt, zufolge dessen, daß er über die Natur hinausragt, zu seinem Leiden in eine dialektische Beziehung zu treten, die Kräfte seiner Seele zu mobilisieren, mit seinem Leiden fertig zu werden. Von Hiob bis Beethoven, vom Armen Heinrich bis Byron bewahrt die Überlieferung Beispiele dafür, wie der Mensch, herausgetreten aus der Natur, sich mit seinem Leiden auseinandersetzt.

Das dritte Roß

Daß die Wölfe der Welt sich noch einmal so vermehren, daß sie uns alle auffressen, ist nicht mehr sehr wahrscheinlich. Die Ameisen hätten die Möglichkeit dazu. Sie scheinen nichts dergleichen vorzuhaben. Die Bakterien sind weiterhin im Angriff. Der Kampf des Menschen um die Herrschaft über die Lebewesen der Natur ist noch nicht entschieden. Von den drei apokalyptischen Plagen kann der Mensch die erste, den Krieg, durch Vernunft vermeiden, die zweite, den Hunger, durch Arbeit bezwingen. Gegen die dritte der Plagen, die Pestilenz, hat er die Waffe der Wissenschaft. Hygiene und Bakteriologie haben in der Welt keine so auffallenden Veränderungen hervorgerufen wie die Technik. Aber die Veränderungen durch die Technik wären ohne Hygiene und Bakteriologie nicht möglich gewesen. Es ist fraglich, ob der Mensch etwas dabei gewonnen hat, daß er in Großstädten wohnen kann. Ohne Hygiene würde er sich diesen Spleen nicht leisten können. Es ist fraglich, ob es für des Menschen Seele von Nutzen ist, daß er jeden Punkt der Erde in wenigen Stunden oder Tagen erreichen kann. Möglich ist der moderne internationale Verkehr nur, solange er durch ein System der hygienischen und bakteriologischen Überwachung geschützt ist. Dieses System, ein wahres Wunderwerk moderner Organisation, ist für den Reisenden unsichtbar. Ein Fall von Pest in Bombay oder von Flecktyphus in New York wird am selben Tag noch allen großen Häfen und Lufthäfen der Welt gemeldet.

Seuchen sind so alt wie die Menschheit. Pharaonen haben Tuberkulose gehabt und Kreuzzüge sind an Cholera gescheitert. Erst vor hundert Jahren ist die Wissenschaft in das Geheimnis der Seuchen eingedrungen. Der Feldzug der Mikrobenjäger gegen die Krankheitserreger mit seinen phantastischen Erfolgen ist noch in frischer Erinnerung. Ganze Völkerstämme konnten am Leben erhalten werden, nachdem man gelernt hatte, ihre Seuchen zu bekämpfen.

Im Beginn des bakteriologischen Zeitalters mag den Forschern das Ziel vorgeschwebt haben, die Pestilenz auszurotten. Das ist nicht gelungen. Es ist noch nicht einmal gelungen, auch nur eine einzige Seuche auf der Welt zum Verschwinden zu bringen. Irgendwo in kleinen Herden leben auch heute noch alle die großen klassischen Seuchen – Pest, Lepra, Cholera, Flecktyphus, Gelbfieber – still, aber bedrohlich weiter. Zuweilen geschieht es, daß sich eine neue Seuche aufmacht und sich in kurzer Zeit über die Welt verbreitet. Das zuverlässigste und schnellste Mittel ihrer Verbreitung ist der zuverlässige und schnelle moderne Verkehr. Da dieser Verkehr auf Hygiene beruht, wird Hygiene selbst zu einer Voraussetzung für die Ausbreitung einer Seuche. Die Grippeepidemien unserer Zeit sind dafür ein eindrucksvolles Beispiel. Eine der erstaunlichsten Erscheinungen des Zweiten Weltkrieges war, daß er keine großen Pestilenzen im Gefolge hatte. Von den drei apokalyptischen Reitern saß der eine diesmal auf einem lahmen Roß. Wir sollten uns nicht allzusehr darauf verlassen, daß dieses Roß auch fürderhin lahmen wird.

Die Überlegenheit der Bakterien gegenüber dem Menschen lag zunächst in ihrer Unsichtbarkeit. Dieses Schutzes sind sie beraubt. Das Mikroskop hat sie sichtbar gemacht. Die Waffe, die der Mensch den Bakterien nicht nehmen kann, ist sehr merkwürdiger Art. Sie haben eine andere Zeit als wir. Drei Generationen sind beim Menschen neunzig Jahre. Bei einem Bakterium können das drei Stunden sein. Aus einem einzigen übriggebliebenen Keim kann, während wir einmal geschlafen haben, eine ganze neue Population entstanden sein. Es ist der Kampf der menschlichen Zeit gegen die Bakterienzeit, den wir noch nicht zu unseren Gunsten entscheiden konnten.

Hinter den Heeren des Krieges steht, wie ein englischer Chirurg gesagt hat, »The Whitecoated Army« – eine weiß gekleidete Armee von Ärzten und Schwestern, deren Kampf den Seuchen gilt. In diesem Kampf der weißen Kittel sind mehr Menschenmillionen vor dem Tod gerettet worden, als selbst die Waffen des modernen Krieges zu vernichten imstande waren. Der Daemon der Vernichtung lauert darauf, daß der Mensch selbst das dritte Roß besteige. Ein Krieg, in dem Bakteriologie zur Waffe der Vernichtung gemacht wird, wie es der Physik und der Chemie geschah, würde von einer Schrecklichkeit sein, der gegenüber sogar die Schrecken der Bombe von Hiroshima verblassen müßten.

Wissenschaft ist das gefährlichste Ding, das der Mensch je geschaffen hat. Es ist nicht mehr die Frage, wie er der Seuchen Herr werde. Das ist ihm in einer Weise gelungen, die zu sagen erlaubt, daß Seuchen für die Menschheit keine ernste Gefahr mehr sind. Als seine Feinde hat der Mensch die Bakterien besiegt. Als seine Bundesgenossen werden sie ihn vernichten. Die Probleme, welche die Wissenschaft sich stellt, pflegt sie zu lösen. Die Probleme, welche Wissenschaft uns stellt, sind mit Mitteln der Wissenschaft nicht zu lösen.

Die Taten des Verstandes werden nur dann Wohltaten sein, wenn sie der Herrschaft der Vernunft unterworfen werden. Nur wenn der Mensch lernt, Herr über seine eigenen Erfolge zu werden, können wir hoffen, daß das dritte Roß auch fürderhin in seinem Stall bleiben wird.

Die Geburt Europas

Die Begegnung zwischen Ost und West, zwischen Orient und Okzident, ist ein altes Thema der Geschichte. Der Schauplatz dieser Begegnung ist das Mittelmeer. Es ist die Wiege unserer Welt. Was uns an dieser Wiege gesungen wurde, sind die Psalmen Davids und die Hymnen Homers. Kennte ein späteres Aeon von uns nichts weiter als diese beiden Poesien, wäre es immer noch möglich, eine Idee davon zu haben, was für Menschen wir gewesen sind. Noch sind beide Poesien lebendig. Metaphysik und Schönheit, Frömmigkeit und Kunst sind die mächtigen Elemente, die die Kultur Europas durch die Jahrhunderte hin in Bewegung hielten, am mächtigsten immer dann, wenn die Schönheit der Metaphysik, wenn die Kunst der Frömmigkeit diente. Das dritte Element dieser Welt ist die Wissenschaft.

Die Wissenschaft ist dem Haupt eines schöpferischen Genies entsprungen, wie Athena dem Haupt des Zeus. Dieses Genie war ein Mann von vornehmer Herkunft aus der glänzenden Stadt Milet an der Küste Anatoliens. Um 600 vor Christi Geburt machte der Philosoph Thales die Entdeckung, daß in der Mannigfaltigkeit der Natur mathematisch formulierbare Gesetze verborgen sind.

Der Name des Westens stammt aus dem Osten. Eingemeißelt in assyrische Monumente aus dem Land zwischen Euphrat und Tigris finden sich die Wörter »ASU – aufgehende Sonne« und »EREW – untergehende Sonne«. Diese Bezeichnungen sind über die Phoiniker zu den Griechen gelangt. Auf diese Quelle gehen die Namen Asien und Europa zurück. Das Wort Europa kommt zum erstenmal in dem homerischen »Hymnus an Apollon« vor. Hier ist es allerdings noch nicht der Name eines Kontinents, sondern erst der Name des griechischen Festlandes im Gegensatz zur Peloponnes und den Inseln der Aegaeis. Das erste Europa lag zwischen Aegaeis, Ionischem Meer und Adria. Im 5. Jahrhundert, bei Aischylos, wird zwischen Asien und Europa schon klar unterschieden. Älter als der geschichtliche Name Europa ist der Mythos vom

Raub der Europa. Europa war eine syrische Prinzessin, Tochter des Königs Agenor von Tyros an der Küste Phoinikiens, unweit der Stelle, an der der große Fisch den Propheten Jonas an Land spie. Europa wurde von Zeus, der die Gestalt eines weißen Stiers angenommen hatte, geraubt. Auf seinem Rücken trug er die Königstochter über das Meer nach Kreta. Sohn des Zeus und der Europa war Minos, erster König von Kreta. Seine Herrschaft erstreckte sich über die ganze Aegaeis, das Meer der tausend Inseln. Mythologie, Poesie und Geschichte sind hier zu jenem wunderbaren Teppich verwoben, aus welchem uns die Hellenen die Erinnerung an die glanzvolle Jugend ihres Volkes überliefert haben. König Minos ist zweifellos eine geschichtliche Persönlichkeit. Auf den Stufen seines Palastes in Knossos sonnen sich heute die Eidechsen.

Das hellenische Genie besaß die Kraft, geschichtliche Tatsachen im Feuer der Poesie zu großen mythologischen Symbolen umzuschmelzen. Es ist in der Tat von hintergründiger Bedeutung, daß die Prinzessin Europa aus Syrien stammt. Die Phoiniker haben den Griechen das Alphabet, das Kupfer, den Weinbau und die Olive gebracht. Es war Syrien, das dem Westen die Religion des Christentums schenkte. Europa ist eine großartige Tatsache und ein großartiges Symbol.

Vieles vom geistigen Erbe der griechischen Antike ist über dunkle Jahrhunderte hinweg von stillen Männern bewahrt worden. Das waren fromme Mönche in den Klöstern Irlands und Spaniens, auf dem Heiligen Berge Athos und am Fuß des Sinai. Der Geist dieses merkwürdigen Europa überspannte den Kontinent auch dann noch, als er zufolge der Anarchie einer Völkerwanderung nur noch aus rauchenden Trümmern und verwüsteten Landschaften bestand. Zu den stillen Männern gehörten die gebildeten Hofleute der alten prachtliebenden Kaiserstadt am Bosporus, arabische Gelehrte in den Studierstuben der glänzenden Residenzen von Damaskus, Kairo und Bagdad, persische Philosophen in den Bibliotheken von Isfahan.

Die ehrwürdige Überlieferung, daß der Stuhl Petri in Rom stehe, die Tatsache, daß in der geschichtlichen Entwicklung Rom zum religiösen Mittelpunkt der Welt wurde, die durch das ganze Mittelalter hindurch auf dem Boden Italiens sich abspielenden Kämpfe zwischen den deutschen Kaisern und den römischen Päpsten, das großartige Schauspiel der Renaissance, die gegen den Osten gerichtete Großmachtpolitik Venedigs und Genuas, die grauen Schleier der Trostlosigkeit und des Vergessens, die die Herrschaft eines asiatischen Reitervolkes über die leuchtenden Küsten der Aegaeis gebreitet hatte, das alles hat zu einer merkwürdig unsachlichen Überbewertung des Westlichen gegenüber dem Östlichen Mittelmeer geführt. Das 19. Jahrhundert empfand das Westliche Mittelmeer als lateinisches Meer, an dessen Küsten die Überlieferung des Imperium Romanum lebendig war, das Östliche Mittelmeer als ein großes griechisches Gräber- und Ruinenfeld, das nur noch Erinnerungen bewahrte. Wir verdanken es der Wissenschaft von der in die Erde versunkenen Vergangenheit, daß dieses Vorurteil sich aufgelöst hat. Der Spaten der Archaeologen hat mehr aus dem Boden gegraben als nur verwitterte Steine, Trümmer von Statuen, ein paar Grundmauern, zerborstene Säulen, Bruchstücke von Inschriften und die Kenntnis einiger Örtlichkeiten, die man für legendär gehalten hatte. Das wichtigste Ergebnis der Archaeologie ist eine Erkenntnis, die diese Wissenschaft sich weder je zum Ziel gesetzt hatte noch überhaupt erwarten konnte. Nachdem die Gelehrten die versunkene Welt der Antike aus dem Dunkel der Erde hervorgeholt haben, können wir nicht umhin, mit Erstaunen zu entdecken, daß die alten Schönheiten, die wir vor unseren Augen wiedererstehen sehen, unsere Schönheiten sind, zu empfinden, daß das Erbe der goldenen Tage, in denen David und Homer sangen, noch immer in uns lebendig ist, zu fühlen, daß dieses Erbe eine Forderung an uns stellt. Die Aegaeis ist aus der Verlorenheit der langen Jahrhunderte türkischer Fremdherrschaft in unser Bewußtsein zurückgekehrt. Die Schleier der Trostlosigkeit hat der Sturm der Freiheit zerfetzt. Die alten Küsten des Lichts beginnen von neuem, ihren Glanz auszustrahlen.

Es ist eine Ironie der Geschichte, daß jedesmal, wenn der Westen den Osten eroberte, der Besiegte der Stärkere blieb. Als die Römer den Osten unterjocht hatten, wurden sie zu Hellenen. Als die Kreuzritter sich Konstantinopels und des arabischen Ostens bemächtigt hatten, verwandelte die byzantinische Kultur die Kunst Europas, die arabische Zivilisation seine Sitten. Als in jenem kurzfristigen Zwischenspiel der zweiten Hälfte des 19. Jahrhunderts der Westen über den Osten keine andere Überlegenheit festzustellen hatte, als daß die Kanonen der Christen besser schossen als die Kanonen Allahs, überreichte der Orient dem Okzident als großmütiges Geschenk vergessene Erinnerungen. Mit Staunen mußten die Christen feststellen, daß die Hagia Sophia von den Türken bewahrt worden war, daß das Haupt Johannes des Täufers in einer Moschee in Damaskus verehrt wurde, daß seinem Vater Zacharias eine Moschee in Aleppo geweiht war, daß eines der ältesten Manuskripte des Alten Testaments in dem gleichen Aleppo in einer Synagoge behütet wurde, und daß an den heiligen Stätten Jerusalems und Bethlehems fromme Moslimin neben ihnen beteten.

Der Westen besann sich darauf, daß die alten Provinzen des Christentums im Osten liegen. An der Küste des Aegaeischen Meeres hat Johannes die sieben Apokalyptischen Gemeinden gegründet. Auf der Insel Patmos, gegenüber Milet, hat er die Offenbarung empfangen und niedergeschrieben. In Damaskus wurde Saulus bekehrt. Der erste Bischof der Stadt Antiocheia ist Petrus gewesen. Nicaea, der Schauplatz des großen Konzils unter Kaiser Konstantin, auf dem um das Glaubensbekenntnis der Christenheit gerungen wurde, Ephesos, der Platz der ersten Verehrung der Mutter Jesu, alle diese Stätten liegen im Orient. Die wichtigsten Ereignisse in den ersten Jahrhunderten der Christenheit haben sich in Ländern abgespielt, die später dem Kreuz verlorengingen. Erwägt man, daß noch im 15. Jahrhundert eine Pilgerfahrt ins Heilige Land eine fromme Gewohnheit war, ist es schwer zu begreifen, wie das Östliche Mittelmeer so sehr dem Bewußtsein des Westens entschwinden konnte.

Das Meer der Griechen war ursprünglich allein die Aegaeis mit ihren Küsten im Westen und im Osten und ihrer unvergleichlichen Inselwelt. Die Kultur dieser Inselwelt ist älter als die der Griechen. Wenn ein Jüngling seiner Liebsten Narzissen und Hyazinthen bringt, ihr auf der Gitarre ein Lied spielt und aus Gram darüber, daß er sie nicht gewinnen kann, unter einer Zypresse seinen Schmerz in Absinth ertränkt, ist dieser Schmerz älter als Penelopes Schmerz um Odysseus, älter sogar als Orpheus' Schmerz um Eurydike. Narkissos, Hyakinthos, Kithara, Kyparissos und Absinthion sind Wörter der aegaeischen Ursprache, die in die griechische Sprache übergegangen und so bis in unsere Tage lebendig geblieben sind.

Leise und schön, von der Brandung mit weißen Säumen von Schaum geschmückt, bewohnt von einem bescheidenen, aber offenbar unsterblichen Geschlecht von Fischern, haben die Inseln der Aegaeis, die Spitzen eines ins Meer versunkenen Gebirges, jahrtausendelang dem ungeheuren Ablauf der Geschichte zugesehen. Sie waren Zeugen der großen vorgeschichtlichen Ostwestdriften. Sie sahen die Argonauten nach Kolchis, Theseus nach Kreta, die Achaier nach Troia ziehen. Sie sahen die Flotten des Königs Minos, der Phoiniker, der Pharaonen, der Perser, der griechischen Städte, Alexanders des Großen, der Römer, der Ptolemaier. Sie erlebten Araber, Kreuzritter, Türken, Venezianer, Genuesen. Sie sehen die Flotten der Großmächte unserer Zeit.

Spuren aller Kulturen des Altertums wurden hier gefunden – Werkzeuge der Steinzeit, minoische Keramiken, mykenischer Goldschmuck, aegyptische Alabastervasen, griechische Marmorstatuen, persische Waffen, indische und chinesische Münzen. Mythos und Geschichte haben über dieses wunderbare Meer einen Glanz gebreitet, leuchtend wie das zarte kristallene Blau seiner Inseln. Die Aegaeis ist das Meer, von dem die hellenische Durchdringung der Küsten des Mittelmeers ausgegangen ist. Diese Durchdringung reichte im Westen bis Gallien, Spanien und Afrika, im Nordosten bis zur Mündung des Don ins Asowsche Meer, im Süden bis zu den Katarakten des Nil, im Osten bis zum Hindukush, in die Hochtäler des Himalaya, an die Grenzen des Chinesischen Reiches. Sie ist das größte Ereignis in der Geschichte des Westens.

Das Ionische Meer ist das Meer des Odysseus und der Phaeaken. An seiner Küste liegt Pylos, die Residenz König Nestors. Auf den Wogen des Ionischen Meeres gelangten die Griechen nach Olympia und Delphoi. Als Magna Gaecia mit seinen reichen Städten in Sizilien und Unteritalien blühte, war dieses Meer die Verbindung der griechischen Mutter mit ihren Töchtern. Zweifellos sind die Griechen, so gute Seeleute sie waren, nur ungern die 400 Meilen von Kap Tainaron über das offene Meer nach Syrakus gefahren. Sie hielten sich lieber in Küstennähe, und so wurden die Städte an der Südküste Italiens durch den lebhaften Schiffsverkehr wohlhabend. Sybaris im Golf von Tarent, das schon 720 vor Christi Geburt gegründet wurde, ist noch für uns ein Symbol des Luxus, der Kunstliebe, des Überflusses. In Kroton hat Pythagoras gelehrt und in Lokri wurde, in Stein gemeißelt, das älteste Gesetzbuch Europas gefunden. Auch das Ionische Meer hat große Geschichte gesehen. Am Vorgebirge Lacinium verließ im Jahre 203 vor Christi Geburt Hannibal den Boden Italiens, nachdem er dem Tempel der Hera eine Bronzetafel geweiht hatte, auf welcher seine Taten verzeichnet waren. Bei Actium, nördlich der Insel Leukas, besiegte Octavian im Jahre 31 vor Christi Geburt die Flotte Aegyptens, die Antonius und Kleopatra dem zukünftigen ersten Kaiser des Imperium Romanum entgegengeschickt hatten. Mit dem Traum einer aegyptischen Weltherrschaft versank auch eine große Liebe in den Wellen des Meeres. In der Bucht von Navarino, unweit vom alten Pylos, wurde im Jahre 1827 durch einen Sieg der unter dem Kommando des britischen Admirals Sir Edward Codrington vereinigten englisch-französisch-russischen Flotte über die Türken der Kampf um die Freiheit des Östlichen Mittelmeers ein beträchtliches Stück vorwärts gebracht.

Die Adria ist der am wenigsten griechische Teil des Mittelmeeres. Der Name Adria stammt von einer im 6. Jahrhundert von den Griechen an der Mündung des Po gegründeten Kolonie. Die Adria ist das Meer großer, auf römischen Überlieferungen aufbauender kultureller Leistungen der Slawen. Dafür ist das ein wenig nördlich von Adria gelegene Venedig die westlichste Stadt des Orient und die Kirche San Marco eines der schönsten Denkmäler byzantinischer Kunst. Ein wenig südlich von Adria bewahrt auch Ravenna große griechische Erinnerungen.

Wer wäre nicht im Geist bewegt vom Anblick all der Herrlichkeiten, die der Mensch geschaffen hat. Sie sind Beweise für die Unerschöpflichkeit seines Genies, Denkmäler seiner Unerschütterlichkeit, Monumente seines Mutes zu leben.

Läse man in einer Zeitschrift als Überschrift eines Artikels »Grenzen Europas« – was wohl würde einem dabei einfallen? Der Uralfluß? Das Kaspische Meer? Der Kaukasus? Man würde das Wort Grenzen nicht in geographischem, sondern in übertragenem Sinn empfinden. »Grenzen Europas« – das wären die Grenzen der Möglichkeiten Europas. Jeder von uns, was auch immer seine tägliche Arbeit sei, lebt zwischen dem Nordkap und der Südküste Siziliens, zwischen Lissabon und – hier stock' ich schon! Wer hilft da weiter? Die Geographen? Die Historiker? Die Politiker? Keiner von ihnen kann eine befriedigende Antwort auf die Frage geben, wo die Ostgrenze Europas liegt. Es ist charakteristisch für diesen alten Kontinent, daß man sich über nichts so heftig streiten kann wie über seine Ausdehnung. Selbstverständlich haben die Gelehrten sich irgendwo und irgendwann einmal geeinigt, was sie Europa nennen wollen. Theoretisch ist dieses Europa definiert. Vom Standpunkt der geographischen Wissenschaft aus ist seine Ostgrenze das Uralgebirge und der Uralfluß und weiter nach Süden zu das Meer, in das der Uralfluß einmündet, das Kaspische Meer. Aber wer von uns wäre wohl sehr glücklich bei der Feststellung, daß eine Kolchose am Ural eine europäische Angelegenheit sei? Zu unseren eigenen Lebzeiten haben wir zusehen können, wie eine Grenze Europas um Tausende von Kilometern verrückt wurde. Nähme man das als Grenzen Europas an, was die geographische Wissenschaft als solche betrachtet, müßte man die Feststellung treffen, daß die wichtigsten Elemente der Kultur unseres Kontinents ihren Ursprung außerhalb des heutigen Europa haben.

Der Prozeß der Verschmelzung der Kultur der Antike mit dem Christentum fällt in eine Epoche, die die Historiker Spätantike nennen. In der Spätantike spielte sich der Zerfall des Römischen Reiches ab. Das erste große Werk moderner Geschichtswissenschaft war die Darstellung dieses Zerfalls, Edward Gibbons »History of the Decline and Fall of the Roman Empire«. Im Westen ging in den Stürmen, in denen das Imperium Romanum zusammenbrach, die Kenntnis der Antike mehr und mehr verloren. Nur wenige Kontinuitäten blieben erhalten. Die Romanik ist eine Fortsetzung der römischen Kunst. Die romanischen Sprachen haben sich aus dem Lateinischen entwickelt. Die Kirche errichtete auf den Trümmern des Weströmischen Reiches ihr Imperium.

Im Osten wurde die Kontinuität nie unterbrochen. Anderthalb tausend Jahre lang sind Ilias und Odyssee Schulbücher gewesen. Das Oströmische Reich, später das Byzantinische Reich genannt, hat tausend Jahre länger bestanden als das Weströmische Reich. Es endete erst an der Schwelle der Neuzeit, im Jahre 1452, als Konstantinopel, das alte Bollwerk Europas, nach tapferer Verteidigung von Mehmet II., Sultan der Osmanen, erobert wurde. Das war nur ein Menschenalter, bevor Columbus Amerika entdeckte!

Mitteleuropäer, die sich mit Geschichte beschäftigen, denken gewöhnlich in der Nordsüdrichtung. Die von Norden kommenden Dorer, Hannibals Zug über die Alpen, die vom Süden ausgehende Eroberung Galliens und eines Teiles Germaniens durch die Römer, die Eroberungszüge der Germanen über die Alpen nach Süden, die Italienpolitik der mittelalterlichen Kaiser sind geschichtliche Bewegungen nordsüdlicher oder südnördlicher Richtung. In früherer Zeit waren die westöstlichen und ostwestlichen Bewegungen von ebenso großer Bedeutung, auch wenn Alteuropa das Problem Orient–Okzident noch nicht gekannt hat. Kornemann sagt in seiner Weltgeschichte des Mittelmeerraums: »Wie in Asien, dem Mutterboden unseres geschichtlichen Daseins, verlaufen in seiner Fortsetzung Europa die ältesten Geleise historischen Lebens in der Hauptsache ostwestlich. Und zwar sind es drei mächtige Wasserquerachsen, die den alteuropäischen Raum in drei breite Querzonen gliedern. Es sind dies erstens das Mittelmeer, zweitens die Donau mit dem Schwarzen Meer, in das sich dieser europäische Hauptstrom ergießt, und drittens die Ostsee, das Mare Balticum. In der südlichen, der Mittelmeerzone, rücken die alten Kulturen langsam von Osten, aus der Gegend, die wir heute den Vorderen Orient nennen, nach Westen vor. Die mittlere Querachse, der Donauraum, ist am längsten und heftigsten den von Osten kommenden asiatischen Einflüssen ausgesetzt gewesen. Nur die nördliche Wasserquerachse, das Mare Balticum, ist am längsten westlich, nämlich atlantisch orientiert gewesen.«

Wenn man also Europa ausschließlich von dem Standpunkt aus betrachtete, den die heutige Geographie hinsichtlich der Grenzen Europas einnimmt, würde man von seinem Wesen nur einen Zip-

fel erfassen. Im bewegten Verlauf der Kreuzzüge hatten europaeische Ritter einige Reiche in Griechenland, Kleinasien und Syrien gegründet. Nehmen wir einmal an, es wäre damals gelungen, die Araber aus Kleinasien und Syrien zu vertreiben und die Eroberungen der Kreuzfahrer zu stabilisieren, dann wäre eine sehr interessante lateinisch-griechisch-byzantinisch-syrische Kultur entstanden, in welcher Christentum und Antike sich in einer viel engeren und lebendigeren Weise verbunden und miteinander vermischt hätten, als es in einem Europa der Fall war, in welchem nach den Stürmen der Völkerwanderung die Antike erst wiederentdeckt werden mußte. Freilich wären dabei die Einflüsse Westasiens auf Europa noch stärker wirksam geworden, als es ohnehin schon der Fall ist. Eine solche Überlegung ist unwissenschaftlich, aber aufschlußreich. Wären Kleinasien und Syrien, die Länder, in denen das Christentum seine erste große Verbreitung fand, christlich geblieben, würden die Geographen heute noch als Grenzen Europas den Euphrat und die Halbinsel Sinai betrachten. Erst Aethiopien, Arabien, der Iran wären dann andere Kontinente.
Solche Gedanken gehen einem durch den Kopf, wenn man die berühmte Istiklal Çadessi entlangbummelt, den Boulevard Galatas, des Stadtteils von Konstantinopel, der südlich des Goldenen Horns liegt. Dieser Hafen am Bosporus, der Meerenge, die das Marmarameer mit dem Schwarzen Meer verbindet, ist ein wunderbarer Aussichtspunkt in alle vier Richtungen der Windrose der Nachdenklichkeit, ein Spiegel der Herrlichkeit eines Europa, das viele Male in seiner Geschichte großartig und hoffnungslos zugrunde ging, um ebensooft großartig und hoffnungsvoll wiederaufzuerstehen. Alle Widersprüche dieses unglaublichen Kontinents, seine Pracht, seine Torheit, seine Verzweiflung, sein Glanz, sein unerhörter Lebensmut, sind an der Geschichte Konstantinopels abzulesen. Die Hagia Sophia, die Kirche der Heiligen Weisheit, tausend Jahre lang das glanzvollste Bauwerk der Christenheit, wurde vor fünfhundert Jahren von den Moslimin mit Minaretten geschmückt. Aber die Osmanen, dieses alte asiatische Reitervolk vom Aralsee, fühlen sich, wie immer sie ihre geschichtliche Herkunft betrachten mögen, politisch zu Europa gehörig. Sie verteidigen Europa gegen den Osten. Die Amerikaner mit ihrer Sechsten Flotte sind ihre Bundesgenossen.

Fremde Schiffe sind für diese alte Hafenstadt kein ungewohnter Anblick. Der erste Kapitän, der hier vorübersegelte, war Jason auf der Fahrt nach Kolchis im Schwarzen Meer, das Goldene Vlies zu holen. Damals waren die Sieben Hügel der Stadt noch mit Wald bedeckt. Sechshundert Jahre vor Christi Geburt erschienen griechische Schiffe am Goldenen Horn. Die Griechen gründeten Byzantion. Noch heute, nach zweieinhalbtausend Jahren, ist der Name Byzanz lebendig. Hier sammelten sich im 5. und 4. Jahrhundert vor Christi Geburt die Flotten der Perserkönige zu ihren vergeblichen Versuchen, Hellas zu unterwerfen. Hier zog Alexander der Große vorbei, als er sich daranmachte, sein Weltreich zu gründen. 330 nach Christi Geburt machte Kaiser Konstantin der Große Byzanz zur Hauptstadt des Römischen Reiches. Durch ihn bekam die Stadt den noch heute in Gebrauch befindlichen Namen Konstantinopel. Dreihundert Jahre spater erschien vor Konstantinopel die erste arabische Flotte. Tausend Jahre später lag vor der Stadt die türkische Flotte, die Konstantinopel eroberte. Kriegsschiffe am Goldenen Horn sind auch heute noch eine hochpolitische Angelegenheit.
Die zweite Wasserquerachse, die Donau, der alte europaeische Strom, mündet ins Schwarze Meer und ebenso alle großen Ströme Westrußlands. Um eine kleine Halbinsel im Schwarzen Meer wurde im 19. Jahrhundert ein großer Krieg geführt, der Krimkrieg. Bei Trapezunt endete der Zug Xenophons durch Kleinasien. Bei diesem Trapezunt, das an der heutigen türkisch-russischen Grenze an der Südküste des Schwarzen Meeres liegt, brach das ganze Heer der Soldaten Xenophons in den berühmten Ruf aus: »Thalatta! Thalatta! – – Das Meer! Das Meer!« Dieses Trapezunt war im Mittelalter ein Kaiserreich. Der Mönch Athanasios, der 963 nach Christi Geburt das erste Kloster auf dem Berge Athos, dem Heiligen Berg, gründete, stammte aus Trapezunt. Heute wird in Kolchis Erdöl gewonnen, das zum wahren Reichtum unserer Zivilisation geworden ist. Vom Golde konnte man noch sagen: »Non olet!« Vom Reichtum unserer Zivilisation gilt das nicht mehr. Viel hat diese Stadt gesehen – den Glanz von Hellas, Macht und Verfall des Perserreiches, des Reiches Alexanders des Großen, des Römischen Reiches, des Byzantinischen Kaiserreiches, Macht und Verfall des Reiches der Sultane und die Wie-

derauferstehung des jungen türkischen Staates. Vor dieser alten Stadt am Goldenen Horn ankert von Zeit zu Zeit die Macht der Vereinigten Staaten von Amerika. Türken aus Mittelasien und Amerikaner von der anderen Seite des Atlantik verteidigen eine Grenze unseres Kontinents.

Von der Hagia Sophia aus kann man die Küste Asiens sehen. Das alte Bollwerk des Westens wird, einer der vielen verzweifelten Widersprüche dieses unglaublichen Erdteils, von Asiaten bewohnt. Europa ist hier nur zu Gast. Nimmt man einen Zirkel und mißt die Entfernung von Istanbul zur Quelle des Uralflusses, stellt sich heraus, daß Istanbul gleich weit vom Ural, vom Nordkap, von London und von Madrid entfernt ist. Vervollständigt man den Zirkel nach der anderen Seite, gelangt man im Süden in die Sahara, in den Sudan, nach Südarabien und in den Iran. Diese Grenze Europas, »dahinten weit in der Türkei«, ist Schnittpunkt von Weltpolitik, Welthandel, Weltgeschichte und Weltkultur. In Istanbul hat im Jahre 527 nach Christi Geburt Kaiser Justinian den Thron bestiegen. Er war ein Bauernsohn vom Balkan. In der Nähe von Sofia ist er geboren. Ein römischer, auf dem Balkan geborener Kaiser auf dem griechischen Thron! Justinian war es, der die berühmte Sammlung von Gesetzen zusammenstellen ließ, die als »Corpus Juris Romanum« noch heute die Grundlage allen Rechtes der europäischen Kulturstaaten ist. Er war es, der die Hagia Sophia in einer Pracht erstehen ließ, welche die Bewunderung der Welt erregte. Noch heute kann man sein Portrait in einem Mosaik über dem Portal der Eingangshalle sehen. Auf diesem Mosaik ist Justinian in der Verehrung der Mutter Gottes mit seinem großen Vorgänger Kaiser Konstantin vereint. Justinian baute die Kirche des Apostels Johannes in Ephesos. Er baute die Kirche über dem Haupt Johannis des Täufers in Damaskus, an deren Stelle später die Omaijadenmoschee errichtet wurde. Damals begann irgendwo weit da oben im Nordwesten, von Stürmen umweht, in nebligen Wäldern am Rande der Welt, das Reich der Franken sich zu bilden.

Es ist an der Grenze des heutigen Europa, von wo aus wir nach Süden und Südwesten auf die griechisch-christliche Welt jener frühen Jahrhunderte blicken – Syrien mit den heiligen Stätten in Palaestina, Kleinasien, wo der Apostel Johannes die Sieben Apokalyptischen Gemeinden gründete, Aegypten, wo in Alexandreia die Gelehrsamkeit eine ihrer berühmtesten Stätten fand, Nordafrika, wo, in Hippo bei Karthago, der heilige Augustin lehrte und wirkte. Wir haben vergessen, daß die Länder, in denen die Kultur Europas die erste große Blüte erlebte, in denen das Zeitalter des Glaubens begonnen hatte, uns wieder verloren gegangen sind.

Tausend Jahre lang haben die Kaiser von Byzanz den Ansturm Asiens vom Mittelmeer ferngehalten. Hinter diesem Schutzwall hat das frühe Mittelalter des Westens die Kräfte entwickelt, aus denen heraus Europa zur Macht aufstieg. Europa hat im Lauf der Geschichte zwei Versuche unternommen, seine Macht wieder bis zu den alten Grenzen auszudehnen. Der erste Versuch, das Morgenland dem Abendland zurückzugewinnen, waren die Kreuzzüge, der zweite die Kolonialpolitik der europaeischen Großmächte. Die Kreuzzüge spielten sich ab vom Ende des 11. Jahrhunderts bis zum Ende des 13. Jahrhunderts, die Kolonialpolitik im 18. und 19. Jahrhundert.

Die Kreuzzüge wurden veranlaßt durch den Hilferuf des byzantinischen Kaisers Alexios I., der einen Gesandten an Papst Urban II. und das Konzil von Piacenza schickte, um die christlichen Herrscher des Abendlandes aufzufordern, ihn in seinem Kampf gegen den Islam zu unterstützen. Zweifellos hat das Machtstreben der italienischen Handelsstädte Pisa, Venedig, Genua und Amalfi zum Zustandekommen und vor allem zur Finanzierung der Kreuzzüge Bedeutendes beigetragen. Aber das Symbol dieser Kriegszüge war das Kreuz. Das tragende Motiv der Anstrengung Europas war, die Heiligen Stätten von den »Ungläubigen« zu befreien. Die Kreuzfahrer erzielten im Anfang bedeutende militärische und politische Erfolge. Immerhin hat es hundertundfünfzig Jahre lang ein Lateinisches Königreich Jerusalem gegeben. Noch Seine Apostolische Majestät Franz Joseph, der letzte Habsburger, der die Kaiserkrone trug, führte den Titel eines Königs von Jerusalem. In ihren geschichtlichen Folgen allerdings haben die Kreuzzüge das byzantinische Kaiserreich so geschwächt, daß es schließlich eine Beute der Türken wurde.

Die Kolonialpolitik der Großmächte im 18. und 19. Jahrhundert stand nicht unter dem Zeichen des Kreuzes. Es fehlte ihr der kul-

turgeschichtliche Sinn. Sie war imperialer Natur. Der einzige unter den europaeischen Herrschern, dem der alte geschichtliche Zusammenhang zwischen Orient und Christentum noch bewußt war, ist der Deutsche Kaiser gewesen. Seine Fahrt nach Jerusalem galt nicht allein der Bagdadbahn, sie war auch eine Pilgerfahrt.
Als Besiegte des 13. Jahrhunderts haben die Europaeer die arabische Kultur, zusammen mit dem, was die Araber vom antiken Erbe übernommen hatten, nach Europa heimgebracht. Als Besiegte des 20. Jahrhunderts haben sie nur die technische Zivilisation im Orient zurückgelassen. Noch heute ist der Okzident in der Schuld des Orient. Wir haben mehr erhalten, als wir geben konnten.
Von den Minaretten der Hagia Sophia blickt man hinab auf die wimmelnde Geschäftigkeit der alten Stadt. Man sieht in der Tiefe vor sich den Serail mit seinem stillen Park, Denkmal jüngster Vergangenheit, dahinter den Hafen mit großen und kleinen Schiffen, Flaggen, Rauch und Möwen, ein Brennpunkt des modernen Weltverkehrs. Die vergoldeten Kuppeln der Moscheen auf den Sieben Hügeln von Byzanz blitzen in der Sonne. Weit schweift der Blick hinüber nach Skutari, nach den grünen Parks und den weißen Villen am Ufer des Bosporus auf der anderen Seite, in Kleinasien. Dieses Bild kostbarer Gegenwärtigkeit an der Grenze Europas wird vom Horizont der Jahrhunderte begrenzt – im Osten die Krim, Kolchis, der Kaukasus, das Kaspische Meer, das alte Asien; im Süden Ephesos, Antiocheia, Jerusalem, Alexandreia; im Südwesten Troia, Athen, Mykene; im Westen Philippi, der Heilige Berg Athos, Rom.
Wie alt ist dieser Kontinent! Diesseitige Macht und jenseitige Sehnsucht, Furcht und Frömmigkeit, Herrschsucht und Nächstenliebe, Blut, Tränen und Schweiß, Hochmut und Humanität, der Glanz der Kunst, das Lächeln der Madonna, das Brausen von Orgeln und das Brausen von Düsenflugzeugen – was für eine Welt! Und wie wird diese Welt in tausend Jahren, in hundert Jahren, wie wird sie morgen aussehen?

Die Zeit, in der wir leben, ist keine glückliche Zeit. Europa, der ruhmvolle alte Kontinent, hat seine politische Macht verloren. Er ist geistig zerrissen. Sein Glaube ist in die Verteidigung gedrängt. Seine Reichtümer schwinden dahin. Seine Intelligenz wandert aus. Die Poeten singen seinen Grabgesang.

Wird der Mensch von der unerbittlichen Herrin, der Macht der Tatsachen, derart in die Enge getrieben, beginnt er zu träumen. Aber merkwürdigerweise träumt dieser vom Schicksal geschlagene Mensch durchaus nicht von der Zeit, in der er alles das, was er heute verloren hat, noch besaß. Dieser verzweifelte, verarmte, verspottete alte Europaeer, bar aller Mittel der Macht, besinnt sich auf die älteste seiner Überlieferungen – er träumt von der Zukunft. Angesichts einer so erhabenen Torheit sich auf die Bank der Spötter zu setzen, ist zu billig, um ehrenvoll zu sein.

Es ist ein Merkmal des westlichen Geistes, daß er Ideen mit unerbittlicher Konsequenz bis zu ihren äußersten Möglichkeiten durchspielt. Die Religion ging bis zu den Scheiterhaufen der Inquisition. Die Aufklärung endete mit der Entgöttlichung der Welt. Die Wissenschaft hat die Entwicklung bis zu dem Punkt vorangetrieben, an welchem die Technik die Gewalt über den Menschen errungen hat.

Die letzte der großen Ideen des Abendlandes, die Idee vom autochthonen Wert der Nation, starb auf den Schlachtfeldern des 20. Jahrhunderts. Schon im vorigen Jahrhundert hatte die Idee der Nation die alte Idee der europaeischen Humanität so weit deklassiert, daß die Nation zu einem moralischen Wert geworden war, der nationalen Egoismus als erlaubt erscheinen ließ, gleichgültig, welch ungerechte Opfer dabei denen auferlegt wurden, die nicht die Macht oder die Geschicklichkeit besaßen, sich mit gleichen Mitteln zu wehren. Man lese die Chronique scandaleuse der Diplomatie des 19. Jahrhunderts!

Das Selbstbestimmungsrecht der Völker, das in der Zwischenkriegszeit eine so große Rolle spielte, mußte als Mittel der Politik wirkungslos bleiben, weil es sich um nicht viel mehr handelte als um das schlechte Gewissen, das der Nationalismus gegenüber der Humanität hatte. Die Idee der Nation, bis zu ihren äußersten

Möglichkeiten durchgepeitscht, hat so fürchterliche Opfer gekostet, daß von ihr für die Zukunft nichts mehr zu erwarten ist. Sie ist, was der Tod jeder Idee ist – langweilig.

Die Verwirrung der Begriffe läßt den, der auf die Idee der Nation keinen Wert mehr legt, als Verräter an einer guten Sache erscheinen. Man muß sich aber darüber klar sein, daß Wörter noch nicht deshalb das gleiche bedeuten, weil der Jargon der Zeit sie als Synonyma verwendet. Vaterland ist etwas anderes als Nation. Und Heimat wiederum ist etwas anderes als Vaterland. Man kann von der »lieben Heimat« sprechen und auch vom »lieben Vaterland«. Sagt man aber »die liebe Nation«, ist das eo ipso ironisch. Der Pazifismus der Zwischenkriegszeit hat seinen Gegnern immer den Gefallen getan, ihre verwirrten Begriffe zu übernehmen. Wenn der Pazifismus »international« war, nannte man ihn »vaterlandslos«. Die Pazifisten machten sich nicht die Mühe nachzuweisen, daß »Nation« und »Vaterland« nicht dasselbe sind. Man kann sehr wohl international sein, ohne vaterlandslos zu sein. Das kann man schon daraus ersehen, daß man sich hart täte, wollte man »intervaterländisch« sein. Die Lösung dieser Schwierigkeit liegt in einer sehr einfachen Überlegung. Der Begriff Nation ist weder mehr noch weniger wert als der Begriff Vaterland oder Heimat. Die Frage ist, welche dieser drei Sachen man mit der Macht verbinden will. Wer möchte wohl die Formel »Ich wünsche mir eine mächtige Heimat« wählen? Das klingt töricht. Aber es ist weder törichter noch klüger, als es der Wunsch nach einem mächtigen Vaterland oder nach einer mächtigen Nation ist.

Die wichtigste Voraussetzung für die Verwirklichung des Traumes Europa ist die Einsicht, daß die Macht nicht notwendig an die Idee der Nation gebunden ist. Das ist zwar seit etwa zweihundert Jahren der Fall. Aber daß es so ist, war keineswegs eine unvermeidliche Entwicklung. Es ist ja auch nicht immer so gewesen. Im Mittelalter war die Macht an die Idee des Heiligen Römischen Reiches gebunden und nicht an irgendeine Nation. Auch die »Teutsche Nation» stellte der Macht nur die Mittel zur Verfügung. Keineswegs war sie selbst deren Trägerin.

Es ist sehr merkwürdig zu sehen, wie die Terminologie den entscheidenden neuen Sachverhalt noch immer scheu verschleiert. Es

wurde zum Beispiel davon gesprochen, daß die Staaten an die Hohe Behörde der Montanunion einen Teil ihrer »staatlichen Hoheitsrechte« abgeben müßten. Man hätte aber ruhig sagen sollen, daß sie einen Teil ihrer Macht abgeben müßten. Das wichtige an diesem Vorgang war nicht, daß einige tausend Tonnen Kohle oder Stahl der Verfügung einer bestimmten Nation entzogen wurden. Das wichtige war, daß die blinde Koppelung zweier Ideen durchbrochen wurde, die Koppelung der Idee der Nation mit der Idee der Macht. Das war ein Vorgang von hoher geschichtlicher Bedeutung. Damit hat sich in der Welt etwas Entscheidendes geändert, und zwar auf geistigem Gebiet, auf dem allein entscheidende Veränderungen vor sich gehen können. Europa ist nicht eine Touristengemeinschaft frei transferierbarer Devisen und nicht ein Eisenbahnnetz für internationale Schlafwagen, in denen man seinen Paß nicht mehr vorzuzeigen braucht. Europa ist nicht die Internationale der Wissenschaft. Diese Internationale erstreckt sich heute schon von Moskau bis New York und Tokyo. Morgen wird sie Peking erreichen. Es ist auch nicht ein prosperierender Wirtschaftsraum, in dem jedermann gute Geschäfte macht. Dieses Europa hat es schon gegeben. Sein Wiederaufbau als Commonwealth des Wohlstands ist sicherlich ein hoffnungsvoller Anfang. Es kommt aber auf etwas ganz anderes an.
Die Nationen, die zweihundert Jahre die Macht hatten, haben sich als unfähig erwiesen, die wahre Überlieferung Europas am Leben zu erhalten.
Europa – das ist die Idee der Humanität verbunden mit der Macht. Europa als Idee ist nicht neu. Neu ist der Versuch, das geistige Gebilde Europa, diese wunderbarste aller Landschaften der menschlichen Kultur, zu einem politischen Gebilde zu machen, in dem die Macht nicht mehr mit der Idee der Nation, sondern mit der Idee Europa verbunden wird. Der Weg, der bis zur Durchführung dieser Aufgabe zurückgelegt werden muß, scheint ein langer und weiter Weg zu sein. Aber tatsächlich haben wir in dem Augenblick, in dem wir diesen Weg beschreiten, den schwierigeren Teil der Aufgabe schon hinter uns. Es ist der mit Hekatomben von Opfern bedeckte Weg des Leidens, der uns zu der Einsicht geführt hat, daß der Egoismus der Nationen diesen Kontinent nur endgültig ins Verderben stürzen kann.

Die Idee Europa ist ein erhabener Traum. Aber dieser Traum ist voller Kraft, voller Hoffnung, voller Zukunft. Der verzweifelte, verarmte, verspottete alte Europaeer, der auf seiner lächerlichen, aus der riesigen Landmasse Asiens in den Atlantik vorspringenden Halbinsel von einer europaeischen Zukunft träumt, hat die Zeichen der Zeit verstanden. Er träumt die Wirklichkeit von morgen.

Des Geistes Wirksamkeit – das allein ist Leben.

Weitere Bücher von Peter Bamm in Knaurs Taschenbüchern

Welten des Glaubens
Aus den Frühzeiten des Christentums
Band 1. 380 Seiten, 350 Abbildungen.

Die unsichtbare Flagge
Ein Bericht
Band 16. 224 Seiten, Übersichtskarte, Ortsregister.

Frühe Stätten der Christenheit
Band 42. 232 Seiten.

Anarchie mit Liebe
Band 88. 160 Seiten.

Die kleine Weltlaterne
Band 105. 176 Seiten.

Ex ovo
Essays über die Medizin
Band 166. 176 Seiten.

An den Küsten des Lichts
Variationen über das Thema Aegaeis
Band 195. 176 Seiten.

Alexander oder Die Verwandlung der Welt
Band 223. 224 Seiten.

Alexander der Große
Ein königliches Leben
Band 265. 352 Seiten, 250 Abbildungen.

Adam und der Affe
Essays
Band 272. 128 Seiten.

Droemersche Verlagsanstalt Th. Knaur Nachf.
München · Zürich

Peter Bamm

Eines Menschen Zeit

Droemer Knaur